RELIURE SERREE
Absence de marges
intérieures

VALABLE POUR TOUT OU PARTIE
DU DOCUMENT REPRODUIT

Couvertures supérieure et inférieure manquantes

JEAN LOUP

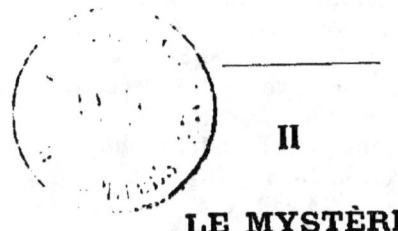

II

LE MYSTÈRE

PRINCIPAUX OUVRAGES

D'ÉMILE RICHEBOURG

La Dame voilée, 1 vol. in-18, 5e édition	3 fr.
L'Enfant du Faubourg, 2 vol. in-18, 3e édit.	6 —
La Fille maudite, 2 vol. in-18, 6e édit.	6 —
Les deux Berceaux, 2 vol. in-18, 3e édit.	6 —
Andréa la Charmeuse, 2 vol. in-18, 3e édit.	6 —
Un Calvaire, 1 vol. in-18, 2e édit.	3 —
La Nonne amoureuse 1 vol. in-18, 3e édit.	3 —
Deux Mères, 2 vol. in-18, 4e édit.	6 —
Le Fils, 2 vol. in-18, 4e édit.	6 —
L'Idiote, 3 vol. in-18, 3e édit.	9 —
La Nonne Amoureuse, 1 vol. in-18, 3e édit.	3 —
Les Amoureuses de Paris, 2 vol. de la Bibliothèque nouvelle, à 1 fr., 8e édit.	2 —
Histoire d'un Avare, d'un enfant et d'un Chien, 1 vol. de la Bibliothèque nouvelle.	1 —
Quarante mille francs de Dot, 1 vol.	1 —
La Belle Tiennette, 1 vol.	1 —

Les Soirées Amusantes, Lectures des Familles

Collection de 12 vol. in-32, comprenant :

Contes d'hiver, 3 vol. in-32.	2 fr. 25
Contes du Printemps, 3 vol. in-32	2 25
Contes d'Été, 3 vol. in-32.	2 25
Contes d'Automne, 3 vol. in-32	2 25

Chaque volume de la Collection se vend séparément 75 c.

Sous Presse :

Le Protecteur (suite de Jean Loup) 1 vol. in-18, 3 fr.

Destenay, imp. et stéréot. à Saint-Amand (Cher).

JEAN LOUP

PAR

ÉMILE RICHEBOURG

II

LE MYSTÈRE

PARIS
E. DENTU, ÉDITEUR
LIBRAIRE DE LA SOCIÉTÉ DES GENS DE LETTRES
PALAIS-ROYAL, 15, 17, 19, GALERIE D'ORLÉANS
—
1882
Droits de traduction et de reproduction réservés.

JEAN LOUP

DEUXIÈME PARTIE
LE MYSTÈRE

I

LE DRAPEAU

La fatale journée du 1ᵉʳ septembre 1870, qui eut pour conséquence immédiate la capitulation de Sedan, avait frappé un coup terrible au cœur de la France atterrée.

Une armée française tout entière faite prisonnière, obligée d'abandonner à l'ennemi ses bagages, ses chevaux, son artillerie, ses armes, ses drapeaux ; c'était une épouvantable catastrophe.

On vit, ce jour-là, des officiers et des soldats pleurer de douleur et de rage contenue.

Ah ! si on leur eût laissé le choix, à ces braves, ils auraient mieux aimé se laisser massacrer tous plutôt que de se rendre. Mais on avait capitulé : il fallait se résigner et souffrir.

Il y en eut, cependant, qui ne voulurent point accepter les conditions imposées par l'ennemi. Ceux-là, à travers toutes sortes de dangers, passèrent au milieu des lignes prussiennes et parvinrent, les uns à rallier à Mézières le corps d'armée du général Vinoy, les autres à gagner la Belgique par les sentiers des bois et des orêts.

Mais dans quel triste état ils étaient, ces pauvres soldats ! Amaigris par les souffrances, leurs chaussures usées, leurs vêtements en loques, pâles, les yeux mornes, ayant soif, ayant faim, brisés de fatigue, ne se soutenant plus que par un reste d'énergie et de volonté, on les voyait passer lentement, en se traînant !

On évalue à environ dix mille le nombre de ceux qui arrivèrent à Mézières et à plus de cinq mille ceux qui réussirent à gagner la Belgique. Ils avaient risqué leur vie pour ne pas avoir à subir la honte de la captivité et pour pouvoir rentrer de nouveau dans les rangs des défenseurs de la patrie.

Un jour, en octobre, un jeune homme chaussé de gros souliers ferrés et portant une blouse de paysan entra dans les bureaux du ministère de la guerre, à Tours, tenant sa casquette à la main.

Dès l'abord, sa mâle et belle figure, pâle et maigre, attirait la sympathie. Il y avait dans son regard une expression de tristesse profonde et quelque chose d'amer et de douloureux dans le pli de ses lèvres.

— Que voulez-vous, monsieur ? lui demanda l'employé devant lequel il s'arrêta.

— Monsieur, répondit-il, je suis soldat, j'étais à Sedan, j'arrive de Belgique.

— Bien, fit l'employé, qui ne parut nullement étonné.

Journellement des officiers et des soldats échappés de

Sedan se présentaient à la délégation du gouvernement de la Défense Nationale.

— A quelle arme appartenez-vous ? demanda l'employé.

— Cavalerie.

— Ce n'est pas ici qu'il faut vous adresser, dit l'employé en se levant ; veuillez me suivre, je vais vous conduire.

Ils sortirent du bureau, montèrent à l'étage supérieur, suivirent un couloir étroit à l'extrémité duquel l'employé ouvrit une porte et annonça le visiteur par ces mots :

— Un échappé de Sedan, cavalerie.

Presque aussitôt une porte s'ouvrit devant le soldat et il fut introduit dans une salle où se trouvaient réunis, à ce moment, quatre hauts fonctionnaires, dont l'un, d'un certain âge, ayant une rosette à la boutonnière de sa redingote boutonnée militairement, devait être un général.

D'un coup d'œil rapide les quatre personnages toisèrent le jeune homme.

Celui qui portait la rosette de la Légion d'honneur, et qui était évidemment le supérieur des autres, prit la parole.

— Ainsi, mon ami, dit-il d'une voix bienveillante, presque affectueuse, vous étiez à Sedan ?

— Oui, monsieur.

— Quel régiment ?

— 10° dragons, brigade Michel.

— Quel est votre grade ?

— Maréchal des logis.

— Ah !

Et les fonctionnaires échangèrent des regards de surprise. A l'attitude du jeune homme, à son air distingué, ils avaient cru voir devant eux un officier.

— Je me nomme Jacques Grandin, reprit le soldat, je suis né à Mareille (Vosges), arrondissement d'Epinal.

— Très-bien. Maintenant, que demandez-vous ?

— Monsieur, répondit Jacques d'une voix vibrante d'émotion et avec des larmes dans les yeux, j'appartiens doublement à la France malheureuse, comme soldat d'abord, et ensuite comme patriote. Je demande qu'on me donne de nouvelles armes et qu'on m'envoie au milieu de mes frères en face de l'ennemi. Pourvu que je puisse me battre encore, il m'importe peu que je sois dans la cavalerie ou dans l'infanterie, dans un ancien régiment ou un régiment de marche.

— Soit. Mais vous devez tenir à votre grade ?

— Certainement, monsieur ; mais si quelque chose s'oppose à ce que je le conserve, je rentrerai dans les rangs comme simple soldat.

— On ne peut pas vous enlever votre grade, pas plus que les droits à l'avancement que vous avez acquis. Ceci sera sérieusement examiné aujourd'hui même et il sera répondu à votre demande.

— Quel brave garçon ! dit un des fonctionnaires, à l'oreille de son voisin.

Puis il agita le cordon d'une sonnette.

— Un employé parut.

— Voici, lui dit-il, le maréchal des logis Jacques Grandin, du 10ᵉ dragons. A l'aide des renseignements qu'il va vous donner lui-même, vous établirez ses états de service. A propos, maréchal des logis, ajouta-t-il, en se tournant vers Jacques, avez-vous de l'argent ?

— Encore un peu, monsieur.

— C'est bien. Vous reviendrez ici demain matin.

Et il lui fit signe de suivre l'employé.

— Avant de me retirer, messieurs, dit Jacques, j'ai à vous remettre un objet cher au cœur de tous les Français, que j'ai précieusement et religieusement conservé.

Tous les regards se fixèrent sur lui.

Il releva sa blouse, déboutonna sa veste ronde d'uniforme, qu'il portait cachée sous sa blouse, et tira de dessous son vêtement un petit paquet plat et carré, soigneusement enveloppé dans du papier blanc et qu'il avait placé comme un plastron sur sa poitrine.

Lentement il enleva le papier, puis, sous les yeux écarquillés des personnages, il déplia un drapeau troué de balles.

— Au moins, dit-il, avec un noble sentiment d'orgueil, les Prussiens n'ont pas celui-ci !

Il y eut un moment de silence solennel. On était ému et à la surprise se mêlait l'admiration.

— Comment ce drapeau d'un régiment de ligne est-il entre vos mains ? demanda le personnage qui avait parlé le premier.

Jacques Grandin répondit :

— On se battait avec fureur tout autour de Sedan, à Bazeilles, à Fleigneux, à Floing, à Balan et surtout sur le calvaire d'Illy. Malgré notre courage et la bravoure de nos chefs qui, tous au milieu de nous, payaient de leur personne, combattant comme de simples soldats, nous ne pûmes une fois encore, hélas ! résister au nombre. Nous étions enfermés dans un cercle d'airain. Des centaines de pièces de canons en batteries sur toutes les hauteurs nous chassaient de partout et foudroyaient nos colonnes en déroute.

Lancés de tous les points de l'horizon, les projectiles sifflaient comme des fusées d'un bouquet d'artifice et éclataient au milieu de nous, devant, derrière, à droite, à gauche, de tous les côtés. Eperdus, affolés, complétement démoralisés, des officiers et des soldats de tous les corps, de toutes les armes, mêlés ensemble, s'enfuyaient en désordre vers Sedan, poursuivis par le feu terrible des batteries prussiennes, qui gagnaient constamment du terrain.

A un moment, il y eut une effroyable mêlée, au milieu de laquelle je me trouvai. Pendant que plusieurs escadrons allemands nous sabraient à droite, l'infanterie nous prenait à gauche en écharpe. Nous ne pouvions pas nous laisser égorger comme des moutons ; nous nous défendions avec l'énergie que donne le désespoir. Ah ! ceux qui sont morts là ont vendu chèrement leur vie !

J'avais eu mon cheval tué sous moi, je combattais dans les rangs décimés d'un bataillon d'infanterie ; j'avais abandonné mon sabre, qui ne pouvait plus m'être d'une grande utilité, pour m'emparer du fusil et de la cartouchière d'un brave tombé à côté de moi. Le hasard voulut que je me trouvasse près du drapeau, et j'eus le bonheur d'être un de ses défenseurs. Il était déjà déchiré par les balles ennemies, tel que vous le voyez.

Tout à coup, l'officier qui le portait tomba pour ne plus se relever ; un autre le prit, il fut tué à son tour. Le drapeau était le point de mire des balles prussiennes. Un sergent-major le saisit ; nous nous serrâmes autour de lui. Mais nous n'étions plus qu'une centaine pour lutter contre quatre ou cinq cents Allemands. Ils nous entourèrent et le drapeau fut pris.

— Au drapeau ! Au drapeau ! En avant ! m'écriai-je.

On répondit autour de moi :

— Au drapeau ! En avant !

Et nous nous élançâmes sur l'ennemi. Ah ! je vous assure qu'à cet instant nous ne voyions pas le danger et que nous n'avions pas peur de la mort ! Nous ne pensions qu'à une chose : reprendre le drapeau ! Il fut repris. C'est moi qui l'avais arraché des mains du soldat prussien. Je l'élevai aussi haut que je puis, faisant flotter les trois couleurs au-dessus de nos têtes. Nous nous précipitâmes de nouveau sur les rangs ennemis, ouvrant devant nous une large trouée ; et nous réussîmes à nous dégager.

Mais nous étions poursuivis de près par les Prussiens. Craignant que le drapeau ne retombât entre leurs mains, je me glissai derrière un buisson et là, après avoir détaché le drapeau de sa hampe, je l'enroulai et le cachai sur ma poitrine.

Le feu des batteries prussiennes redoublait de fureur : c'était une véritable grêle de fer qui tombait de tous les côtés. Ceux qui nous poursuivaient s'arrêtèrent, redoutant probablement d'être atteints eux-mêmes par les bombes qui éclataient, crachant dans toutes les directions une pluie de mitraille.

J'avais reçu une blessure au côté qui, bien que légère, me faisait horriblement souffrir : il me fut impossible de suivre mes compagnons, que le torrent des fuyards entraînait ; je restai seul. Devant moi, à une assez grande distance, je voyais un bois ; je songeai à m'y réfugier. C'est ce que je fis après avoir pris un moment de repos. La nuit vint et me surprit, marchant au hasard, ne sachant de quel côté me diriger. Je me disposais à m'étendre au pied d'un chêne pour y attendre le jour, lorsque j'aperçus une lumière à travers les arbres. Je rassemblai ce qui me restait de force et je marchai vers la lumière. Au bout de vingt minutes, je frappais à la porte de la maison d'un garde, qui me fut ouverte aussitôt.

Ce garde est un vieux soldat qui a fait les premières campagnes d'Afrique ; lui et sa femme me reçurent affectueusement, comme un frère malheureux. Cet excellent homme voulut voir ma blessure ; après l'avoir examinée, il lava la plaie avec de l'eau fraîche ; puis il me fit un pansement qui me soulagea immédiatement.

Le lendemain matin, quand je me réveillai, la femme me dit :

— « Mon mari est parti à la pointe du jour ; il est allé du côté de Sedan, afin de savoir ce qui se passe. Il m'a bien recommandé de vous garder jusqu'à son retour, et même de ne pas vous laisser sortir. »

La soirée était déjà très-avancée lorsque le vieux garde revint.

— « Tout est perdu ! dit-il d'une voix sombre ; ils ont capitulé : l'armée tout entière est prisonnière. »

Tous trois nous nous mîmes à pleurer.

— « Et votre blessure ? me demanda le garde au bout d'un instant.

— » Grâce à vous je ne souffre presque plus, répondis-je.

— » Que pensez-vous faire ? »

Vraiment, je ne le savais guère ; je cherchais une réponse.

— « S'il vous plaît d'être emmené en Allemagne, reprit-il, vous pouvez retourner à Sedan.

— » Jamais ! m'écriai-je.

— » Les Prussiens vont marcher sur Paris ; mais on y organise une formidable défense.

— » Ah ! c'est vous qui me dites ce que je dois faire ; je vais me rendre à Paris. »

Il secoua la tête.

— « Vous seriez pris par l'ennemi avant d'y arriver.

— » Je vous en prie, donnez-moi un conseil.

— » Il faut d'abord que vous soyez complétement guéri. Je ne vous propose pas de rester ici, je ne vous y trouve pas suffisamment en sûreté ; il faut passer en

Belgique, dont la frontière n'est pas éloignée. Là, vous attendrez les événements, et quand vous jugerez le moment propice, vous tâcherez de rejoindre un corps d'armée française. Seulement, je ne vous conseille pas de rentrer en France avec votre uniforme de dragon. »

Le lendemain, je me mis en route, continua Jacques Grandin, et, à travers bois et forêts, je parvins à gagner la Belgique.

Un paysan m'accueillit dans sa maison où je reçus une généreuse hospitalité. Epuisé par la fatigue, souffrant de nouveau beaucoup de ma blessure et dévoré par une fièvre ardente, je fus forcé, tout en arrivant, de me mettre au lit. Heureusement, les soins ne me manquèrent point. Au bout de quinze jours j'étais remis sur pieds et, huit jours après, je me sentis assez fort pour rentrer en France.

Grâce à cette blouse, à ce pantalon et à cette casquette que j'ai achetés en Belgique, j'ai pu, marchant à pied à travers le pays occupé par l'ennemi, arriver jusqu'ici.

On l'avait écouté sans l'interrompre avec la plus grande attention et le plus vif intérêt.

Ses auditeurs s'étaient levés ; ils l'entourèrent et lui serrèrent les mains en lui adressant de chaleureuses félicitations.

— Mais... mais je... je ne mérite pas... balbutia-t-il tout confus.

Il n'avait plus rien à dire. Sans attendre qu'on le congédiât, il salua respectueusement et sortit avec l'employé.

Le soir même Jacques Grandin était nommé sous-lieutenant au Ier régiment de marche de hussards.

II

HUSSARD ET FRANC-TIREUR

L'armée de la Loire, déjà forte, se préparait à prendre l'offensive. Il s'agissait d'attaquer l'ennemi dans ses positions en avant d'Orléans, de le repousser au-delà de cette ville et, vainqueurs, de marcher sur Paris qui allait tenter, dans une vigoureuse sortie, de traverser les lignes d'investissement.

Par ordre du général d'Aurelles, on faisait chaque jour, sur le front de l'armée, de nombreuses reconnaissances, qu'on poussait quelquefois jusqu'aux avant-postes prussiens.

Le 7 novembre, au matin, deux jours avant la bataille de Coulmiers, gagnée par la jeune armée de la Loire, qui mit en pleine déroute l'armée ennemie, commandée par le Bavarois de Thann, le sous-lieutenant Jacques Grandin fut envoyé en reconnaissance accompagné de vingt cavaliers. Il poussa une pointe dans la direction de Baccon sur un des chemins de Meung à Charsonville.

Rien ne lui avait encore annoncé la présence de l'ennemi lorsque, soudain, soixante ou quatre-vingts cuirassiers allemands s'élancèrent de derrière une ferme, où ils s'étaient tenus cachés, et enveloppèrent la petite troupe d'éclaireurs français.

— Amis, cria Jacques Grandin, se mettant à la tête de ses soldats, mourons tous plutôt que de nous rendre !

Aussitôt le combat commença par des coups de mousquets et de pistolets tirés des deux côtés, puis les sabres sortirent des fourreaux, et les vingt, résolus à mourir, se préparèrent à recevoir le choc de l'ennemi.

Certes l'issue de la lutte n'était pas douteuse ; Jacques ne pouvait se faire illusion ; mais lui et ses hussards avaient fait le sacrifice de leur vie, sauf à se défendre jusqu'à ce que tous soient couchés sur terre et mis hors de combat.

Autour d'eux, le cercle se resserrait et les cuirassiers, la pointe du sabre en avant, étaient prêts à charger.

— Rendez-vous ! cria l'officier allemand.

— Jamais ! répondit l'officier français.

Et il envoya aux cuirassiers la dernière balle de son revolver.

A cette détonation, cent autres répondirent immédiatement.

Accourus au bruit des premières décharges des armes à feu, une compagnie de francs-tireurs venait de sortir d'un bois voisin et se précipitait au pas gymnastique au secours des éclaireurs français.

La scène changea subitement.

Quinze cuirassiers plus ou moins grièvement blessés roulaient sous les pieds des chevaux. La brusque apparition des francs-tireurs faisait comprendre aux cavaliers ennemis que la lutte ne serait plus à leur avantage.

— Les francs-tireurs, les francs-tireurs ! exclamèrent-ils épouvantés.

Déjà, la veille, dans une rencontre avec les francs-tireurs de Paris du commandant Lipouwski, douze cuirassiers avaient été tués.

Ils ne songèrent plus à sabrer les hussards, mais à fuir pour échapper aux terribles francs-tireurs.

Une nouvelle fusillade les mit en déroute et les dispersa comme une compagnie de perdreaux qui vient d'entendre siffler le plomb du chasseur.

Jacques Grandin se lança à leur poursuite et fit cinq prisonniers, dont l'un était le commandant du déchetament.

Quand les hussards revinrent sur le lieu du combat, les francs-tireurs ne l'avaient pas encore quitté : ils avaient transporté les blessés à la ferme, laquelle n'était pas à plus de mille mètres de l'endroit.

— Sous-lieutenant, dit le capitaine des francs-tireurs à Jacques Grandin, en lui tendant la main, vous êtes brave parmi les braves ; j'ai admiré tout à l'heure votre fière attitude et celle de vos hommes en face des cuirassiers allemands, prêts à vous tailler en pièces. Pour vous et vos braves compagnons, recevez mes sincères félicitations.

— Mon capitaine, répondit Jacques, j'accepte vos bonnes paroles pour mes hommes et pour moi, bien que, dans la situation où nous nous trouvions, nous n'ayons fait que notre devoir.

— Sous-lieutenant, répliqua le franc-tireur, un officier français de votre mérite a le droit d'être modeste.

— Pardon, mon capitaine, mais vous ne m'avez pas encore laissé le temps de vous remercier : grâce à votre intervention, sur laquelle nous ne comptions guère, et à la façon dont vous avez attaqué nos ennemis, vous nous avez délivrés. Sans vous, mon capitaine, nous étions perdus ; mes hommes et moi nous vous devons la vie !

Un doux sourire effleura les lèvres du franc-tireur.

— Je vous répondrai par vos paroles de tout à l'heure, dit-il : mes braves francs-tireurs et moi nous n'avons fait que notre devoir.

Les deux officiers se serrèrent la main.

— Sous-lieutenant, comment vous nommez-vous? demanda le capitaine.

— Jacques Grandin. Et vous, mon capitaine, ne me direz-vous pas aussi votre nom ?

La physionomie du franc-tireur changea d'expression, et deux plis se creusèrent sur son front.

— Je le voudrais, répondit-il, mais je ne le puis... Mon nom? Je le cache pour certaines raisons que je suis également forcé de cacher. Qu'il vous suffise de savoir, pour le moment, sous quel nom je suis connu de me francs-tireurs : ils m'appellent le capitaine Lagarde.

Plus tard, continua le mystérieux franc-tireur, si je n'ai pas trouvé la mort dans quelque combat, je reprendrai une tâche difficile, dont j'ai été détourné par la guerre ; alors, monsieur Jacques Grandin, nous pourrons nous revoir, et ce sera moi qui irai à votre rencontre, car j'aurai peut-être besoin de vous : oui, pour atteindre le but que je poursuis, j'aurai besoin d'être aidé, secondé par des hommes de cœur et de dévouement comme vous.

— En toute circonstance vous pouvez compter sur moi, mon capitaine.

— Je le sais. Il m'a suffi d'un regard pour vous juger : vous êtes un homme en qui l'on peut avoir une entière confiance ; un homme dont on doit être fier d'être l'ami ! A propos, je m'étonne de ne pas voir la croix sur votre poitrine.

— Je suis trop jeune pour avoir pu déjà la mériter, dit Jacques Grandin en souriant. La croix est la récompense des service rendus ou de quelque action d'éclat.

— Sans doute ; mais il me semble que la façon dont vous vous êtes conduit aujourd'hui peut compter pour une action d'éclat.

— Mon capitaine, répliqua vivement Jacques, si dans cette affaire un homme a mérité d'être décoré, ce n'est pas moi, c'est vous !

— Oh ! moi ! fit le franc-tireur en hochant la tête, je suis vieux et je n'ai plus d'ambition. J'ignore, continua-t-il, si le hasard nous fera nous rencontrer encore pendant cette nouvelle campagne qui commence et qui, malheureusement, pourra être longue : hélas ! nul ne sait la veille où il sera le lendemain... Mais souvenez-vous du capitaine de francs-tireurs Lagarde qui, de son côté, ne vous oubliera point. Quand tout sera fini, c'est-à-dire quand les Prussiens auront été chassés de France, — il faut toujours l'espérer, — ou que nous aurons conquis une paix honorable, et que la tranquillité sera rétablie, je me rappellerai à votre souvenir. Si vous n'entendez plus parler de moi, c'est que je n'existerai plus.

Les deux hommes se serrèrent une seconde fois la main.

— A revoir et bonne chance ! dit le capitaine.

— A bientôt ! dit le sous-lieutenant.

Et ils se séparèrent.

Le capitaine Lagarde devait posséder une grande fortune, car, après avoir habillé et armé à ses frais les deux cent cinquante hommes qu'il commandait, il les nourrissait de ses deniers, veillant avec la plus grande sollicitude à ce qu'ils ne manquassent jamais de rien. Il demandait seulement au gouvernement les munitions qui lui étaient nécessaires et qu'il n'aurait pu trouver ailleurs.

Les francs-tireurs du capitaine Lagarde, qu'on appelait les francs-tireurs des bois, avaient été recrutés un peu partout ; cette poignée de partisans, qui harcelait continuellement l'ennemi, et s'était déjà distinguée dans maintes occasions, se composait de beaucoup de pauvres diables, ouvriers sans ouvrage, paysans chassés de leur demeure, et d'un certain nombre de déclassés de toutes les catégories, lesquels faisaient la chasse aux Prussiens, parce que, pour le moment, ils ne pouvaient guère faire autre chose.

Avec ces éléments divers, le capitaine Lagarde avait formé une troupe solide, courageuse, pleine de bravoure, qui rivalisait, du côté de la Loire, avec les francs-tireurs de Paris.

Par sa bonté, sa justice, les soins qu'il prenait de ses hommes, le capitaine Lagarde avait su leur imposer les règles d'une discipline sévère. Il faut dire aussi qu'il avait fait passer en eux le sentiment patriotique qui l'animait.

Jamais un murmure, jamais une plainte dans les rangs.

Ils étaient bien équipés, bien nourris et ils recevaient régulièrement la solde qui leur avait été promise lors de leur engagement.

Le capitaine les appelait ses amis, ses enfants ; constamment préoccupé de leur bien-être, il était réellement pour eux comme un père. Aussi avaient-ils tous pour leur chef une affection dévouée et la soumission sans laquelle aucun commandement ne peut être exercé utilement.

. . . .

Les Français étaient entrés à Orléans, que l'ennemi avait abandonné le jour même de la bataille de Coulmiers.

Un matin, après sa visite d'inspection, le capitaine du sous-lieutenant Grandin le prit à part et lui dit :

— Avez-vous lu le *Moniteur* ce matin ?

— Non, mon capitaine.

— Il donne le récit de votre rencontre avec les cuirassiers allemands à la ferme des Ayrelles et fait du sous-lieutenant Jacques Grandin les plus grands éloges.

— Vraiment, mon capitaine ?

— Ce n'est pas tout ; il y a également dans le *Moniteur* de ce matin quelque chose qui vous intéresse.

— Quoi donc ?

— Je vois que vous ne savez rien ; je suis donc heureux d'être le premier à vous apprendre que vous êtes nommé chevalier de la Légion d'honneur.

Jacques ouvrit de grands yeux et, pendant un instant, il resta sans voix, comme hébété.

— Moi, moi ? fit-il, revenu de sa surprise.

— Oui, vous. Est-ce que vous ne me croyez pas ?

— Oh ! pardon, mon capitaine ; mais je suis tellement étonné, et je m'attendais si peu...

Le capitaine tira un journal de sa poche et, le plaçant ouvert sous les yeux du jeune officier :

— Tenez, là, lisez, dit-il.

— C'est bien vrai, fit Jacques, rouge comme une pivoine.

Le décret, signé la veille, à Tours, contenait une assez longue liste de promotions dans l'ordre de la Légion d'honneur ; le nom du sous-lieutenant Jacques Grandin figurait parmi ceux des nouveaux chevaliers.

— Je vous laisse le journal, dit le capitaine, en serrant la main de son sous-lieutenant.

Et il s'éloigna.

Le même jour, le colonel fit appeler Jacques Grandin.

— Je suis chargé de vous remettre ceci, lui dit-il d'un ton affectueux.

C'était la croix.

Le colonel la lui attacha sur la poitrine.

— Mon colonel, dit Jacques, visiblement ému, il faut que j'aie été particulièrement recommandé par quelque protecteur pour qu'une aussi haute distinction m'ait été accordée, à moi, qui n'ai pu rendre encore que de bien faibles services à mon pays. Non, le peu que j'ai fait n'a pu me faire gagner cette croix que vous venez de mettre sur ma poitrine ; mais je vous promets, mon colonel, que je saurai me rendre digne de la porter.

— Je n'en doute pas, mon brave Grandin : du reste, les occasions de vous distinguer ne vous manqueront point. Vous avez parlé d'un protecteur inconnu ; ce protecteur existe réellement et je puis vous le faire connaître : c'est le capitaine de francs-tireurs Lagarde.

— Ah ! fit Jacques.

— Cet homme, que je ne connais pas, continua le colonel, est un personnage d'une certaine importance : notre général en chef lui témoigne beaucoup d'amitié ; on fait de lui le plus grand cas et ses conseils sont toujours écoutés. On voulait le décorer, il n'a pas accepté ; mais la croix qu'on lui offrait, il l'a réclamée pour vous. On a hésité à vous la donner, non point parce que vous ne l'aviez pas méritée, mais seulement à cause de votre jeunesse. Le capitaine Lagarde a insisté, parlant du drapeau de Sedan rapporté à Tours et faisant ressortir votre belle conduite à la ferme des Ayrelles. Bref, on lui a accordé ce qu'il demandait.

Jacques prit congé du colonel.

— Ah! se disait-il, si je savais où se trouve en ce moment le capitaine Lagarde, comme j'irais vite le remercier! Mais où est-il? De quel côté le chercher? Je m'informerai, je le trouverai, je veux le revoir. Qui donc est-il, cet homme étrange, qui m'a si vite pris en amitié, qui se fait mon protecteur à mon insu, et qui m'a inspiré à moi-même une si vive sympathie? Il cache son nom. Pourquoi? Pour des raisons secrètes, m'a-t-il dit. Encore un mystère!

Jacques pensait au vieux mendiant de Blaincourt.

— C'est singulier, reprit-il, quelque chose me dit que le capitaine Lagarde, qui est certainement bien au-dessus de ce qu'il paraît être, aura une grande influence sur ma destinée! Oui, oui, il faut que je le revoie; dès demain je me mettrai en quête de renseignements.

Jacques employa toute sa matinée du lendemain à aller aux informations; mais on ne put lui dire nulle part de quel côté se trouvaient les francs-tireurs du capitaine Lagarde.

Il s'en revenait vers son campement, fort contrarié d'avoir fait d'inutiles démarches, lorsque, au détour d'une rue, il se trouva face à face avec un officier de francs-tireurs dont la figure ne lui parut pas inconnue.

— Pardon, lui dit-il en l'arrêtant, il me semble que nous nous sommes déjà rencontrés.

— Ah! fit l'autre en portant vivement la main à son képi, je vous reconnais; c'est vous, mon officier, qui étiez à la ferme des Ayrelles.

— Ainsi, vous êtes de la compagnie du capitaine Lagarde?

— J'ai cet honneur.

— Vous ne refuserez pas, je pense, de me donner un renseignement ?

— Je suis à vos ordres.

— Où se trouve en ce moment votre capitaine ?

— Est-ce que vous désirez le voir ?

— Oui.

— C'est facile.

— Serait-il à Orléans ?

— Depuis trois jours. Je viens de le quitter après avoir pris ses ordres.

— Où demeure-t-il ?

— Dans cette rue. Venez, mon officier, je vais vous conduire à la porte de la maison.

Un instant après, Jacques Grandin montait au premier étage de la maison et frappait à la porte de la chambre qu'on lui avait indiquée.

— Entrez, dit une voix qu'il reconnut aussitôt.

Il tourna le bouton, la porte s'ouvrit et il entra.

Assis devant une table couverte de papiers, le capitaine Lagarde écrivait. Sans se déranger, il tourna la tête de côté pour jeter un regard sur le visiteur.

Mais, en reconnaissant Jacques Grandin, il laissa tomber sa plume et se leva précipitamment. Ses yeux s'étaient illuminés et sa physionomie exprimait la plus vive satisfaction.

— Ah ! mon capitaine, mon capitaine ! s'écria Jacques, en s'avançant vers lui les deux mains tendues.

M. Lagarde saisit les mains du jeune homme et les serra dans les siennes avec effusion.

— Mon capitaine, reprit Jacques très-ému, je sais ce que vous avez fait pour moi, je viens vous remercier.

— Ce que j'ai fait pour vous ? fit le franc-tireur, ayant l'air surpris.

— Oh ! ne jouez pas l'étonnement, dit Jacques, je sais tout.

— Eh bien, voyons, que savez-vous ?

— Hier soir mon colonel m'a appris que j'avais un protecteur puissant et que ce protecteur était le capitaine de francs-tireurs Lagarde. Ce matin j'ai couru partout pour savoir où vous étiez ; on n'a pu me renseigner ; mais, il y a un instant, un heureux hasard m'a fait rencontrer un de vos lieutenants ; c'est lui qui m'a amené ici, et je vous apporte, mon capitaine, le témoignage de ma vive gratitude. Je vous le répète, je sais tout. Oh ! ne niez pas, cette croix, c'est à vous que je la dois !

— Jacques, répondit gravement le capitaine, vous devez votre croix à votre courage, à votre dévouement à la patrie, à votre seul mérite. Ah ! vous savez tout ! Eh bien, moi aussi je sais une chose que vous vous étiez bien gardé de me dire. Ah ! c'est à moi que vous devez la croix !... Et le drapeau de Sedan ? Et la ferme des Ayrelles ? Et votre belle conduite à Coulmiers ?

Voyons, voyons, mon jeune ami, est-ce que vous croyez que cela compte pour rien ?

— Mille autres ont fait autant et plus que moi, répondit Jacques ; d'ailleurs, le grade de sous-lieutenant avait été une belle récompense ; donc mon capitaine, c'est vous...

— Assez, ne parlons plus de cela, interrompit le franctireur, et laissez-moi vous dire, enfin, combien je suis heureux de votre bonne visite. Mais ne restons pas debout ; venez vous asseoir près de moi sur ce canapé et nous causerons un instant.

Votre bonne et loyale figure m'a plu tout de suite l'autre jour, continua le capitaine, quand ils furent assis, et je me suis senti attiré vers vous par une de ces sympathies qui font naître immédiatement l'affection. Je suis

prompt à donner mon amitié, et je sais mieux aimer
que haïr. Pourtant, j'ai souffert longtemps et beaucoup,
et il y a une plaie saignante dans mon cœur, qui ne se
cicatrisera peut-être jamais. Oui, je suis prompt à aimer ; je n'ai pas toujours eu à me louer de l'amitié des
hommes ; j'ai rencontrée des ingrats, des hypocrites, des
cœurs méchants, des âmes viles... Cela ne m'a ni rebuté,
ni rendu trop défiant ; je donne mon amitié quand même;
je suis incorrigible, Jacques, voulez-vous être mon ami?

— Oh! mon capitaine! fit le jeune homme ému jusqu'aux larmes.

— J'ai compris, merci. Votre seule amitié, Jacques,
en remplacera beaucoup d'autres que j'ai perdues ou
plutôt que j'ai cru posséder. Maintenant, parlons un peu
de vous, qui avez l'avenir, les plus belles espérances. Je
ne vous cache pas, mon ami, que ce que l'on m'a appris
de vous me donne le plus vif désir d'en savoir d'avantage.

— Je n'ai rien de bien intéressant à vous dire.

— Quand il s'agit d'un ami, Jacques, tout intéresse.
Avez-vous un peu de fortune?

— Aucune.

— Que font vos parents?

— Un an après ma naissance, mon père est mort.
C'était un pauvre journalier ; ma mère m'éleva aussi
bien qu'elle le put jusqu'à l'âge de douze ans.

— Alors?

— Elle mourut aussi.

— Orphelin! Mon pauvre ami!

— Mon parrain, un vieux capitaine de dragons, a pris
soin de moi et m'a fait donner l'instruction que je possède. Je lui dois beaucoup, je lui dois tout ; il a été pour
moi un véritable père. J'étais garçon de ferme quand le
tirage au sort m'a fait soldat. Je suis parti, devançant

l'appel, afin de pouvoir être incorporé au 10° régiment de dragons où mon parrain a été capitaine. Voilà toute mon histoire.

— Qui est des plus intéressantes, mon ami. Il y a peut-être certaines petites choses que vous me cachez. Jacques, avec ceux que j'aime, pour eux, dans leur intérêt, je suis curieux, j'aime à tout savoir. C'est une faiblesse, je le sais ; mais vous ne m'en voudrez point, parce que je veux lire dans votre pensée, voir au fond de votre cœur. Voyons, n'avez-vous pas laissé une fiancée au pays ?

Le front du jeune homme s'empourpra et il sourit.

— Ah ! vous voyez, Jacques, je ne me trompais pas, la fiancée existe.

— C'est vrai.

— Elle est jeune, jolie et sage.

— Dix-sept ans, belle à ravir les anges, quant à sa sagesse, nul dans le pays n'oserait en douter : mon parrain, le vieux capitaine, est son père !

— A la bonne heure, voilà le véritable enthousiasme ; je n'ai plus à vous demander si vous l'aimez.

— Plus que tout le monde, plus que ma vie ! Oh ! oui, je l'aime, ma Jeanne adorée !

Ce nom de Jeanne fit tressaillir le franc-tireur.

— Jacques, dit-il, vous ne m'avez pas encore nommé le lieu de votre naissance.

— Je suis né à Mareille.

— Dans les Vosges ! exclama le franc-tireur, en pâlissant.

— Oui, mon capitaine, répondit le jeune homme, regardant son interlocuteur avec surprise.

Le front du franc-tireur s'était subitement assombri et son regard avait pris, malgré lui, une expression douloureuse.

— Est-ce que vous connaissez Mareille, mon capitaine? demanda Jacques.

— Non, j'y suis seulement passé... autrefois ; mais je connais quelqu'un dans une des communes voisines, répondit M. Lagarde, faisant de grands efforts pour dissimuler sa tristesse et calmer son agitation intérieure.

Jacques vit bien qu'il était en proie à une émotion extraordinaire et que rien ne paraissait justifier ; mais, respectueux et discret, il ne se permit point de l'interroger.

— Jacques, reprit le capitaine Lagarde, comme s'il eût deviné la pensée du jeune homme, je suis un peu agité, troublé, n'y faites pas attention.... Cela m'arrive quelquefois ; c'est le souvenir d'une de mes anciennes douleurs qui se réveille brusquement, au moment où je m'y attends le moins.

Il se leva et fit deux fois le tour de la chambre, marchant lentement, la tête inclinée sur sa poitrine.

I

OU LE HASARD JOUE SON ROLE

— Pauvre garçon ! se disait le capitaine Lagarde, il ne sait rien encore. Comment se fait-il ?... On ne lui a donc pas écrit ? Je pourrais lui dire... Mais non, ce serait lui porter un coup terrible, le tuer, peut-être... Oui, oui, jusqu'à nouvel ordre, je dois me taire...

Il revint vers Jacques, qui s'était levé aussi et attendait pour se retirer.

Le capitaine était parvenu à se rendre maître de lui ; sur son visage, toute trace d'émotion avait disparu.

— Asseyez-vous, mon ami, dit-il au jeune homme, d'un ton affectueux ; je ne vous renvoie pas ; nous avons encore à causer. Recevez-vous souvent des nouvelles de Mareille ?

Jacques laissa échapper un soupir.

— Je n'en reçois plus, répondit-il tristement. Que se passe-t-il au pays ? Je l'ignore complétement. Cela m'attriste profondément, et je suis inquiet, très-inquiet.

— Tous nos départements de l'Est sont, vous le savez, occupés par l'ennemi.

— Hélas! cela ne me rassure point, au contraire.

— Soit; mais cela vous explique pourquoi vous ne recevez pas de lettres.

Jacques secoua la tête.

— Je sais, répliqua-t-il, que beaucoup de lettres envoyées des pays occupés arrivent à destination. Il y a des instants où je m'imagine qu'il est arrivé malheur à Jeanne ou à son père ; puis je parviens à me rassurer en me raisonnant, en me disant que s'il était arrivé quelque chose de grave j'en aurais été instruit d'une manière ou d'une autre.

Le capitaine Lagarde se sentait remué jusqu'au fond du cœur.

— A quelle époque avez-vous reçu la dernière lettre? demanda-t-il.

— Trois jours avant le commencement des hostilités.

— C'était une lettre de Mlle Jeanne?

Elle était du capitaine Vaillant; mais Jeanne y avait ajouté une page.

— Où étiez-vous alors?

— A la frontière.

— Et vous, avez-vous écrit?

— Oui, souvent, et toujours sans recevoir de réponse. J'ai écrit une lettre quand nous étions au camp de Châlons, deux pendant mon séjour en Belgique, une autre à mon arrivée à Tours, une autre encore huit jours plus tard, et hier soir j'ai écrit de nouveau.

— Eh bien, Jacques, voici ce que je suppose : vos lettres ne sont point parvenues à Marcille ; elles ont été saisies par les Prussiens.

— Il faut bien qu'il en soit ainsi ; c'est ce que je me dis tous les jours.

— Vos amis de là-bas, ignorant absolument où vous êtes, ne peuvent vous écrire.

— Oui, cela explique leur silence.

Ils restèrent un moment sans parler, tous deux ayant l'air de réfléchir.

— Jacques, reprit le capitaine Lagarde, votre parrain, le capitaine Vaillant, a-t-il plusieurs enfants ?

Jeanne est sa fille unique.

— Est-ce que la femme du capitaine Vaillant existe encore ?

— Hélas ! non, la bonne Catherine est morte depuis quelques années.

— Ah ! elle se nommait Catherine ?

— Oui.

— Et c'était une Française ?

— Sans doute. Catherine Michel est née à Vaucourt, près de Mareille.

Il y eut un nouveau silence. Il y avait comme de l'anxiété sur le visage de M. Lagarde.

— Ce n'est point là ce que je pensais, se disait-il ; et pourtant, pourtant...

Mon cher Jacques, reprit-il en plongeant son regard scrutateur dans les yeux du jeune officier, tout ce qui vous touche de près m'intéresse extrêmement ; permettez-moi donc de vous adresser encore quelques questions : Vous avez bien connu celle que vous appelez la bonne Catherine ?

— Elle était ma marraine et la meilleure amie de ma pauvre mère.

— Jacques, votre fiancée, la belle Jeanne, ressemble-t-elle à sa mère ?

Le jeune homme resta un moment interloqué et répondit :

— Ça, mon capitaine, je l'ignore.

— Comment vous l'ignorez ?

— Pardon, mon capitaine, mais je ne vous ai pas dit que Jeanne est seulement la fille adoptive du capitaine Vaillant.

Un éclair, qui s'éteignit aussitôt, sillonna le regard du franc-tireur.

— Oh ! alors, c'est différent, fit-il, restant très-calme.

— Je n'ai pas connu la mère de Jeanne, continua le sous-lieutenant : la malheureuse est morte immédiatement après avoir mis son enfant au monde.

— Et le père de Jeanne ? interrogea M. Lagarde d'une voix qui tremblait légèrement.

— On venait de le trouver, mort, noyé, au bord de la rivière.

— Oh ! fit le franc-tireur, les lèvres crispées et avec un soubresaut nerveux.

Mais, se maîtrisant aussitôt, il reprit :

— Cela s'est passé à Mareille ?

— Non, à six lieues de Mareille, à Blaincourt.

— Enfin, le brave capitaine Vaillant a recueilli la pauvre petite orpheline et l'a adoptée ?

— Il lui a donné son nom et tout ce qu'il possède est à elle. Oh ! Jeanne est bien sa fille, allez !

— Votre parrain, Jacques, est un homme que j'aime déjà avant de l'avoir vu ; je serai heureux un jour de faire sa connaissance. Mais dites-moi, mon ami, quelle raison a-t-il eue de substituer son nom à celui du père de Jeanne.

— Une raison majeure, mon capitaine : les parents de Jeanne sont restés inconnus, malgré toutes les recherches qui ont été faites.

— Ah !

— Maintenant, vous comprenez : Jeanne n'avait pas de nom.

— Oui, oui, je comprends. A quoi a-t-on attribué la mort du père de Mlle Jeanne?

— A un crime! mon capitaine.

Celui-ci ne put s'empêcher de tressaillir.

— On a pu se tromper, dit-il.

— Non, non, on ne s'est pas trompé : il a été parfaitement prouvé que le père de Jeanne avait été jeté dans la rivière par deux scélérats.

— Pourquoi?

— Evidemment parce qu'on avait intérêt à se débarrasser de lui.

— Soit. Mais le motif, Jacques, le motif?

— On l'a cherché, on ne l'a pas trouvé.

— Et les criminels ?

— Il a été impossible de mettre la main sur eux.

— En vérité, tout cela est bien étrange! Quoi, aucun papier, rien pour faire connaître le père et la mère de l'enfant ! Aucun indice pouvant mettre la justice sur la trace des misérables assassins !

— Dans cette affaire, mon capitaine, tout est mystérieux.

— Oui, tout, murmura le franc-tireur.

Et il ajouta, se parlant à lui-même :

— Mais, moi, je pénétrerai le mystère, je dissiperai les ténèbres et ferai jaillir, en pleine lumière, tout ce qui est enseveli dans l'ombre !

Après un court silence il reprit :

— Jacques, mon ami, vous paraissez savoir très-bien ce qui s'est passé à Blaincourt, ne voulez-vous pas me le raconter?

— Oh! très-volontiers, mon capitaine. Je dois vous

dire, d'abord, que Jeanne ignore tout. Elle sait seulement que sa mère est morte en lui donnant le jour. Vous devez comprendre à quel sentiment son père adoptif a obéi en ne lui faisant aucune révélation qui aurait pu troubler sa tranquillité et lui enlever peut-être pour toujours sa douce et franche gaieté. Du reste, Jacques Vaillant a su si bien cacher le secret de la naissance de Jeanne, que les habitants de Mareille ne se doutent point qu'elle est la fille des deux inconnus, qui reposent l'un près de l'autre dans le cimetière de Blaincourt.

Malgré l'affection de mon parrain, et je puis le dire, sa grande confiance en moi, moi-même je ne savais rien; c'est seulement la veille de mon départ de Mareille, après avoir mis la main de Jeanne dans la mienne et nous avoir fiancés, qu'il m'a tout appris.

Jacques Vaillant se trouvait à Blaincourt lors des événements, et nul ne peut savoir mieux que lui ce qui s'est passé et les suppositions qui ont été faites. Du reste, voici, autant que je vais pouvoir me souvenir, ce que le capitaine Vaillant m'a raconté.

Et Jacques Grandin fit à son auditeur, attentif, ému, captivé, le récit du drame qui, dix-sept ans auparavant, avait si vivement impressionné la population de Blaincourt et des communes voisines.

Il dit comment Jacques Vaillant s'était subitement intéressé, d'une façon extraordinaire, à la jeune femme inconnue, qui parlait une langue étrangère, en la voyant tomber foudroyée devant le cadavre de son mari, que des hommes rapportaient sur une civière.

D'une voix entrecoupée, pleine de larmes, il traça le tableau de la naissance de l'enfant, de la mort de la mère. Il parla ensuite de la démarche faite immédiatement par Jacques Vaillant pour que la petite orpheline lui fût confiée. Il termina en racontant comment l'enquête faite par les magistrats avait découvert que le noyé inconnu n'était point tombé accidentellement dans l'eau, mais qu'il y avait été précipité, au contraire, après avoir été attiré dans un guet-apens, par deux hommes venant probablement de loin, lesquels avaient disparu du pays aussitôt après le crime accompli.

— C'est horrible! horrible! prononça le franc-tireur d'une voix creuse, quand Jacques eut cessé de parler.

— Oui, horrible! répéta le jeune homme. Voilà, continua-t-il, l'épouvantable malheur qui a frappé ma Jeanne bien-aimée au moment de sa naissance. Depuis, grâce à la bonne Catherine et à Jacques Vaillant, elle n'a connu que des jours de joie... Le vieillard descendra à son tour dans la tombe, mais je resterai, moi, pour continuer après lui, jusqu'à mon dernier jour, l'œuvre chère du bonheur de Jeanne!

Le franc-tireur soupira. En dépit des efforts qu'il faisait pour se contenir, ses yeux étaient pleins de larmes.

— Brave et noble garçon, pensait-il, comme il l'aime! Oh! non, je ne veux rien lui dire, je dois me taire.

— Vous êtes ému, vous pleurez! mon capitaine, dit Jacques.

— Ah! cela ne doit pas vous surprendre, répliqua M. Lagarde. Qui donc pourrait rester insensible en écoutant ce que vous venez de me raconter? Ah! Jacques, mon ami, c'est triste, c'est navrant!

— C'est vrai, fit le jeune homme.

Le capitaine essuya ses yeux.

— Ainsi, reprit-il, toutes les recherches ont été inutiles! Que les assassins aient pu échapper à la justice, on le comprend encore, cela arrive malheureusement trop souvent; mais ce que je trouve inouï, c'est qu'on ne soit pas parvenu à découvrir le nom du père et de la mère de Mlle Jeanne.

— Je vous l'ai dit, pas de papiers, le linge lui-même non marqué. Cependant, j'ai un espoir.

— Quel espoir ?

— Celui de connaître un jour le nom des parents de Jeanne et de savoir d'où ils venaient.

— Ah! et comment cela?

— Vous allez voir, mon capitaine ; il y a quelque chose que je dois vous raconter aussi.

— Quoi ! il y a une chose que vous ne me disiez point ? Je vous en prie, Jacques, ne me cachez rien, dites-moi tout!

— Après que Jacques Vaillant m'eût confié le secret de la naissance de Jeanne, nous déjeunâmes tous les trois dans la jolie petite salle à manger où je me transporte souvent par la pensée. Ensuite je les quittai pour retourner chez mon maître et faire mes petits préparatifs de départ. Sur mon chemin je rencontrai un vieux bonhomme de Blaincourt, un mendiant appelé Monot, à qui on a donné le sobriquet de La Bique.

Il faut vous dire que le matin, couché derrière la haie du jardin du capitaine Vaillant, le père La Bique avait entendu une conversation que j'avais avec Jeanne.

— « A propos, garçon, me dit-il, on vient de m'apprendre tout à l'heure que vous partez pour sept ans ; à vous voir ainsi léger et gai comme un écureuil, on ne le dirait guère. C'est vraiment drôle et je n'y comprends plus rien. En vous entendant roucouler ce matin avec la belle demoiselle, je vous croyais à la veille du mariage. Et pas du tout, vous êtes soldat et vous partez demain. Je ne vous le cache pas, mon garçon, ça me contrarie un peu.

— » Et pourquoi? fis-je étonné.

— » Parce que j'avais quelque chose à vous dire au sujet de la demoiselle... »

Vous comprenez, mon capitaine, que ma curiosité fut vivement excitée.

Par un mouvement brusque le franc-tireur s'était rapproché du sous-lieutenant.

— Continuez, mon ami, dit-il d'une voix agitée, continuez.

— « Garçon, poursuivit le vieux mendiant, il s'agit d'un secret, mais je ne vous dirai la chose que quand vous serez le mari de la demoiselle. »

Vainement, je le priai, le suppliai de parler.

— « Ce n'est pas mon idée, me répondait-il.

Il m'interrogea pour savoir si le capitaine Vaillant m'avait appris par suite de quelles douloureuses circonstances Jeanne était devenue sa fille.

Je lui répondis que mon parrain m'avait raconté dans tous ses détails le drame de Blaincourt.

Alors il me dit:

— « Le capitaine Jacques Vaillant et les gens de justice ne savent pas tout. Quand vous serez le mari de la belle Jeanne, l'enfant du malheur, comme on l'appelait à Blaincourt, le père La Bique vous dira ce qu'il sait, lui; à l'aide de certaines indications que je vous donnerai, vous parviendrez peut-être à savoir le nom du père de Mlle Jeanne et à retrouver sa famille. »

— Cet homme vous a dit cela! exclama le franc-tireur, dont les yeux étincelaient.

— Oui, mon capitaine, mais cela seulement. J'eus beau le prendre de toutes les manières, le prier, le menacer, je ne pus lui arracher rien de plus.

— « Quand vous reviendrez, jeune homme, quand vous reviendrez, » me répondit-il.

Et il me quitta, en me disant:

— « Courage, jeune soldat, bon voyage et bonne chance ! »

— Voyez-vous, mon capitaine, continua Jacques, je me rappelle les paroles du vieux mendiant comme si ce qu'il m'a dit datait d'hier. Cela prouve qu'elles ont laissé en moi une impression profonde. Pourtant, j'ai pensé d'abord que le père La Bique avait voulu s'amuser un peu à mes dépens ; mais, depuis, j'ai beaucoup réfléchi, et maintenant je suis convaincu que le vieux mendiant de Blaincourt sait réellement quelque chose de plus que ce qui a été découvert par les magistrats.

Le franc-tireur était calme en apparence, mais il y avait une tempête dans son cerveau.

— Oui, Jacques, oui, mon ami, dit-il d'une voix oppressée, cet homme sait quelque chose. Il n'y a pas à en douter, il possède un secret qui lui a été confié ou qu'il a surpris, et ce secret est d'une importance capitale... pour vous, Jacques, pour vous, s'empressa-t-il d'ajouter.

Il resta un moment silencieux et reprit :

— Je vous remercie, mon ami, de votre très-intéressante confidence ; merci aussi de m'avoir ouvert votre cœur... Un jour, quand le moment sera venu, je vous ouvrirai aussi le mien ; alors, Jacques, vous saurez qui je suis et vous me connaîtrez comme moi je vous connais maintenant. Nous allons nous séparer, mon ami ; Dieu seul sait quand nous nous reverrons.

— Est-ce que vous quittez Orléans ?

— Demain matin, et j'ignore si j'y reviendrai. Mais soyez tranquille, de loin comme de près je penserai à vous ; je vous ai donné mon affection, avant même de vous bien connaître, je ne vous la retirerai point. D'ailleurs, Jacques, à partir de ce moment, vous marchez à côté de moi vers le but que je veux atteindre.

Tous deux s'étaient levés.

— Jacques, mon enfant! s'écria le franc-tireur avec une émotion singulière et en ouvrant ses bras, embrassons-nous.

Ils tombèrent dans les bras l'un de l'autre.

Un instant après, le jeune sous-lieutenant essuyait ses yeux en descendant lentement l'escalier.

Le capitaine des francs-tireurs des bois se promenait à grands pas dans sa chambre. Tout à coup, il s'arrêta, le regard illuminé.

— Prodige du hasard, jeux capricieux de la destinée, merveilleux enchaînement des choses! s'écria-t-il. Dieu est là, Dieu est dans tout! C'est lui qui conduit les hommes, qui les guide!... Il y a quelques jours je ne connaissais pas ce jeune homme; je le rencontre, je le regarde: sa belle figure sympathique, pleine de franchise, son regard loyal, son attitude calme et digne, sa modestie, tout en lui me plaît; et comme si j'eusse entendu une voix divine me crier: « Je suis la Providence, c'est moi qui mets Jacques Grandin sur ton chemin, » je m'intéresse à lui et je sens que cet inconnu peut m'être utile, qu'il doit m'aider!... O pressentiment! tu es donc en nous une mystérieuse révélation!

Jacques vient ici, je l'interroge et il me répond simplement... Et quand j'ai cherché vainement aux quatre coins de la France, une trace, un atome de clarté, lui, sans se douter que je l'écoute haletant, frémissant, que je suis suspendu à ses lèvres, que chacune de ses paroles résonne au fond de mon cœur comme un bruit d'airain, il parle et m'ouvre une large route à travers l'inconnu, à travers le mystère... Oh! le brave garçon! Oh! le brave enfant!

Il se remit à marcher, puis, au bout d'un instant, il s'arrêta de nouveau et reprit:

— Mais qu'allaient donc faire à Blaincourt, au fond des Vosges, Charles Chevry et sa femme? Je le saurai... Quant à toi, vieux mendiant de Blaincourt, je te forcerai à parler; il faudra bien que tu me livres ton secret.

IV

LA MAISON DE CHATOU

Nous franchissons un espace de sept mois. Que d'événements terribles se sont passés en France pendant ce laps de temps! Mais tout cela est du domaine de l'histoire et appartient à l'historien. Passons.

Transportons-nous à Chatou, à quelques lieues de Paris, dans une habitation blanche et coquette, gracieusement assise au bord de la Seine, dans un endroit charmant. Son mur, en bordure du chemin de halage, a une belle grille à fleurons dorés, qui ne s'ouvre jamais, et à côté une petite porte de service.

La maison est petite, mais bien bâtie et d'un joli aspect. De grands tilleuls l'ombragent ; toutefois, se glissant à travers les branches aux feuilles argentées, les rayons du gai soleil de mai jettent par endroits, sur sa façade, comme un crépi d'or pâle.

Le jardin, entouré de murs au long desquels courent des espaliers, est vaste, planté de massifs, jetés avec goût de tous les côtés, avec une belle pelouse au centre-

égayée par de magnifiques corbeilles de fleurs. Au milieu de la pelouse, un bassin avec un jet d'eau, qui fait tomber autour de lui comme une pluie de diamants.

Dans les massifs et sur les arbres les oiseaux chantent.

A droite, dans un érable au feuillage panaché, le pinson a construit son nid ; de l'autre côté, la fauvette a mis le sien dans une touffe de saphorine ; un peu plus loin, celui du merle est à peine caché dans un laricia ; au fond du jardin le rouge-gorge fait entendre ses trilles amoureuses, sa couvée doit être tout près, cachée dans des feuilles sèches sous une broussaille.

Les allées, bien entretenues, sont couvertes d'un sable fin sur lequel le rateau passe souvent.

Cet endroit est un véritable Eden ; on se croirait là dans un petit coin du Paradis.

Hélas ! ce délicieux séjour où il ne devrait y avoir que joie et gaieté, tendres regards, ravissants sourires, joyeux éclats de rire d'enfants ou doux murmure de deux voix amoureuses, est la demeure d'une folle, d'une pauvre jeune fille dont la raison semble s'être éteinte pour toujours.

Et pourtant les soins ne lui manquent point.

Elle a une femme de chambre d'une grande douceur, d'une admirable patience pour la servir, satisfaire tous ses caprices d'enfant malade et veiller sur elle sans cesse.

Près d'elle, pour elle seule et demeurant dans la maison, il y a un savant médecin aliéniste. C'est le docteur Legendre, un homme de cinquante ans, d'une grande expérience, dont le travail incessant a de bonne heure blanchi les cheveux.

Le docteur Legendre n'a jamais été directeur d'une maison de santé ; il n'a occupé aucune fonction dans un des hospices de l'Etat ou de la ville de Paris ; mais il est depuis longtemps célèbre par ses nombreux ouvrages sur les névroses et en général sur toutes les affections mentales.

On lui a offert de hautes positions, il ne les a pas acceptées, afin de garder sa liberté et de rester tout entier à ses travaux.

Le docteur Legendre a beaucoup écrit, trop même, si l'on considérait la fortune comme étant tout. Il a donné sa vie à la science et en se dévouant à l'humanité il ne s'est pas enrichi. Ses livres se vendent, mais les gros bénéfices sont pour ses éditeurs.

L'année précédente, un jour du mois d'août, un homme bien mis et de manières distinguées vint le trouver dans son modeste appartement de la rue du Vieux-Colombier.

— Monsieur le docteur, lui dit le visiteur, je me nomme Lagarde ; je suis envoyé près de vous par votre confrère et ami le docteur B... dont voici une lettre ; veuillez lire.

— Mon ami, monsieur, dit le docteur après avoir lu, vous recommande d'une façon très-chaleureuse ; que dois-je faire pour vous être agréable ?

— Donner vos soins à une pauvre jeune fille frappée, récemment, d'aliénation mentale.

— Le docteur B... a dû vous dire que je donne tout mon temps à la science ; j'écris et ai renoncé depuis longtemps à entreprendre aucun traitement.

— Oui, oui, je sais ; mais quelque chose me dit que ma chère malade ne peut être confiée qu'à vous, qu'en dehors de vous je ne puis rien espérer. La jeune fille est très-intéressante, docteur ; que vous la voyiez seulement et vous voudrez la guérir. Oh ! vous la guérirez, j'en suis convaincu. Ecoutez-moi, docteur, écoutez-moi ;

j'ai acheté une petite maison et un jardin à Chatou ; c'est là qu'est la pauvre mignonne depuis trois jours. Je vous raconterai à la suite de quel choc terrible la pauvre créature a perdu la raison, mais voici ma proposition : Vous quitterez votre appartement et vous vous installerez dans la maison de Chatou, qui deviendra la vôtre, car je n'y demeure pas. Je ne vous enlève point à vos précieux travaux, docteur ; non, non. Vous emporterez vos livres, vos manuscrits ; et au bord de la Seine, au milieu du silence qui plaît à la pensée féconde, dans le calme d'une solitude charmante, ayant votre malade près de vous, sous vos yeux, vous pourrez travailler autant que vous le voudrez. Vous aurez à vos ordres autant de domestiques qu'il vous en faudra ; vous les choisirez vous-même.

Je ne vous parle pas de vos honoraires, docteur, vous les fixerez. Dieu merci, je possède une fortune qui me permet de récompenser comme il convient les services qui me sont rendus.

En attendant, pour l'entretien de votre maison, docteur, je vous remettrai une provision de vingt-cinq ou trente mille francs ; d'ailleurs, je puis aussi vous ouvrir un crédit illimité à la Banque de France.

Le docteur resta encore assez longtemps hésitant.

A la fin, séduit, non par la brillante promesse de M. Lagarde, mais par sa franchise, son grand air de loyauté, le ton affectueux de sa voix, et surtout la sympathie qu'il lui inspirait, il accepta.

Et le soir même, emportant ses livres, dont il ne pouvait se séparer, il quittait la rue du Vieux-Colombier pour aller s'installer dans la maison de Chatou.

Il était autorisé à prendre plusieurs domestiques. Ayant conservé sa vieille gouvernante, à laquelle il était habitué et qui, au point de vue culinaire, connaissait tous ses goûts, d'ailleurs très-simples, il n'avait besoin que d'une autre femme pour veiller constamment sur sa malade. Cette femme lui fut envoyée par son ami le docteur B..., qui l'avait choisie parmi les plus méritantes de sa maison de santé.

Le docteur Legendre travaillait dans son cabinet; pour l'instant il était absorbé par la lecture d'une page d'un livre gros comme un missel d'église.

La porte du cabinet s'ouvrit doucement. Le docteur leva la tête.

— Ah! monsieur Lagarde, s'écria-t-il.

— Vous étiez en train de travailler, je vous dérange.

— Vous, me déranger! Jamais!

Il ferma son gros livre, se dressa debout et prit la main que M. Lagarde lui tendait.

— Je pars demain, dit celui-ci, et je ne saurais dire pour combien de temps ; je n'ai pas voulu entreprendre ce nouveau voyage sans vous avoir serré la main et demandé si vous avez besoin d'argent.

— Mais vous savez bien que nous ne manquons de rien ici ; quand vous êtes venu, il y a quinze jours, j'avais encore près de vingt mille francs ; s'il y a quelques centaines de francs de moins aujourd'hui, c'est tout.

— Vous êtes bien économe, mon cher docteur!

— Mais je trouve, au contraire, que je dépense énormément.

— Oh!

— Ah! ça, fit M. Legendre d'un ton très-drôle, faudrait-il donc, pour vous faire plaisir, que je m'amusasse à lancer des louis d'or dans la Seine en guise de petits cailloux ?

M. Lagarde ébaucha un sourire.

— Allons, docteur, fit-il, ne vous fâchez pas.

— Mais c'est vrai, aussi, vous êtes toujours à me remander : « Docteur, voulez-vous de l'argent? » Vous êtes un homme généreux, magnifique, c'est très bien ; vous êtes un Crésus, un Nabab, plus que cela, peut-être, c'est très-bien encore ; mais sacrebleu, monsieur, ce n'est pas une raison pour que les gens qui vous servent se jettent sur vos trésors comme des chiens à la curée ! Vous m'avez dit : « Ne regardez pas à la dépense. » Eh bien je dépense autant que je peux ; je vis ici comme un grand seigneur ! Accordez-moi donc la grâce, monsieur, de ne plus me parler d'argent.

— Docteur, j'attendrai, maintenant, que vous m'en demandiez.

— A la bonne heure ; j'aime mieux cela.

— C'est convenu. Docteur, comment va la malade aujourd'hui?

— Toujours la même, répondit M. Legendre, reprenant aussitôt sa gravité.

— L'autre jour vous me parliez de symptômes, que vous observiez, et qui vous paraissaient favorables ; est-ce qu'ils ont disparu ?

— Non, je continue à les observer, mais ils sont moins fréquents.

— Ce qui veut dire, docteur, répliqua M. Lagarde en soupirant, que le mieux espéré ne se réalise point.

— Il y a certainement une amélioration dans l'état général de la malade, mais si peu sensible...

— Que vous ne pouvez pas me dire encore : j'espère.

— Si je n'espérais plus, je ne serais plus ici.

— Docteur, vous me dites peut-être cela pour me tranquilliser.

— La folie de votre protégée, monsieur Lagarde, n'a point le caractère de celles qui, jusqu'ici, ont été reconnues incurables ; donc nous pouvons encore conserver l'espoir. Mais de cela à vous dire : elle guérira, il y a loin. Depuis cinquante ans, la science a fait d'immenses progrès ; si, dans beaucoup de cas, elle est absolument sûre d'elle-même, bien souvent aussi elle marche en tâtonnant. Celui qui pourrait dire : dans tant de temps, tel jour, à telle heure voici ce qui arrivera, celui-là, monsieur, serait plus qu'un grand médecin, plus que le plus illustre des savants, ce serait un dieu !

M. Lagarde laissa tomber sa tête sur sa poitrine.

— Pauvre Jacques ! Pauvre Jeanne ! murmura-t-il

— Voulez-vous la voir ? demanda le docteur au bout d'un instant.

— Oui, docteur, oui.

— Elle est dans le jardin, venez.

Jeanne était assise sur un banc rustique à l'ombre d'un superbe acacia-boule. Elle était vêtue d'un délicieux peignoir de cachemire rose, serré à la taille par une ceinture de la même étoffe, et avait ses petits pieds chaussés de bottines de satin également roses. Ses magnifiques cheveux noirs tombaient jusque sur ses hanches en deux grosses nattes, arrêtés à leur extrémité par un nœud de rubans.

La tête penchée sur son épaule, elle avait une attitude pleine de mélancolie. Sa figure pâle était calme, mais sans expression. Ses grands yeux d'une douceur exquise toujours, n'étaient animés par aucune lueur. Comme la raison, le regard, qui est le reflet de la pensée, s'était éteint.

Sa main gauche tenait une rose, et pendant que les doigts de son autre main l'effeuillaient, d'une voix douce et dolente elle chantonnait :

« Ils sont gais, ils sont beaux, les garçons du village ;
» A Suzon, plus de vingt voudraient faire la cour.
» Mais Suzon ne veut pas qu'on parle mariage.
» Elle rit et leur dit : J'ai trop peur de l'amour ! »

Les deux hommes s'approchèrent.

Elle se tut, redressa lentement sa tête et les regarda. Un sourire triste effleura ses lèvres.

— Bonjour, bonjour ! dit-elle.

— Me reconnaissez-vous, mon enfant ? lui demanda M. Lagarde.

— Oui, je vous reconnais. Pourquoi ne venez-vous pas souvent ? J'aime toujours voir ceux qui sont bons.

— Seriez-vous contente de voir Jacques ?

— Jacques, Jacques ! fit-elle tout bas.

— Elle cherche à se souvenir, dit M. Legendre.

— Oui, votre ami Jacques, le jeune soldat de Mareille.

— Jacques ! Jacques ! répéta-t-elle.

— Bientôt, Jacques viendra voir mademoiselle Jeanne.

Elle eut comme un tressaillement. Et, avec des larmes dans la voix :

— Jeanne dort là-bas, au fond de la rivière, dit-elle ; je l'ai connue, il y a longtemps de cela ; c'était une bonne jeune fille. Chut, ne faites pas de bruit, Jeanne dort au fond de la rivière... Ne la réveillez pas ; elle est si bien au fond de la rivière !

— Pauvre petite ! murmura M. Lagarde prêt à pleurer.

Soudain la jeune fille s'agita et un éclair traversa son regard.

— Avez-vous entendu ? s'écria-t-elle, quel coup de tonnerre ! Oh ! l'épouvantable nuit ! Ecoutez, écoutez, entendez-vous ? On vient, c'est lui...

A mesure qu'elle parlait, ses yeux s'ouvraient plus grands et l'épouvante, l'horreur se peignaient sur son visage.

— Le voilà, le voilà ! exclama-t-elle en se dressant comme mue par un ressort. Ah ! Jean Loup ! Jean Loup !

Elle resta un instant effarée, toute tremblante, puis la lumière de son regard s'éteignit, sa figure reprit son calme habituel et elle s'affaissa sur le banc.

— Jeanne, lui dit alors M. Lagarde, ce Jean Loup, cet homme, qui vous cause une si grande frayeur, est celui qui vous a sauvée, celui qui a tiré la pauvre Jeanne du fond de la rivière.

Elle n'eut pas l'air d'avoir entendu. Sa tête reprit la position qu'elle avait précédemment, penchée sur l'épaule, et, continuant à effeuiller la rose, elle se remit à chanter :

« Ils sont gais, ils sont beaux, les garçons du village. »

— Venez, monsieur, venez, dit le docteur, prenant la main de M. Lagarde et l'entraînant ; c'est fini. Après la crise, le calme, l'insensibilité complète. Inutile de rester près d'elle plus longtemps ; maintenant elle ne ferait plus attention à nous.

— Hélas ! soupira M. Lagarde.

V

LE RETOUR AU VILLAGE

La France, après tant de jours de douleurs, avait enfin repris possession d'elle-même. On commençait à respirer et on entrevoyait l'avenir ayant un aspect moins sombre.

Les Allemands occupaient encore une partie du pays; mais les fonctionnaires de l'Etat, dans l'ordre militaire, judiciaire et civil, avaient repris les services de l'administration. Les Allemands n'étaient plus que des hôtes, après avoir été des gouvernants.

Jacques Vaillant avait été emmené à Epinal, puis conduit à Coblentz comme prisonnier de guerre. On lui avait accordé, sans qu'il l'eût sollicitée, la faveur de ne pas être fusillé comme tant d'autres.

On l'oublia un peu dans sa prison. En effet, les soldats français étaient presque tous rentrés en France, que le maire de Mareille était encore à Coblentz. Il se trouva parmi les derniers à qui on rendit la liberté.

A Mareille, on le croyait mort. Inutile de dire que

ses concitoyens, à son retour, l'accueillirent avec de grandes démonstrations de joie.

Jacques Vaillant rentra en pleurant dans sa maison, une nouvelle prison pour lui, condamné qu'il était à y vivre seul. Il avait beaucoup vieilli depuis le dernier malheur qui l'avait frappé ; lui qui naguère encore était si robuste et tenait sa belle taille si droite, il commençait à se voûter et à sentir chanceler ses jambes.

Gertrude vint avec empressement se mettre à sa disposition ; il l'embrassa et ils pleurèrent ensemble.

Gertrude lui remit un certain nombre de lettres. Elles étaient toutes de Jacques Grandin.

— Pauvre garçon ! murmura-t-il en soupirant.

Il décacheta les lettres, les rangea par ordre de dates et les lut. Il mit plus de deux heures à faire cette très-intéressante lecture ; il est vrai qu'il s'était interrompu souvent pour essuyer ses yeux voilés de larmes.

— Lieutenant et décoré, dit-il d'une voix entrecoupée de sanglots ; et tout cela, c'était pour elle... De son côté, l'honneur, l'avenir brillant ; de celui-ci le déshonneur, le deuil, la ruine ! Voilà la destinée !... Il ne sait rien... Ah ! Jacques, Jacques, ne reviens jamais à Marcille ! Il est jeune, lui, il peut se consoler, oublier. Adieu, beaux rêves d'autrefois ! Pour moi, plus rien, je touche à la tombe ! Qu'il reste là-bas, où l'avenir lui sourit ; qu'il poursuive sa carrière, si brillamment commencée !

— Est-ce que vous n'allez pas lui répondre, monsieur ? demanda Gertrude.

— Je lui répondrai certainement.

— Quand, monsieur ?

— Dans quelques jours.

Le lendemain, grâce à Gertrude, qui était fière d'annoncer la grande nouvelle, tout le monde, à Marcille, savait que Jacques Grandin, l'ancien garçon de ferme, était lieutenant de hussards et chevalier de la Légion d'honneur.

La nuit était venue. Jacques Grandin, l'épée au côté, la taille serrée dans son uniforme d'officier de hussards, suivait d'un pas rapide et léger la route qui traverse le plateau rocheux entre Blignycourt et Mareille. Il avait obtenu, assez facilement, d'ailleurs, un congé de deux mois, et dans un instant il allait être à Mareille où, savourant d'avance la joie de surprendre Jacques Vaillant et Jeanne, il n'avait point annoncé son arrivée.

A un endroit de la route il s'arrêta. Ah ! il n'avait pas oublié : c'est à cette place que ses amis lui avaient serré la main, en lui souhaitant bonne chance ; à cette place qu'il avait mis un dernier baiser d'amour sur le front de sa Jeanne adorée !

— Chère Jeanne, chère Jeanne ! murmura-t-il.

Il jeta un regard sur la Bosse grise et eut un souvenir pour Jean Loup.

Il se remit en marche. Bientôt il se trouva en vue du village qui s'allongeait dans la vallée.

Ses yeux s'arrêtèrent sur la maison du vieux capitaine, un peu en avant des autres, et qui apparaissait grisâtre dans l'ombre.

Son cœur battait violemment. Il allait arriver, et cependant, à mesure qu'il avançait, la joie du retour faisait place à l'inquiétude qui l'avait si souvent agité depuis huit mois. Un pli se creusait sur son front et, en dépit de tout, ses pensées devenaient tristes. Il s'adressait de nouveau cette question :

— Pourquoi mes lettres sont-elles restées sans réponse ?

Il s'arrêta devant la porte de la cour, voulant se remettre de son émotion avant de frapper. Un silence profond régnait autour de lui ; il n'entendait aucun bruit dans la maison, mais il voyait la fenêtre éclairée de la salle à manger.

Gertrude restait maintenant près de son maître jusqu'à neuf heures pour lui tenir compagnie ; neuf heures n'étant pas sonnées, elle était encore là.

— Monsieur, disait-elle à Jacques Vaillant, il y a aujourd'hui huit jours que vous êtes revenu et vous n'avez pas encore répondu à votre filleul. Tous les jours vous dites demain, et les jours passent sans que vous écriviez.

Le vieillard laissa échapper un soupir.

— C'est vrai, Gertrude, c'est vrai, fit-il.

— Je sais bien que ça doit vous coûter de lui apprendre le grand malheur ; mais que ce soit un peu plus tôt ou un peu plus tard, il faut toujours que le pauvre enfant sache la chose.

— Oui, Gertrude, il le faut ; mais vois-tu, je ne peux pas. Chaque fois que je prends la plume, elle me tombe de la main.

— Monsieur, ce soir, vous pourriez peut-être. Voulez-vous essayer?

— Soit.

En un instant Gertrude eut mis sur la table, devant le vieillard, papier, encre et plume.

— Ayant mis d'abord la date en tête de la feuille de papier, le vieux capitaine écrivit :

« Mon cher Jacques. »

A ce moment, celui à qui le vieillard allait écrire, se décida à frapper.

— Allons, fit Gertrude, ne cherchant pas à cacher sa vive contrariété, il faut toujours qu'on soit dérangé ici ; encore un contre-temps ; cette pauvre lettre ne sera jamais écrite.

— Qui donc peut venir me voir à cette heure? dit le vieillard.

— Est-ce qu'on sait? C'est drôle tout de même, il y a toujours des gens qui ne peuvent pas rester tranquillement chez eux.

— Va ouvrir, Gertrude.

— Oui, monsieur, j'y vais ; mais il peut être sûr, celui-là, que je ne le recevrai pas en lui faisant ma révérence.

Sur ces mots elle sortit, en grommelant des paroles peu flatteuses à l'adresse des importuns. Au bout d'un instant elle rentra dans la salle, effarée, comme une folle.

— Ah ! monsieur, ah ! monsieur, fit-elle, respirant à peine.

— Eh bien ?

— Lui, lui ! balbutia-t-elle.

Et elle laissa échapper les sanglots qui l'étouffaient.

Jacques Vaillant se dressa debout. Aussitôt le lieutenant entra dans la salle.

— Jacques ! exclama le vieillard.

— Mon parrain, mon père ! dit la voix vibrante du jeune homme, en se jetant dans les bras ouverts du vieux capitaine.

— Je venais de prendre la plume pour répondre enfin à tes lettres, dit le vieillard, se remettant peu à peu de son émotion ; mais te voilà, je n'ai plus à t'écrire. Jacques, je te félicite, je suis content de toi ; ah ! je puis te dire tout ce qu'il y a pour toi, dans mon vieux cœur, de sentiments affectueux et d'admiration !... Dans tes lettres, mon ami, tu ne me racontes point ce que tu as fait, mais je devine : tu t'es noblement conduit, comme un brave enfant de la France ! Tu m'en apportes la preuve, Jacques : lieutenant, et là, sur ta vaillante poitrine, la croix d'honneur qu'on ne donne qu'aux plus braves ?

Le jeune officier était un peu surpris de ne point voir Jeanne près de son père ; mais il n'osait pas encore parler d'elle. Il regardait le vieillard et se disait tristement :

— Comme il est changé, comme il a vieilli !

Au moment où Jacques Vaillant toucha la croix attachée sur sa poitrine, ses yeux tombèrent sur la boutonnière de la redingote du vieillard, où il avait toujours vu le ruban rouge. Il fut tellement étonné en remarquant l'absence du bout de ruban, qu'il ne put s'empêcher de dire :

— Parrain, pourquoi donc n'avez-vous pas aujourd'hui votre décoration ?

Jacques Vaillant tressaillit. Puis secouant tristement la tête :

— Je ne la porte plus, répondit-il.

— Vous ne la portez plus ? s'écria le jeune homme ahuri, pourquoi ?

— Il faut que tu le saches, Jacques ; tu le sauras dans un instant, répondit le vieux capitaine.

Il se tourna vers sa domestique.

— Gertrude, lui dit-il, monte dans ma chambre ; tu sais où j'ai placé la copie de la lettre, tu me l'apporteras.

Gertrude sortit aussitôt.

Le vieillard se laissa tomber lourdement sur son siége. Devant lui, le jeune homme resta debout, immobile, silencieux, haletant, sentant son cœur serré comme dans une main de fer. Il comprenait qu'une révélation épouvantable allait lui être faite, que la foudre grondait au-dessus de sa tête, prête à éclater.

Gertrude reparut, apportant la copie de la lettre de Jeanne, pliée en quatre et précieusement conservée dans une enveloppe.

— Donne à Jacques, dit le vieillard.

D'une main fiévreuse, le jeune homme tira le papier de l'enveloppe, le déplia et lut.

Il poussa un cri rauque et chancela comme un homme ivre. Heureusement, il rencontra la table, qui lui servit d'appui ; il ne tomba point. Tous ses membres tremblaient ; il était devenu blanc comme un suaire ; il avait les traits contractés, les cheveux hérissés, le regard fixe d'un fou.

Quand le vieillard s'aperçut que le jeune homme commençait à ressaisir sa pensée, à reprendre ses forces, jugeant qu'il pouvait l'entendre, il lui dit :

— Jacques, ces lignes que tu viens de lire t'ont tout appris ; ce n'est que la copie de la lettre d'adieu que la pauvre Jeanne m'a laissée, la lettre véritable est entre les mains de la justice. Dans un autre moment, je te raconterai tout ce qui s'est passé.

Jacques, le malheur épouvantable qui nous a frappés tous les deux ne m'a pas tué tout à fait, moi qui suis un vieillard ; tu es jeune, toi, mon ami, et tu as d'autres espérances ; tu résisteras mieux ; il faut te raidir pour ne point te laisser écraser, il faut te résigner. Si les jours de joie sont rares, les jours de douleur sont nombreux. Hélas, voilà la vie !

— Morte ! morte ! je ne la verrai plus ! dit le jeune officier d'une voix étranglée.

Il laissa échapper un sanglot, s'affaissa sur un siége et, voilant son visage de ses mains, il versa des larmes abondantes.

C'était un désespoir sombre, une douleur aiguë d'autant plus effrayants qu'il n'y avait pas d'explosion bruyante.

Jacques Vaillant le laissa pleurer.

Quand il se fut un peu calmé, il releva lentement la

tête et regarda le vieillard avec une indicible expression de douleur.

— Jacques, reprit le vieux capitaine, comprends-tu, maintenant, pourquoi je ne porte plus ma décoration ? Après la mort de ma pauvre Jeanne, monstrueusement déshonorée, j'ai enlevé pour toujours de ma boutonnière le ruban rouge, signe de l'honneur !

Le jeune homme tressaillit et se dressa debout, comme poussé par un ressort.

—Oh! oui! je comprends, dit-il d'une voix creuse.

Par un mouvement fébrile il arracha sa croix.

— C'est à Jeanne que je l'apportais, prononça-t-il sourdement, en souvenir de Jeanne je la conserverai; mais on ne la verra plus sur ma poitrine. Mon père, mon père, comme vous je veux porter éternellement le deuil de la mort de ma fiancée, le deuil de son honneur !

Gertrude, continua-t-il, s'adressant à la femme de ménage, j'ai laissé des effets à la ferme, dans une armoire ; vous me les apporterez ici demain, n'est-ce pas ? je veux reprendre mes habits de garçon de ferme ; je ne veux pas qu'on me voie dans le village autrement habillé.

VI

JEAN LOUP EST PRIS

A minuit, assis en face l'un de l'autre, ayant les yeux rougis par les larmes, le vieux capitaine et le jeune lieutenant causaient encore.

— Ainsi, dit Jacques Grandin d'une voix brisée, il faut me rendre à l'évidence, c'est Jean Loup, c'est Jean Loup !

— Comme toi, Jacques, je doutai d'abord, répliqua le vieillard ; je ne pouvais pas, je ne voulais pas croire que le sauvage fût capable d'une chose pareille ; mais les lignes tracées d'une main tremblante par la malheureuse enfant étaient sous mes yeux ; on me fit voir aussi, sur le sol, les empreintes des pieds nus. Alors, je fus convaincu comme les autres. Si, après l'avoir pris dans la forêt, j'en eusse débarrassé la contrée en l'envoyant à Epinal, comme c'était mon intention, cet immense malheur ne serait pas arrivé. Ah ! Jacques, en lui rendant la liberté, vous avez été bien mal inspirés, ma pauvre Catherine et toi.

— C'est vrai !

— Quel être étrange que cet homme ! Il y a en lui, à côté des plus nobles sentiments humains, la passion brutale, tous les instincts de la bête. Il retire de la rivière l'enfant de Blignycourt, qui se noyait ; il sauve Mlle de Simaise d'un horrible danger ; il s'apitoye sur le sort réservé à un agneau et tue un loup ; peu de temps après son crime, ainsi que je te l'ai raconté, il voit un Prussien me frapper et il l'assomme à moitié pour me venger !

— Vous vous souvenez sans doute que, sur la route, le jour de mon départ, il a pris la main de Jeanne et la mienne et les a mises l'une dans l'autre.

— Oui, et la chose m'a même beaucoup surprise.

— Evidemment, il avait deviné que j'aimais Jeanne et qu'elle était ma fiancée. Il savait cela et rien, rien ne l'a arrêté.

— La brute ne raisonne point ; ses instincts seuls la dirigent.

— Et vous dites que depuis quatre jours on cherche vainement à s'emparer de lui ?

— On traque la forêt dans tous les sens, et il y a je ne sais combien de brigades de gendarmes aux alentours de la Bosse grise.

— Il s'est peut-être réfugié d'un autre côté dans les montagnes.

— Ceux qui le cherchent sont certains, paraît-il, qu'il n'a pas quitté la forêt de Mareille. Comme ils l'ont aperçu, le premier jour, au milieu des rochers, ils pensent qu'il se tient caché dans quelque trou invisible de la Bosse grise.

Comme on veut absolument l'avoir vivant, on craint que, ayant peur d'être pris, il ne sorte plus de son trou et s'y laisse mourir de faim. Ce n'est pas qu'on veuille avoir la satisfaction de le juger et de le condamner ; je sais que l'instruction a déjà conclu à une ordonnance de non-lieu. On veut le garder enfermé dans une prison, essayer de l'instruire et de développer son intelligence. On veut, enfin, que le sauvage soit un merveilleux sujet d'étude pour les savants.

— Le malheureux est capable, en effet, de se laisser mourir de faim, dit Jacques.

— Ah ! cela m'importe peu ! s'écria le vieillard.

— Non, répliqua le jeune homme, il faut qu'il vive pour connaître au moins le remords.

— Jacques, ne parlons plus de lui. D'ailleurs, continua-t-il en se levant, une heure va bientôt sonner, le moment de nous séparer est venu.

Le jeune lieutenant entra dans la chambre que Gertrude lui avait préparée, au rez-de-chaussée, et le vieux capitaine monta dans la sienne.

Le lendemain matin, Gertrude entra dans la chambre du jeune homme, lui apportant les effets d'habillement qu'il avait réclamés la veille.

— Bonjour, Gertrude, dit-il, je vous attendais.

— Ce que j'apporte est en bon état ; j'ai choisi.

— Merci !

— Avez-vous un peu dormi, monsieur Jacques ?

Le jeune homme secoua tristement la tête.

— Je ne dormirai pas de longtemps, fit-il d'un ton douloureux.

Gertrude poussa un soupir et se retira.

Jacques sauta à bas du lit, s'habilla très-vite et rejoignit Jacques Vaillant, qui se promenait dans une allée du jardin.

Ils se serrèrent silencieusement la main, puis marchèrent l'un à côté de l'autre, sans se parler. Chacun s'entretenait avec ses douloureuses pensées.

Gertrude les appela. Le chocolat était versé dans les tasses.

Quand il eut déjeuné, Jacques se leva et dit :

— Je sors.

— Tu vas chez le fermier ?

— Non.

— Voir tes amis ?

— Non.

— Ah !

— Je vais du côté de la Bosse grise.

— Que veux-tu faire là ?

— Voir.

— Jacques, tu as un projet.

— Je ne sais pas encore.

Il s'en alla.

Quand il arriva au pied de la Bosse grise, il vit qu'elle était investie comme s'il se fût agi d'affamer les défenseurs d'une forteresse. Tout autour des gendarmes en sentinelle, le fusil sur l'épaule ; ils étaient vingt-cinq ou trente, commandés par un sous-lieutenant de gendarmerie.

Jacques Grandin s'approcha de l'officier, qui ne paraissait pas être de bonne humeur.

— Eh bien, monsieur, lui dit-il, espérez-vous être plus heureux aujourd'hui ?

Le gendarme toisa avec une sorte de dédain ce paysan qui se permettait de l'interroger.

— D'abord, qui êtes-vous ? demanda-t-il.

— Je suis de Mareille, monsieur, et je me nomme Jacques Grandin. Comme vous, j'ai l'honneur d'être soldat.

Le sous-lieutenant devint écarlate.

— Quoi ! fit-il, vous êtes monsieur Jacques Grandin, lieutenant de hussards ?

— Oui, monsieur.

— Oh ! mon lieutenant, excusez-moi !

— C'est fait.

Et Jacques lui tendit la main.

— Je suis très-contrarié, mon lieutenant, reprit le gendarme ; vraiment je ne sais plus que faire. C'est aujourd'hui le cinquième jour que nous sommes ici pour prendre ce terrible Jean Loup, et rien. Non, nous ne le prendrons pas !

— Peut-être.

— Il faudrait pour cela faire sauter la Bosse.

— Un travail de géants, lequel n'aurait pas, d'ailleurs, le résultat que vous voulez, car il vous est recommandé, m'a-t-on dit, d'amener Jean Loup vivant à Epinal.

— C'est vrai.

— Si vous le permettez, j'essayerai de vous venir en aide.

— Oh ! de grand cœur ; mais comment ?

— D'abord, croyez-vous qu'il est là ?

— Il y est sûrement.

— Sur quoi appuyez-vous cette certitude ?

— A la naissance du jour, deux gendarmes l'ont aperçu.

— A quel endroit ?

— Là, répondit le sous-lieutenant, indiquant de la main une des saillies du rocher.

— En ce cas, il n'y a pas à en douter, il est là. On vous a dit, peut-être, que Jean Loup m'avait pris en grande amitié.

— Oui, mon lieutenant, ce qui ne l'a pas empêché...

— Oh ! je vous en prie !... interrompit Jacques.

Il essuya furtivement deux larmes et reprit :

— Je vais faire une tentative sans avoir grand espoir, je l'avoue, de réussir ; mais enfin... Vous allez, s'il vous plaît, donner à vos gendarmes l'ordre de se retirer ; ils se tiendront à distance, cachés.

L'ordre fut aussitôt donné, transmis et rapidement exécuté.

Alors, par l'escalier naturel que nous connaissons, Jacques Grandin grimpa au flanc du rocher et ne tarda pas à apparaître debout au bord de la plate-forme.

Après avoir promené son regard autour de lui, on l'entendit crier tout à coup, d'une voix sonore :

— Jean Loup ! Jean Loup ! hé, Jean Loup !

Les échos des rochers et de la forêt répétèrent : Jean Loup, Jean Loup, et tout retomba dans le silence.

Jacques attendit deux ou trois minutes et cria de nouveau :

— Jean Loup ! Jean Loup ! viens donc, mais viens donc !

Cette fois, après le dernier écho, une voix forte, qui sortait des entrailles de la Bosse grise, répondit :

— Jacques ! Jacques !

— Il a reconnu ma voix, murmura le jeune homme.

Et il cria encore :

— Jean Loup ! Jean Loup ! viens, viens !

Un instant après, Jean Loup apparut au-dessous de la plate-forme sortant de l'espèce de tunnel qui conduit à la redoutable crevasse. On put le voir bondir sur les aspérités du rocher et arriver sur la plate-forme, prêt à jeter ses bras autour du cou de son ami. Mais Jacques avait fait, en arrière, un mouvement de répulsion, et, devant son regard sévère, Jean Loup s'arrêta étonné et tout interdit. L'éclair de joie qui illuminait son regard s'éteignit, et, dans ses yeux, Jacques crut voir rouler deux larmes.

— Jacques, prononça tristement Jean Loup.

Le lieutenant avait entrepris une tâche dont le plus

facile, seulement, était fait ; il comprit que, s'il laissait Jean Loup s'éloigner de lui, il ne parviendrait plus à le rappeler. Coûte que coûte, il devait faire tout ce qu'il fallait pour livrer le malheureux aux gendarmes.

Alors, surmontant sa répugnance, faisant taire les cris révoltés de son cœur, il tendit sa main à Jean Loup.

Celui-ci ne put retenir un cri de joie ; il se précipita sur la main de son ami, du seul homme qu'il aimait, et la pressa contre ses lèvres. Il avait un sanglot noué dans la gorge.

— Viens, lui dit Jacques, descendons.

Jean Loup se redressa et lança dans toutes les directions un coup d'œil rapide.

Ne voyant plus rien qui fût de nature à l'inquiéter, il suivit Jacques sans défiance.

Au bas de la dernière marche de l'escalier, le lieutenant prit la main de Jean Loup et l'entraîna rapidement à une centaine de mètres plus loin. Ils étaient à une assez grande distance de la Bosse grise, pour que les gendarmes pussent facilement couper la retraite à Jean Loup.

— Jeanne, eau, dit tout à coup le sauvage.

Et, avec ses bras, il fit les mouvements d'une personne qui nage.

Jacques ne comprit pas ce que Jean Loup voulait lui exprimer. Il crut qu'il lui disait : « Jeanne s'est jetée à l'eau et s'est noyée. » Il sentit en lui comme une agitation de fureur et cria :

— Gendarmes, en avant !

Ceux-ci s'élancèrent aussitôt des endroits où ils s'étaient cachés et marchèrent au pas de course vers le sauvage.

Jean Loup tressaillit : il était entouré. Devant lui, derrière lui, à droite, à gauche, partout des gendarmes.

On s'attendait à une vigoureuse résistance. Point. Au grand étonnement de tous, Jean Loup se laissa saisir sans faire seulement une tentative pour s'échapper.

On aurait dit que, par un admirable sentiment d'affection pour Jacques, il devait, — celui-ci le livrant aux gendarmes, — se résigner à subir sa destinée.

Mais il regarda son ami avec un étonnement profond et une expression de reproche tellement douloureuse, que Jacques Grandin se sentit troublé jusqu'au fond de l'âme.

— Mon lieutenant, disait l'officier de gendarmerie, je n'oublierai jamais l'immense service que vous venez de me rendre.

— Emmenez-le, emmenez-le! s'écria Jacques en proie à une vive agitation.

Et il s'éloigna rapidement.

Tout son être était bouleversé ; il se sentait honteux comme s'il venait de faire une mauvaise action.

Quelques heures plus tard, on savait à Mareille et dans toutes les communes voisines que Jean Loup était pris. On disait :

— C'est grâce au lieutenant Jacques Grandin ; il a trouvé le moyen de faire sortir Jean Loup de l'endroit où il se tenait caché et il l'a mis entre les mains des gendarmes.

— Une belle action de plus à ajouter aux brillants états de service de ce brave jeune homme, dit M. de Violaine à sa fille, comme ils montaient à cheval pour se rendre à Vaucourt chez la baronne de Simaise.

Une belle action !

Jacques Grandin pensait autrement que M. de Violaine.

VII

RÉVÉLATION INATTENDUE

C'était le quatrième jour après l'arrestation de Jean Loup. Jacques Vaillant, appelé à la mairie, venait de sortir. Gertrude était occupée au grand nettoyage de sa batterie de cuisine. Jacques Grandin était seul dans sa chambre. Il écrivait.

Soudain, sa porte s'ouvrit, et Gertrude entra, visiblement émue. Elle s'approcha du jeune homme avec un air de mystère et lui dit :

— C'est mademoiselle Henriette de Simaise qui désire vous parler.

— Mademoiselle de Simaise ! fit Jacques surpris, en se dressant sur ses jambes ; mais je ne puis la recevoir ici, dans ma chambre.

— Pourquoi donc, monsieur Grandin ? dit la jeune fille, se montrant sur le seuil de la porte.

— Oh ! mademoiselle ! balbutia Jacques.

— J'ai besoin de causer un instant avec vous, monsieur, dit Henriette ; pour cela nous serons mieux dans votre chambre que dans une autre pièce de la maison.

— Puisque vous le voulez, mademoiselle...

Elle entra.

Gertrude sortit aussitôt et referma la porte.

Jacques s'empressa d'avancer l'unique fauteuil de sa chambre.

La jeune fille l'examinait avec un regard singulier.

— Vous êtes étonnée, mademoiselle, dit Jacques, de me voir dans ce costume ; vous vous attendiez à vous trouver en présence, non d'un paysan, mais d'un lieutenant de hussards.

— Le costume ne fait pas le mérite de l'homme, monsieur : mais, je l'avoue, je suis surprise. .

— Quand le cœur souffre, mademoiselle, et qu'on porte le deuil du bonheur à jamais perdu, il faut éloigner de ses yeux toutes choses qui peuvent exciter un sentiment d'orgueil ou de vanité.

— Ah ! je comprends, monsieur, je comprends ! s'écria la jeune fille en lui tendant la main.

Mlle de Simaise était pâle et tremblante ; son regard paraissait troublé et inquiet ; mais ce qu'on y lisait le mieux, comme sur sa physionomie, c'était une tristesse profonde.

La poussière, qu'on voyait sur ses bottines d'étoffe et sa robe mal secouée, indiquait qu'elle était venue à pied de Vaucourt à Marcille.

Sur une nouvelle invitation du jeune homme, elle s'assit. Il se plaça en face d'elle et attendit respectueusement.

La jeune fille reprit :

— M. Jacques Vaillant, m'a dit sa gouvernante, est à la mairie.

— Oui, mademoiselle, mais Gertrude peut aller le

chercher immédiatement, répondit vivement le jeune homme.

— C'est à vous seul que je veux parler, monsieur Grandin, et je suis contente, au contraire, que M. Jacques Vaillant soit absent.

Après une pause :

— Oh ! ne soyez pas étonné, continua-t-elle, et surtout ne vous hâtez pas de juger ma conduite quand vous saurez que je suis venue ici à l'insu de ma mère, en me cachant presque. Mme de Simaise est allée à Haréville ; j'ai profité de son absence pour m'échapper du parc par une porte ouverte sur la campagne. Oh ! c'est mal, je le sais, de tromper ainsi sa mère ! Mais il y a des choses que je ne peux pas lui dire... Et puis, monsieur, le motif qui m'a amenée près de vous plaide en ma faveur et ma conscience m'excuse.

— Mademoiselle, dit Jacques, je n'ai le droit ni de juger, ni de mal interpréter aucune de vos actions.

— Monsieur Grandin, je suis venue ici pour vous parler de Jean Loup.

— De Jean Loup ! exclama Jacques en faisant un bond sur son siége.

— Les gendarmes l'ont pris et l'ont emmené ; il est en ce moment enfermé dans une prison de la ville.

C'était prévu, il fallait cela. Mais il n'a rien à craindre ; on ne peut rien contre lui ; la justice, si sévère et si impitoyable qu'elle soit, ne peut pas le condamner, c'est impossible. D'ailleurs, s'écria-t-elle avec un mouvement d'exaltation superbe, je suis là, moi, pour le défendre !

Le jeune homme était stupéfié.

— Monsieur Grandin, continua Henriette avec une émotion croissante, vous savez ce que Jean Loup a fait pour moi, il m'a sauvé la vie ! Vous savez ce qu'il a fait pour d'autres... Et on l'accuse, on l'accuse !... On l'accuse parce qu'il ne peut pas se défendre. Parce qu'il ne peut pas crier : Je suis innocent ! on le déclare coupable ! Eh bien, je suis venue vous dire, à vous qu'il aime, à vous qui lui avez autrefois témoigné de l'amitié : Jean Loup est innocent !

— Vous seule prenez sa défense, mademoiselle.

— Parce que moi seule je puis la prendre. Mais tout à l'heure sous serez avec moi et vous rendrez à Jean Loup votre amitié.

Monsieur Grandin, une erreur a causé la mort de la malheureuse Jeanne. Jean Loup a voulu la sauver, comme il a sauvé le jeune garçon de Blignycourt, comme il m'a sauvée, moi, Henriette de Simaise ; malheureusement, hélas ! la rivière était forte, prête à déborder, comme on a dû vous le dire, le courant rapide a entraîné la pauvre Jeanne et Jean Loup n'a pas pu la sauver.

— Mais ce que vous me dites là, mademoiselle, nul autre que vous ne le sait !

— C'est possible ; il faisait à peine jour et personne ne se trouvait là. Mais qu'importe ? Ce que je tiens à vous prouver, monsieur Grandin, c'est que Jean Loup n'est point coupable, et que Jeanne Vaillant, avant de mourir, n'a subi aucun outrage.

— Vous dites ! exclama Jacques, bondissant sur ses jambes, pâle, frémissant.

Puis, secouant tristement la tête :

— Il y a la lettre de Jeanne, dit-il, et dans le jardin, au bas de l'échelle, on a vu les empreintes des pieds nus.

— Monsieur Grandin, répliqua la jeune fille d'un ton énergique, cela prouve que Jean Loup, dans cette nuit terrible, a joué un grand rôle ; cela prouve, en en montrant la cause, la déplorable erreur de Jeanne. La malheureuse était troublée, presque folle d'épouvante ; elle sortait d'un long évanouissement. Elle a vu le chien étendu sur le parquet ; elle a vu Jean Loup. Elle n'a pu se rendre compte de rien, elle avait perdu la tête. Oh ! j'aurais été comme elle ! Et Jean Loup ne pouvait pas parler... Vous savez ce qu'elle a supposé, ce qu'elle a cru... Elle ne vit que l'abîme profond creusé sous ses pieds. Saisie par un violent désespoir, elle écrivit la lettre d'adieu à son père et s'enfuit aussitôt de la maison, suivie de près par Jean Loup, qui avait deviné son funeste dessein.

Le jeune homme, les yeux démesurément ouverts, tremblant de tous ses membres, haletant, respirant à peine, écoutait avidement chaque parole qui tombait des lèvres de Mlle de Simaise.

— Eh bien, monsieur, interrogea-t-elle, comprenez-vous, maintenant, comprenez-vous ?

— Pas encore, mademoiselle.

— Quoi ! vous ne devinez pas ?

— Je cherche.

— Une horrible nuit d'orage, une chaleur étouffante ; les éclairs déchirent le ciel, le tonnerre gronde avec des éclats épouvantables. La fenêtre de la chambre de Jeanne est ouverte derrière la jalousie baissée. Elle a éteint sa lumière. Elle dort.

Un homme s'est glissé dans le jardin, il applique une échelle contre le mur, il grimpe, il entre dans la chambre. Le chien veut défendre sa maîtresse, l'homme le tue. Jeanne se réveille, elle pousse des cris perçants, appelle à son secours. Un troisième personnage se précipite dans la chambre ; c'est Jean Loup, c'est le sauveur ! Il n'était pas loin, il rôdait autour de la maison, il avait entendu les cris de la fiancée de son ami. L'autre, le... lâche, frappé d'épouvante à son tour, s'enfui par où il est entré. Monsieur Grandin, voilà la scène, voilà le drame !

— Et cela est vrai ? s'écria le jeune homme éperdu.

— Monsieur Grandin, répondit Henriette avec dignité, je ne serais pas venue ici pour vous raconter un mensonge.

— Oh ! Jeanne, Jeanne, ma pauvre Jeanne ! prononça Jacques d'une voix pleine de tendresse, les yeux levés vers le ciel.

Il y eut un assez long silence.

Jacques reprit la parole.

— Mademoiselle, me permettez-vous de vous adresser une question ? demanda-t-il.

— Certainement, monsieur.

— Ces révélations que vous venez de me faire ?

— Eh bien, monsieur ?

— Comment ces choses ont-elles été portées à votre connaissance ?

Après un moment d'hésitation, elle répondit :

— C'est Jean Loup lui-même qui m'a tout appris.

— Jean Loup, mademoiselle, Jean Loup qui ne parle pas ?

— Avec des gestes, avec son regard expressif qui parlait, avec les mots Jeanne, Jean Loup souvent répétés, il m'a tout dit. Il m'a fait comprendre le désespoir de Jeanne, il m'a fait voir comment il avait lutté en vain contre le courant de la rivière pour sauver la malheureuse. J'ai tout compris, monsieur, j'ai tout vu, comme si ces effroyables choses se fussent passées sous mes yeux !

— Ainsi, mademoiselle, vous êtes convaincue de l'innocence de Jean Loup ?

— Et vous, monsieur Grandin, est ce que vous n'y croyez pas, maintenant ?

— Vous avez fait passer en moi votre conviction, mademoiselle.

Le regard de la jeune fille eut un rayonnement de joie.

— Ah ! s'écria-t-elle avec une exaltation qui surprit Jacques, je savais bien qu'après vous avoir parlé vous seriez avec moi !

— Sans doute, mademoiselle, puisque je crois, comme vous, que Jean Loup a été faussement accusé ; mais qu'allons-nous faire ? Que dois-je faire, moi ?

— Monsieur Grandin, il me suffit, pour le moment, que vous soyez convaincu et que vous rendiez votre amitié au pauvre sauvage.

— Vous vous intéressez bien vivement à ce malheureux, mademoiselle !

Une rougeur subite monta au front de la jeune fille et elle baissa les yeux.

— Qu'est-ce que cela veut dire ? pensa le lieutenant.

Il reprit à haute voix :

— J'ai douté de Jean Loup, je l'ai cru coupable, je lui rends mon amitié, mademoiselle ; mais c'est faire peu pour lui quand il est en prison, accusé d'un crime qu'il n'a point commis.

— C'est vrai, répondit Henriette tristement ; mais nous devons attendre, oui, il faut attendre. M. de Violaine a des amis à Epinal et, à Paris, des personnages haut placés, on adoucira le sort du malheureux autant qu'il sera possible.

Je suis contente, monsieur Grandin, oui, contente, heureuse qu'il ne soit plus dans la forêt. C'est grâce à vous que les gendarmes ont pu le prendre ; oh ! je ne vous en veux pas pour cela, vous avez bien agi... Voyons, est-ce qu'il pouvait vivre toujours ainsi, misérablement ? On l'instruira, on fera de lui un être civilisé,

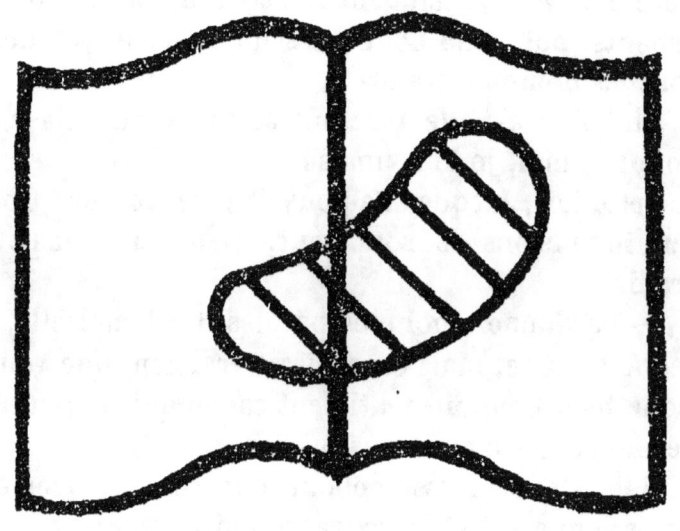

Illisibilité partielle

un homme comme les autres...Je dis plus,monsieur,Jean Loup deviendra un homme supérieur ! Il est bon, généreux,dévoué,intelligent,son cœur a tous les nobles sentiments ; oui, Jean Loup possède toutes les qualités qui font les hommes grands !

'Ah ! s'écria-t-elle avec une sorte d'enthousiasme,je le connais, moi, je le connais !

Cette fois, Jacques ne pouvait plus douter. Obéissant aux impulsions de son cœur, Henriette venait de se trahir.

— Pardonnez-moi mes paroles, mademoiselle, dit le jeune homme, mais on croirait vraiment que vous avez pour Jean Loup un sentiment caché qui est plus que la reconnaissance que vous lui devez.

Henriette se dressa debout d'un seul mouvement, en proie à une agitation extraordinaire, et regarda autour d'elle avec effarement.

— Ne soyez pas offensée, mademoiselle,continua Jacques ; j'ai cru devoir vous avertir qu'en parlant de Jean Loup comme vous le faites,vous pourriez faire supposer à d'autres...

— Que je l'aime, n'est-ce pas ?

— Mademoiselle... babutia Jacques.

Elle s'approcha de lui.

— Monsieur Grandin, dit-elle d'une voix lente et grave, vous êtes un officier français, c'est-à-dire un homme de cœur et d'honneur, en qui on peut avoir une entière confiance. A vous je veux confier mon secret, ce secret qui me ronge, qui me torture, que je cache à tous, à ma mère surtout, comme la chose la plus épouvantable.Ah ! il me semble qu'après vous avoir dit cela, à vous,qui avait tant aimé Jeanne, je me sentirai soulagée..... Eh bien, oui, monsieur Jacques, j'aime Jean Loup, le misérable sauvage !

Jacques, silencieux, la regardait tristement.

— Je l'aime, et lui aussi, le malheureux, il m'aime, continua-t-elle en portant ses mains devant sa figure. C'est honteux, c'est de la folie, c'est à souhaiter de ne plus exister ! C'est incroyable, n'est-ce pas, monsieur ? Et cela est, pourtant, cela est !... Ah ! si je vous plains de la perte de votre bonheur, monsieur Grandin, vous pouvez me plaindre aussi, car je suis bien malheureuse !

J'ai bien vu que je manquais de fierté, de dignité, que je n'avais plus le respect de moi-même ; indignée, furieuse contre moi, j'ai voulu arracher de mon cœur cet amour fatal dont je rougissais, qui me faisait peur, je n'ai pas pu...

Dès le début de la guerre, nous sommes parties, ma mère et moi, nous sommes allées loin, près de l'Espagne. Je m'étais dit : L'éloignement, voilà ce qui m'est nécessaire ; là-bas, je trouverai des distractions ; ne le voyant plus, n'entendant plus parler de lui, je l'éloignerai de mes pensées, je l'oublierai !... Eh bien, non. Je suis revenue à Vaucourt plus malade encore qu'auparavant ! Toujours, toujours il occupe ma pensée !

Ma mère s'inquiète, elle m'interroge, et je n'ose pas lui répondre. On ne sait pas ce que je souffre de mettre sur mon visage le masque du mensonge, de dissimuler sans cesse, de paraître gaie et de sourire quand j'ai envie de pleurer ! Ah ! tenez, monsieur Grandin, c'est à croire que je suis l'objet d'une vengeance de Dieu !

Elle se tut. Ses joues étaient inondées de larmes.

Pour la première fois de sa vie peut-être, le jeune officier se trouvait réellement embarrassé. Certes, il aurait préféré entendre tout autre chose que cette étrange confidence de jeune fille, qu'il n'avait point sollicitée.

— Mon Dieu, mademoiselle, dit-il, je voudrais pouvoir vous rassurer, vous montrer votre situation moins triste, moins désespérée ; mais je ne sais que vous dire. Je crois, cependant, que vous exagérez beaucoup. Il me semble que vous vous trompez sur la nature de vos sentiments ; ce que vous croyez être de l'amour me paraît être, à moi, le sentiment d'une reconnaissance excessive.

Elle secoua tristement la tête.

— Monsieur Jacques, dit-elle, je vous ai éclairé ; j'avais ce devoir à remplir ; me voilà tranquille de ce côté. Maintenant, je vous quitte en vous disant non pas adieu mais au revoir.

— Pardon, mademoiselle, mais j'ai encore une question à vous adresser.

— Laquelle, monsieur ?

— Jean Loup est innocent, mais il y a un coupable ?

La pâleur de la jeune fille augmenta encore.

— Oui, il y a un coupable, murmura-t-elle.

— Pouvez-vous me dire ?...

— Rien, monsieur Jacques, interrompit-elle, visiblement troublée ; Jean Loup, seul, plus tard, quand il parlera, pourra peut-être désigner l'homme inconnu ; s'il le connaît, il le dira.

Au revoir, monsieur Jacques, continua-t-elle, laissant tomber sa petite main tremblante dans celle du jeune homme, au revoir ; je tiens à être rentrée au château avant le retour de ma mère.

Elle essuya rapidement ses yeux et son visage, fit de la tête un signe d'adieu à Jacques et sortit de la chambre.

Le jeune homme se laissa tomber sur son siége.

— Oh ! Jeanne, Jeanne ! gémit-il.

Et, la tête dans ses mains, il se mit à pleurer.

VIII

DEUX LARMES

Comme onze heures sonnaient à l'horloge de la paroisse de Blaincourt, un homme, vêtu ainsi qu'un paysan lorrain en voyage : pantalon de drap à grands carreaux, brodequins ferrés, chapeau de feutre gris à larges bords, chemise de calicot écru, blouse de toile bleue luisante, avec piqûres blanches aux poignets, aux épaules et autour du col, s'arrêtait sur la petite place de la commune, près de la fontaine, les yeux tournés vers l'auberge, toujours tenue par Claude Royer et Marie-Rose, son épouse.

L'homme dont nous parlons arrivait à pied de Verzéville où il avait été amené par la voiture des dépêches.

Après avoir eu l'air de se consulter un instant, il entra dans l'auberge, et à Marie-Rose, qui s'avança en lui demandant ce qu'il désirait il répondit :

— J'ai faim ; donnez-moi quelque chose à manger, n'importe quoi, ce que vous avez, je ne suis pas difficile,

La femme lui ayant montré une table près de laquelle il s'assit, elle s'empressa de le servir.

Or, pendant qu'il mangeait avec un appétit qui faisait grand plaisir à Marie-Rose, laquelle avait la prétention d'être un parfait cordon bleu, celle-ci regardait curieusement les mains de son client. Elle se disait :

— Ce monsieur a les mains bien petites et bien blanches pour un paysan des Vosges.

L'étranger surprit sa pensée dans son regard.

— Vous êtes la maîtresse ? lui demanda-t-il.

— Oui, monsieur.

— Et vous vous nommez ?

— Marie-Rose, femme de Claude Royer, pour vous servir, monsieur.

— Je devine pourquoi vous regardez ainsi mes mains, Marie-Rose ; vous vous dites, n'est-il pas vrai, que je n'ai point tout à fait l'air d'un paysan ?

Marie-Rose Royer ne put cacher combien elle était confuse.

— Si vous étiez une femme discrète, poursuivit l'étranger, je vous dirais volontiers ce qui m'amène à Blaincourt.

— Est-ce que monsieur a entendu dire que Marie-Rose Royer est une bavarde, toujours prête à répéter à tout venant ce qu'elle entend chez elle ?

— Non, on ne m'a point parlé ainsi de vous.

— J'ai aujourd'hui cinquante-deux ans, monsieur ; je ne suis pas arrivée à mon âge sans avoir appris à tenir ma langue, sans savoir qu'il faut parler le moins possible et ne dire jamais que ce qu'il faut dire.

— Alors, fit l'étranger, en souriant, je ne risque rien de vous faire ma petite confidence. Ecoutez donc : J'en conviens avec vous, je ne suis pas un paysan, j'ai pris ce vêtement, d'abord parce qu'il me plaît de voyager habillé ainsi, et ensuite pour ne pas être trop remarqué par les gens curieux qui veulent toujours savoir le pourquoi de ceci, de cela et du reste.

— Je comprends, monsieur.

— J'habite à Paris, je suis un écrivain ou si vous aimez mieux, un homme qui écrit.

— Vous faites des romans ?

— Non, je ne suis pas romancier ; mais, par plus d'un côté, ce que j'écris touche au roman. Je me suis donné la tâche de rechercher et de recueillir, dans tous les pays de France, les récits de crimes plus ou moins mystérieux, dont les auteurs sont restés inconnus.

— Ah ! vraiment !

— J'ai appris qu'un crime, dans le genre de ceux que je cherche, a été commis ici, à Blaincourt, il y a dix-sept ou dix-huit ans.

— L'homme inconnu jeté dans le Frou, sa jeune femme morte le même jour, après avoir mis au monde une belle petite fille ?

— C'est cela même.

— Par exemple, monsieur, vous ne trouverez rien de pareil dans aucun autre pays. C'est là qu'il y en a du mystère ! C'est ici, monsieur, chez nous, que les pauvres gens étaient venus loger ; c'est dans la chambre au dessus de nos têtes que la petite fille est née, que sa mère est morte. Voyez-vous, je me rappelle cela comme si c'était d'hier, et quand j'y pense, je sens encore le frisson qui me court dans le dos.

— Il y a à Blaincourt un vieil homme, un mendiant...

— Vous voulez parler de Louis Monot, autrement dit le père La Bique.

— Oui. Existe-t-il toujours ?

— Je crois bien ! Depuis que le père La Bique est le plus misérable des misérables, il se porte comme un charme.

— Le père La Bique, comme vous l'appelez, va loin avec son bâton à la main et sa besace à son côté; il pourra, m'a-t-on dit, me raconter des choses fort intéressantes au sujet du crime de Blaincourt.

— Le père La Bique ne vous racontera rien de plus que ce que je puis vous dire moi-même, répliqua Marie-Rose un peu piquée.

Et s'asseyant sans façon en face de l'étranger, elle se mit à lui faire le récit des dramatiques événements.

Son auditeur l'écouta gravement, sans témoigner la moindre impatience et sans avoir l'air d'être parfaitement au courant déjà de ce qui s'était passé.

— Comme vous le voyez, monsieur, ajouta Marie-Rose, après avoir parlé pendant une bonne demi-heure, vous n'avez pas besoin d'aller vous renseigner auprès du père La Bique.

— C'est vrai, madame Claude Royer; cependant je ferai tout de même une visite au vieux mendiant; sans doute il ne m'apprendra rien de plus : mais ce ne sera pas de trop pour moi, afin de le bien graver dans ma mémoire, d'entendre une seconde fois le récit terrible et touchant que vous venez de me faire avec une si bonne grâce.

— Monsieur sait mieux que moi ce qu'il doit faire.

L'étranger se leva et prit son chapeau.

— Ayez l'obligeance de me dire, madame, où je pourrai trouver Louis Monot.

— Dans sa cabane certainement, monsieur, car quand il ne va pas mendier de village en village, il s'éloigne rarement de sa demeure ; comme je l'ai vu ce matin, je sais qu'il n'est pas en tournée. Vous allez prendre la rue à droite, en face la fontaine, et vous arriverez au Frou ; vous suivrez le bord de la rivière jusqu'au moulin et même un peu plus haut ; alors vous verrez la cabane du vieux, couverte avec des joncs de la rivière.

— Je vous remercie, madame Marie-Rose ; ainsi renseigné, je trouverai facilement.

— Vous ne pouvez pas vous tromper.

— A ce soir, madame.

— Coucherez-vous à Blaincourt?

— Je ne sais pas encore, dans tous les cas vous me préparerez une chambre.

— Je suis bien votre servante, monsieur.

Le voyageur enfonça son chapeau sur sa tête et sortit.

Le vieux mendiant se chauffait au soleil, couché contre le mur de sa cabane, sur un amas de roseaux secs, lorsqu'il vit l'étranger se diriger de son côté. Quand celui-ci ne fut plus qu'à quelques pas de lui, il se souleva, s'assit sur sa litière et examina le visiteur d'un œil soupçonneux et défiant.

— Vous êtes monsieur Louis Monot? lui dit l'étranger, s'arrêtant devant lui.

— Oui. Après? répondit-il d'un ton brusque.

— Je viens vous voir et causer un instant avec vous.

Le mendiant jeta un regard oblique sur l'inconnu.

— Me voir? fit-il. Eh bien, vous me voyez. Quant à causer, c'est autre chose ; il faut que ça me plaise.

— Il paraît, monsieur Louis Monot...

— Oh ! c'est pas la peine de me donner du monsieur, interrompit-il en dévisageant l'étranger, vous pouvez m'appeler Monot, tout court, ou bien le père La Bique, puisque c'est ainsi qu'on me nomme à présent.

— Il paraît, père Monot, que je ne vous inspire pas beaucoup de confiance.

— Je ne dis pas ça, répliqua vivement le bonhomme, car vous avez une bonne et honnête figure.

— Alors vous ne refuserez pas de m'accorder un moment d'entretien.

— Ça dépend. D'abord, qu'est-ce que vous avez à me dire ?

— Pour commencer, père Monot, j'ai à vous dire que vous pouvez me rendre un immense service.

— Hein ! le père La Bique peut vous rendre un service ?

— Oui.

— C'est drôle !

— Oui, père Monot, vous pouvez, comme je viens de vous le dire, me rendre un immense service.

— Comment ça ? Voyons ?

— En me donnant des renseignements que je cherche et que j'espère trouver près de vous.

Le mendiant fit cligner ses yeux.

— Sur quelle affaire ? sur quelle chose ? demanda-t-il.

— Sur le crime mystérieux qui a été commis à Blaincourt il y a dix-huit ans.

— Tiens, vous avez donc besoin de savoir ça, vous ? fit le mendiant, jetant sur l'étranger un regard scrutateur.

— Oui, père Monot, j'ai besoin de savoir, de tout savoir.

— Eh ! je ne savais pas encore que les paysans de Lorraine fussent si curieux ! Mais qu'importe, ça m'est égal. Pourtant, je peux bien vous dire que ce n'était pas la peine de venir jusqu'ici pour ça. Tout le monde à Blaincourt pourrait vous conter la chose aussi bien et même mieux que moi.

— Père Monot, ce qu'on pouvait me raconter au village, je le sais. Je vais vous parler franchement, sans détour ; ce que je tiens à savoir, c'est ce que vous seul pouvez m'apprendre.

— Je ne sais rien de plus que ce que tout le monde sait.

— Père Monot, pourquoi n'êtes-vous pas franc avec moi ? Vous savez, au sujet de l'affaire en question, des choses restées inconnues, que vous n'avez pas révélées, vous seul savez pourquoi ; père Monot, vous possédez un secret !

— Qui vous a dit cela ? s'écria le mendiant.

Et il se dressa debout.

— Un jeune homme de Mareille, appelé Jacques Grandin.

— Ah ! le bavard ! fit le père La Bique.

— Vous avez dit à ce jeune homme : « Un jour je vous raconterai certaines choses au moyen desquelles vous parviendrez peut-être à retrouver la famille de Jeanne Vaillant, votre fiancée. »

— C'est vrai, je lui ai dit cela.

— Eh bien, père Monot, ces choses, ce secret, qui est enfermé dans votre cœur, j'ai le plus grand intérêt à le connaître. Ah ! je vous en prie, parlez, parlez !

— D'abord, monsieur, qui êtes-vous ?

— Je me nomme Lagarde.

— Lagarde, Lagarde, ça ne me dit pas grand'chose.

— Jacques Grandin est mon ami.

— Où l'avez-vous connu ?

— Devant l'ennemi.

— Il a bien marché, le garçon ; j'ai appris hier qu'il était officier.

— Oui, lieutenant de hussards.

— Et qu'on lui a donné la croix.

— Tout cela est vrai.

— Vous étiez donc soldat aussi, vous ?

— Oui.

— Ah ! Maintenant, voyons un peu : si je vous disais ce que je sais, qu'est-ce que vous en feriez ?

— Ce que j'en ferais ? Ah ! père Monot, si votre révélation contient seulement la dixième partie des choses que je suppose, vous aurez jeté la clarté dans la nuit profonde au milieu de laquelle je marche ! Alors, grâce à vous, je retrouverai peut-être deux personnes que je cherche.

— Ces deux personnes sont donc de la famille de ceux qui sont morts ?

— Oui.

— Qu'est-ce que vous gagnerez à les retrouver ?

— Mais je vous l'ai dit, les retrouver est pour moi une chose capitale, du plus haut intérêt, c'est le but de ma vie ! Parlez, père Monot, je vous en supplie, parlez !

Le mendiant secoua la tête.

— Mon bon monsieur, fit-il, je ne vous connais pas; vous me parlez de vos intérêts, qu'est-ce que vous voulez que ça me fasse à moi ?

— C'est vrai, je vous suis inconnu, mais vous connaissez le lieutenant Grandin, mon ami.

— Je ne vois pas en quoi tout cela peut intéresser le garçon.

— Pourtant, père Monot, c'est aussi dans son intérêt que je vous supplie de parler.

— Jacques n'a plus besoin de connaître la famille de la demoiselle.

— Parce que ?

— Parce que le garçon n'a plus de fiancée; la demoiselle est morte !

— Rien ne le prouve.

— Hein ?

— A-t-on retrouvé son cadavre dans la rivière, dites, l'a-t-on retrouvé?

— Non, mais...

— Donc, il n'est pas suffisamment démontré qu'elle se soit noyée.

Le vieux secoua la tête.

— La pauvre petite est bien morte, allez, répondit-il tristement ; la rivière était haute, le courant furieux, les moulins avaient tous hissé leurs vannes; le corps a été entraîné loin, loin, jusque dans la Saône.

— C'est ce qu'on a dit.

— Malheureusement, c'est la vérité.

— Père Monot, vous parleriez donc si vous étiez convaincu que Jeanne existe?

— Oh! pas sûr.

— Mais rien ne peut donc vous émouvoir, avoir raison de votre opiniâtreté! s'écria M. Lagarde. Qu'avez-vous à craindre, dites? Voyons, je vais vous parler autrement : Vous mendiez; à votre âge c'est dur.

— A tout âge, monsieur ; oui, le métier n'est pas précisément amusant, mais je m'y suis habitué, on se fait à tout; je vais de ci, de là, ça me promène...

— On peut ne pas mendier et se promener tout de même, père Monot. Quel prix mettez-vous à votre secret? Vous aurez ce que vous demanderez, une petite fortune, qui mettra vos vieux jours à l'abri du besoin.

— Dites donc, monsieur, pour un bon paysan de Lorraine, vous parlez bien facilement de donner la fortune.

— Hé! vous savez bien que je ne suis pas un paysan, répliqua M. Lagarde avec un léger mouvement d'impatience ; si je vous offre l'aisance, c'est que je le peux.

Il plongea sa main dans une de ses poches et la retira pleine de pièces de vingt francs.

— Tenez, dit-il, voilà de l'or ; c'est un à-compte, prenez.

Le mendiant repoussa doucement la main.

— Gardez votre or, monsieur, dit-il ; on n'a plus besoin de ça quand on arrive à ses derniers jours... Posséder de beaux louis jaunes comme ceux-là, c'est bon quand on est jeune et qu'on a des espérances.

— Oh ! raillerie amère ! s'écria M. Lagarde, vous parlez d'espérances, et vous m'enlevez celle que j'avais en venant vers vous !

Et deux larmes jaillirent de ses yeux.

Le mendiant les vit, ces deux larmes.

— Père Monot, reprit M. Lagarde d'une voix vibrante d'émotion, vous avez été marié, vous avez eu des enfants ; au nom de votre femme qui n'est plus et que vous avez beaucoup aimée, je le sais ; au nom de sa mémoire qui vous est toujours chère, au nom de tout ce que vous avez chéri...

— Assez, monsieur, assez, interrompit le père La Bique en se redressant ; au nom de ces deux larmes, que je vois couler sur vos joues, je vais tout vous dire !

IX

CE QUE RACONTE LE PÈRE LA BIQUE

Le vieux mendiant entra dans sa cabane et reparut aussitôt avec deux escabeaux de bois probablement fabriqués par lui.

— Nous serons mieux ici que dans mon taudis pour causer, dit-il. Asseyons-nous à l'ombre de mon pommier. Ce bout de champ, la cabane que j'ai construite le mieux que j'ai pu, et l'arbre, voilà mon domaine. Si je n'ai pas d'ennemis dans le pays, je n'y possède pas d'amis non plus; soyez tranquille, monsieur, nul ne viendra nous déranger.

Ils s'assirent, tournant tous deux le dos au soleil.

— Jacques Grandin vous a-t-il raconté tout ce qu'il sait de l'affaire? demanda le vieillard.

— Oui. Et tout à l'heure, la femme de Claude Royer m'a fait le même récit, en y ajoutant quelques menus détails que j'ignorais.

— Marie Rose a une excellente mémoire, elle vous a certainement mieux renseigné que je ne pourrais le faire, puisqu'elle a assisté la petite dame à ses derniers moments.

Vous savez donc que l'enquête des magistrats a découvert que deux hommes, lesquels sont restés inconnus, devaient être les auteurs du crime. Ça c'est vrai, ils étaient deux et même trois. Vous êtes passé devant le moulin en venant ici ?

— Oui.

— Un peu plus haut, avez-vous remarqué une passerelle ?

— Parfaitement.

— C'est toujours la même, sauf les planches qui pourrissent et qu'on remplace. Eh bien, monsieur, c'est de haut de cette passerelle que le voyageur inconnu a été précipité dans le Frou par un des hommes qui l'attendait là. J'ai tout vu. Je n'étais pas loin de la passerelle, de ce côté-ci de la rivière. Il faisait cette nuit-là une tempête du diable ; un coup de vent avait emporté mon chapeau et je le cherchais dans l'obscurité quand mon attention fut attirée par un bruit de pas d'hommes. C'était la victime amenée par un des complices. Voilà comment j'ai été, par hasard, témoin du crime. Comme vous le voyez, c'est avec raison qu'on a dit que le noyé avait passé sous une des roues du moulin.

Mais voici une chose qu'on ne sait pas : Au moment où la victime et celui qui la conduisait arrivaient près de la passerelle, la lumière d'une lanterne se montra tout à coup de l'autre côté de l'eau, dans la direction du parc du vieux château. Le crime accompli, les deux assassins détalèrent et la lumière s'éteignit.

— Père Monot, pourquoi n'avez-vous pas dit cela tout de suite à la justice ? Peut-être votre déposition lui aurait-elle permis de pénétrer le mystère.

— Je n'ai rien dit aux magistrats parce que je n'ai pas voulu : ce n'était pas mon idée.

— Soit, continuez, je ne vous interromprai plus.

— Donc, je ne dis rien, je gardai pour moi ce que je savais. Mais il y avait cette sacrée lanterne qui me tarabustait. Inutile de vous dire que je cherchai à m'expliquer, dans ma tête, la présence de la satanée lumière au moment du crime. Bien sûr elle n'était pas là pour éclairer la passerelle. Mais, comme je ne pouvais pas supposer que ce fût une étoile descendue du firmament et suspendue par un fil, je conclus qu'il y avait un troisième complice, lequel avait pour mission d'attirer à lui la victime, en lui faisant traverser le Frou sur la passerelle.

La lettre écrite au voyageur, portant la signature fausse d'un brave homme de Blaincourt, parlait d'un rendez-vous mystérieux avec un individu qu'on ne nommait point. Cela m'expliqua la présence de l'homme à la lanterne de l'autre côté de la rivière ; il avait été l'appât tendu au malheureux.

Mais toutes les maisons du village sont sur la rive droite du Frou ; il n'y a absolument sur la rive gauche que le vieux château. Je mis mon faible esprit à la torture afin de comprendre pourquoi on avait donné le rendez-vous, là, où il n'y a la nuit âme qui vive, plutôt que partout ailleurs.

— « Parbleu, me disais-je, pour faire monter la victime sur la passerelle et la jeter dans l'eau par un bon coup d'épaule. »

Mais cela ne me satisfaisait point ; car, si peu qu'il connût la localité, le voyageur devait savoir qu'il y avait seulement le château de l'autre côté de l'eau.

Bref, j'en arrivai à me dire : — « Voyons, voyons, est-ce que le père Grappier, cet ours mal léché, qui est le gardien du vieux château, aurait joué dans cette affaire un rôle de scélérat ? » — Je résolus de savoir à quoi m'en tenir. Je veux bien vous avouer, monsieur, que j'étais alors très-curieux, et que je le suis encore un peu aujourd'hui.

Je cherchai à me faire bien venir du père Grappier, à l'amadouer, à attirer sa confiance, enfin à jouer près de lui le rôle d'un ami, en flattant ses goûts, en paraissant convaincu que, sous tous les rapports, il était un homme bien supérieur à moi.

— « Un jour qu'il sera ivre de vin ou d'eau-de-vie, me disais-je, je le ferai babiller. » — Je parvins à capter sa confiance; mais je vous assure, monsieur, que ce fut long et difficile. Ce vieux coquin, qui sortait on ne sait d'où, du bagne probablement, — je puis parler de lui à mon aise aujourd'hui qu'il n'existe plus, — n'était guère plus facile à aborder qu'une bête féroce dans sa tanière... Quand on l'approchait il roulait des yeux farouches, qui donnaient la chair de poule; quand on avait la hardiesse de lui parler et qu'il voulait bien répondre, c'était par des paroles rauques, incompréhensibles souvent, qu'on aurait pu prendre pour le grognement d'un ours en colère.

Tel était le gardien du château, un vrai cerbère, comme vous voyez, bien qu'il n'eût qu'une seule tête; mais une tête si laide, si repoussante, qu'elle pouvait bien compter pour trois.

Le château, qui appartient à M. Morandot, un richissime banquier, était abandonné aux hiboux et aux lézards depuis de longues années, lorsqu'il fut loué un jour par des gens inconnus, lesquels investirent le père Grappier des doubles fonctions de portier et de régisseur.

J'arrivai donc à être l'ami, l'unique ami du vieux cerbère. Il me recevait avec plaisir et ne dédaignait pas de me faire, de temps à autre, une petite visite. Il me parlait de ses prouesses de jeune homme, de Paris, de Londres, où il avait habité, de ses longs voyages, mais il ne prononçait jamais un mot touchant les choses que je tenais à savoir. Si je le questionnais au sujet de ceux qu'il servait, il restait muet comme ce morceau de bois piqué en terre. Je le vis souvent gris, je puis dire ivre, n'ayant plus sa raison : eh bien, même alors, il se renfermait dans son mutisme absolu. Mais plus je rencontrais de difficulté à satisfaire ma curiosité, plus je mettais d'acharnement à découvrir ce que le vieux me cachait.

Mais voyez-vous, monsieur, j'en aurais été certainement pour mes frais, si, au moment où je m'y attendais le moins, et parce qu'il le voulut ainsi, le père Grappier ne m'eût appris une bonne partie des choses qu'il connaissait.

Voici comment cela arriva :

Un soir, le vieux vint me rendre visite.

— « Je ne me sens pas à mon aise, me dit-il ; mais je t'avais promis de venir, me voilà. »

J'avais dans une bouteille un restant de vieux marc ; je lui en versai la moitié d'un verre. Il en avala une gorgée.

— « Ah ! ah ! fit-il, ça me réchauffe l'intérieur, ça me fait du bien. »

A petits coups il vida son verre. Nous causâmes peu ; il était triste, sombre ; il me répondait à peine. A onze heures, quand il voulut s'en aller, il ne put mettre un pied devant l'autre.

— « Tonnerre ! fit-il, je crois bien que, cette fois, je vas passer l'arme à gauche. »

Je l'aidai à se déshabiller et le couchai dans mon lit. Moi, je restai debout toute la nuit, le soignant de mon mieux. Le lendemain matin il était beaucoup plus mal.

— « Veux-tu que j'aille chercher le médecin ? lui demandai-je.

— » Va, si tu veux, » me répondit-il.

Le médecin vint et prescrivit je ne sais plus quel remède.

— « Je ne vois pas qu'il y ait grand'chose à faire, dit-il ; votre ami a le corps brûlé par les alcools ; il peut s'éteindre d'un moment à l'autre comme une lampe qui n'a plus d'huile. »

Le médecin n'avait pas parlé bien haut, mais Grappier, qui avait l'oreille extrêmement fine, entendit.

— « Qu'est-ce qu'il t'a dit, le croque-mort ? me demanda-t-il après le départ du docteur.

— » Il m'a dit que je devais te soigner et que tu irais mieux demain.

— » Je n'aime pas qu'on me blague, La Bique ; va, je sais bien que je suis foutu. »

J'essayai de rire. Il m'interrompit brusquement.

— « Le médecin t'a dit : « il est perdu, » j'ai entendu.

— » Soit, mais tu sais bien que les médecins sont des ânes.

— » Possible ; mais, vois-tu, je me sens. La Bique, j'ai de l'amitié pour toi ; un autre m'aurait jeté à la porte comme un chien galeux, toi tu m'as mis dans ton lit, tu m'as soigné... La Bique, veux-tu faire le curé ?

— » Hein, le curé ?

— » Oui.

— » Je ne comprends pas.

— » Tu es donc bien bête, La Bique ?

— » Explique-toi.

— » Suppose que je veuille faire comme qui dirait ma confession.

— » Ah !

— » Eh bien ! tu t'assiéras là, près du lit, et je te raconterai quelque chose. Avant, donne-moi une goutte de ta bonne eau-de-vie. »

Je vidai le reste de la bouteille dans un verre, que je lui mis dans la main. Il but la liqueur d'un trait.

— « Maintenant, assieds-toi. Y es-tu ?

— » Oui.

— » Alors, écoute, curé La Bique. »

Maintenant, monsieur, voici autant que je vais pouvoir me le rappeler, ce que me dit le père Grappier :

« Je suis un misérable, un affreux gredin, je le sais ; mais, que veux-tu, on n'est pas toujours ce qu'on aurait voulu être, enfin je me console en me disant qu'il en existe pas mal d'autres sur la terre qui sont encore bien plus canailles que moi.

» Si tu crois que je vas te raconter mon histoire du commencement à la fin, tu te trompes ; il y a dans ma vie un tas de choses que je ne veux pas dire. Pourtant, pour toi, afin de te distraire et aussi parce que ça va m'amuser de te dire ça, je vais prendre dans le tas et te raconter une histoire vraie, bien qu'elle ressemble à un conte genre Barbe-Bleue.

» Il y a de cela une dizaine d'années, j'étais en train de crever de misère à Paris, dans un chenil d'hôtel de la rue du Grenier Saint-Lazare. Un matin, un camarade vint me trouver. Il me dit :

— » Il paraît, l'ancien, que tu as une fière réputation parmi les gens huppés ; le grand chef, le maître, celui dont on ne sait pas le nom, qu'on ne voit jamais, a entendu parler de toi ; bref, je viens te trouver, envoyé par un chef, pour te demander s'il ne te plairait pas de devenir intendant d'un château.

» Comme tu le penses bien, La Bique, je ne refusai pas l'aubaine.

» Pas plus tard que le lendemain le camarade vint me prendre et nous voilà en route pour arriver bientôt au vieux château de Blaincourt. Le camarade me fit entrer dans la cambuse, qui avait été autrefois la demeure du portier, et me dit :

—» Voilà ton logement. Le lit est bon, tu as une armoire pour serrer tes frusques et deux chaises pour t'asseoir.

» Ça n'était guère cossu pour un intendant, mais un fonctionnaire de mon espèce n'est jamais difficile.

—» Maintenant, reprit le camarade, voici la consigne actuelle jusqu'à ce qu'il t'en soit donné une autre : tu dois être muet comme si l'on t'avait coupé la langue.

» La recommandation était assez cocasse, vu que j'aurais été bien embarrassé pour dire ce que je ne savais point.

» Le camarade, en me quittant pour retourner à Paris, me laissa deux cents francs.

» Naturellement, j'avais en mains toutes les clefs du château. Mon premier soin fut de visiter l'immeuble de mon intendance. De vastes pièces puant le moisi, avec des plafonds crevassés, troués, des boiseries pourries, le délabrement le plus complet, quoi. D'ailleurs, pas l'ombre d'un meuble. Cependant, dans la partie la plus reculée de cette vieille ruine, je trouvai deux chambres contiguës assez convenablement meublées. Dans chaque chambre il y avait un lit avec des draps blancs, des chaises, un fauteuil, une armoire et une commode-toilette. Tout cela était propret, mais on voyait que c'était du retapé, acheté au rabais chez quelque bric-à-brac. N'importe, je compris que je n'allais pas vivre seul longtemps au siége de mon intendance. Les deux chambres et surtout les deux lits m'annonçaient au moins deux locataires.

» Dans la grande cuisine on avait mis aussi quelques ustensiles : poêlons, casseroles, etc... On allait donc faire la popote. Je me léchai d'avance les babines. Je descendis dans les caves, des caves superbes, mais vides. Il n'y eut qu'un caveau où je ne pus pas entrer, n'en ayant point la clef ; c'est là qu'était enfermée la provision de vin pour plus tard.

» Au bout de cinq jours le camarade revint. Il était nuit et j'allais me coucher, n'ayant rien de mieux à faire.

— » Attention ! me dit-il, on t'amène cette nuit deux pensionnaires ; celui qui les accompagne est un gaillard devant lequel il ne faut pas broncher ; donc, attention !

— » Est-ce le maître ? demandai-je.

— » Es-tu fou, me répondit-il, tu sais bien qu'on ne voit jamais le maître.

— » Enfin, c'est un chef ?

— » Probable.

— » Comment se nomme-t-il ?

— » On ne sait jamais les noms des chefs. A ce sujet, je te donne un avis : il est dangereux d'être trop curieux dans la compagnie à laquelle tu appartiens. Quand on ne te dit pas d'écouter et de regarder, tu ne dois ni entendre, ni voir. Tu as compris ?

— » Oui.

— » A bon entendeur, salut !

» A deux heures après minuit, par un affreux temps noir, fait exprès par le diable, et un vent à décorner les bœufs, mes deux pensionnaires arrivèrent ; c'étaient deux femmes. L'une grande, forte, encore jolie, pouvait avoir trente-cinq ans : je devinai tout de suite qu'elle venait avec l'autre pour lui tenir compagnie et la servir. Celle-ci était beaucoup plus jeune que la première ; elle n'avait certainement pas plus de vingt ans. Elle était aussi moins grande que l'autre, mais une taille, une taille... faite au tour, quoi. Quoique très-pâle, ayant les yeux égarés et l'air maladif, c'était la plus ravissante créature qu'on pût voir. Une merveille, La Bique, une merveille ! »

A ce moment, M. Lagarde s'agita sur son siège avec un malaise visible.

— Est-ce que ça vous ennuie, monsieur ? demanda le mendiant.

— Non, père Monot, non, je vous écoute au contraire avec la plus vive attention ; continuez, continuez.

— « Je n'ai pas à te faire, mon vieux La Bique, le portrait de l'individu qui m'amenait les deux femmes. Je ne suis pas beau, n'est-ce pas ? Eh bien, il était encore plus vilain que moi. Il me regarda avec ses petits yeux gris, froids et perçants comme une lame, et moi, un dur à cuire, j'eus si peur que je sentis mon sang se figer dans mes veines.

» Mais passons. Quand les dames furent installées dans les chambres, l'homme terrible vint me retrouver dans ma niche.

— » Je sais que tu es discret, me dit-il de sa voix rude ; quand tu ne veux pas parler, un poignard piquant la poitrine ou un fer rouge sur ton front ne te ferait pas remuer la langue ; on te connaît depuis longtemps ; on sait que tu as fait tes preuves ; c'est pour cela qu'on t'a placé ici. Tu es le gardien de ce château ; nul n'y doit entrer, aucun être humain ne doit s'en approcher. Il faut que tu sois un dogue à l'attache ; si ce n'est pas assez que tu sois un chien toujours prêt à mordre, sois un loup, une panthère, jaguar ou n'importe quelle autre bête féroce.

» Tu as un défaut : tu bois et tu t'enivres ; mais quand

tu es ivre, tu es plus cruel que jamais et ta férocité n'a plus de bornes. Dans ces conditions, ton défaut est une qualité pour ceux que tu sers. Tu pourras donc te livrer à ta passion d'ivrogne, et boire autant que tu voudras, car l'argent ne te manquera point.

» Mais prends garde ! avec nous, la faute la plus légère est une trahison, un crime. Si tu laisses échapper seulement un mot que tu aurais dû garder ou si tu manques de vigilance un seul instant, un poignard enfoncé dans ta gorge sera la récompense. Si, au contraire, tu es dévoué et fidèle, tu recevras dix mille francs quand ta mission ici sera terminée.

» Il me mit quelques pièces d'or dans la main, puis, suivi de mon camarade, il monta dans la voiture qui attendait, et, bientôt tous deux disparurent. Je compris qu'ils ne tenaient pas à se faire voir dans le pays. Dès le lendemain, je compris également, et avec facilité, que la jeune dame était séquestrée, et que mes pompeuses fonctions d'intendant se réduisaient à être le gardien d'une prison.

» Bien que je ne visse presque jamais ma jeune pensionnaire, que sa compagne, également sa gardienne et sa geôlière, laissait rarement sortir de sa chambre, je ne tardai pas à savoir qu'elle était enceinte de plusieurs mois, et que, chose bien triste, elle était folle. »

M. Lagarde laissa échapper une exclamation rauque. Livide, la figure décomposée, il ressemblait à un malheureux à l'agonie.

— Monsieur, monsieur ! s'écria le père La Bique, vous vous trouvez mal !

Ces paroles ranimèrent subitement M. Lagarde.

— Non, ce n'est rien, dit-il en se redressant ; mais voyez-vous, père Monot, votre récit est terrifiant.

Cet homme était tellement maître de lui, quand il le voulait, qu'il n'y avait déjà plus aucune trace d'émotion sur son visage.

— Si vous le voulez, monsieur, reprit le vieux mendiant, je ne vous en dirai pas davantage.

Les yeux de M. Lagarde étincelèrent.

— Dussé-je mourir d'épouvante et d'horreur en entendant ce que vous allez me dire, s'écria-t-il, je vous écouterai jusqu'au bout !

X

UNE CLARTÉ DANS L'OMBRE

Le père La Bique continua :
— Inutile de vous dire, monsieur, que c'est toujours, étant étendu sur mon lit, le père Grappier qui parle.

— « La pauvre petite dame avait perdu la raison à la suite de je ne sais quelle catastrophe ; je n'ai jamais su le fin mot de l'affaire.

» Un beau jour ou plutôt au milieu d'une belle nuit étoilée, ma folle mit au monde un gros poupon du sexe masculin. »

— Un fils ! exclama M. Lagarde, incapable de se contenir.

— Oui, monsieur, c'était un garçon.

— Continuez, père Monot, continuez, mon ami.

— « Bien entendu, on n'avait pas appelé un médecin c'est la gardienne, — ah ! quelle gaillarde, — qui fit l'office d'une sage-femme. Il va sans dire aussi qu'on n'alla point conter à la mairie de Blaincourt qu'il venai de naître au château un enfant de père inconnu et de mère folle.

» Cela n'empêcha pas le moutard de vivre, il se portait au contraire à merveille et il avait un appétit... Aussitôt après sa naissance on l'avait enlevé à sa mère, qui ne le revit plus. Je crois même, — que le diable ne m'en veuille pas de dire cela, — que la maman ne se douta même pas qu'elle avait donné le jour à un enfant. »

Cette phrase fut ponctuée par un soupir de M. Lagarde.

— « On m'avait fait acheter depuis quelque temps une belle chèvre blanche, qui vivait en liberté dans le parc; mais la bonne bête avait bien soin de venir, matin et soir, se faire débarrasser du lait qui la gênait. Tu comprends, père La Bique, que la chèvre blanche fut la nourrice du marmot. Ah ! le petit gueux, quand il fut assez grand pour courir, on n'eut plus besoin de traire la bête ; il savait la trouver dans le parc et il la tétait.

» Quand la bique, — ce n'est pas de toi que je parle, — ne voyait pas arriver assez tôt son nourrisson, elle le cherchait en l'appelant ; bé, bé, bé... Ah ! la mâtine.. C'est égal, c'était une bonne bête !

» A voir ce qu'on faisait de la mère, je m'étonnai qu'on laissât vivre l'enfant. Vrai, je m'attendais à recevoir, d'un moment à l'autre, l'ordre de le fourrer dans un sac bien cousu et d'aller le jeter dans la rivière un jour qu'elle se transformerait en torrent. Je me trompais, on ne me donna point cet ordre que, peut-être, je n'aurais pas exécuté.

» Vois-tu, mon vieux La Bique, il arrive souvent que les plus scélérats eux-mêmes reculent devant un assassinat, surtout quand ils ne le jugent pas absolument nécessaire.

» Quelques années s'écoulèrent pendant lesquelles je ne vis qu'une seule fois l'homme au regard d'acier. Quant à mon camarade, plus de nouvelles.

» Un jour, au moment où je m'y attendais le moins, un personnage, vêtu en paysan, entra dans mon taudis ; c'était l'homme.

— » Ce soir, me dit-il, à onze heures et demie précises tu te trouveras, avec ta lanterne allumée, près du mur du parc, à cent pas de la petite porte, du côté de la rivière. Tu resteras immobile et tu attendras.

» Dès que tu entendras pousser un cri, tu éteindras la lumière et tu rentreras chez toi. Surtout, sois exact. Je te recommande, dans ton intérêt, de ne pas te soûler ce soir. »

» Après m'avoir dit cela, il me quitta brusquement.

» A onze heures et demie j'étais avec ma lanterne à l'endroit indiqué. J'entendis un cri, je soufflai le bout de chandelle et je regagnai mon gîte.

» Le lendemain, j'appris qu'on avait trouvé un homme noyé au bas du moulin. Avant même de rien savoir de l'enquête des magistrats, je me dis : — C'est mon homme qui a fait le coup. Pourquoi lui et l'autre ont-ils noyé ce pauvre homme ? Je n'en sais rien, mon vieux La Bique.

» Mais il faut bien croire qu'il était gênant pour quelqu'un.

» Peu de temps après, un soir, à la brune, une voiture s'arrêta devant ma porte. Un voyageur en descendit. C'était l'homme.

— » Grappier, me dit-il, je viens chercher vos pensionnaires.

— » Ah !

— » Et le môme, qu'en fais-tu ?

— » Rien. Il est dans le parc avec la chèvre. Il vit

comme il l'entend et fait ce qu'il veut ; je ne m'en occupe guère. Toutefois, comme on me l'a ordonné, je le garde à vue. Il aime coucher à la belle étoile, je le laisse faire. Tous les jours je lui porte, dans un endroit du parc, un morceau de pain, qu'il vient prendre.

— » Prenez garde qu'il ne s'échappe.

— » Sous ce rapport, rien à craindre.

— » Oui, il est encore trop jeune pour escalader un mur.

— » Et puis il a bien trop peur du monde.

— » Est-ce que tu lui parles quelquefois?

— » Jamais! On me l'a défendu. D'ailleurs, du plus loin qu'il m'aperçoit, il se sauve comme un lapin qui sent le chien courant ; je suis son croquemitaine.

— » Bien, bien.

— » S'il cause, c'est avec sa chèvre.

— » Il est fort, vigoureux?

— » Un jeune chêne.

— » Ainsi, il n'a pas envie de mourir ?

— » Quant à ça, non.

» L'homme resta un moment silencieux et murmura:

— » Laissons aller les choses, plus tard on verra.

» Il resta à peine une heure dans la maison. Il partit emmenant la folle et l'autre femme. Je n'ai jamais su où on avait conduit la pauvre insensée. Qu'est-elle devenue? Je l'ignore. »

M. Lagarde laissa échapper un nouveau soupir. Ce fut tout. Il conservait son impassibilité.

« Je n'avais plus ma prisonnière à garder : toutefois, il ne fut rien changé à ma consigne. Il y avait le petit qui grandissait comme un jeune pin ! Je répondais de lui sur ma vie. A la fin, on craignit que, vivant dans le parc en liberté, ainsi qu'un véritable petit sauvage, il ne prît la fuite un beau matin. Ordre me fut donné de le tenir enfermé dans un endroit bien clos, afin de prévenir toute tentative d'évasion. J'obéis. Je retins l'enfant, captif, dans une cour intérieure, assez vaste, que j'appropriai pour la circonstance.

» Il n'était pas difficile, le malheureux, je le nourrissais avec n'importe quoi : du pain, des pâtées de pommes de terre, des feuilles de chou, des carottes crues et autres légumes, qu'il croquait comme un lapin, des noix, des fèves, enfin des fruits de toutes sortes ; de la viande, jamais ; pour boisson de l'eau, qu'il buvait à même dans un baquet.

» Comme il avait de moi une peur bleue, je ne me montrais presque jamais à lui ; je lui passais sa nourriture par un trou que j'avais pratiqué au bas d'une porte.

» Je ne sais pas si on l'avait condamné à ce régime dans l'espoir qu'il dépérirait et, finalement, tournerait de l'œil : mais alors on s'était joliment trompé ; loin de perdre sa santé, il devenait de jour en jour plus robuste. »

— Oh ! les monstres ! les monstres ! murmura M. Lagarde.

— C'est bien vrai, monsieur, il fallait que ces gens-là n'eussent pas un cœur d'homme pour traiter ainsi un pauvre petit enfant. Ce que je vous raconte vous impressionne d'une façon terrible, monsieur : vous êtes pâle comme un mort, et à chaque instant je vois votre visage changer d'expression.

— Ne faites pas attention à mon agitation, père Monot ; vous devez voir aussi avec quel intérêt passionné je vous écoute ; oh ! oui, je vous écoute avec angoisse.

— Je continue.

— « Trois ans et quelques mois s'étaient écoulés depuis la dernière visite que m'avait faite l'homme mystérieux et terrible, lorsqu'il fit au château une nouvelle et dernière apparition. Cette fois il arriva encore dans la nuit, en voiture et accompagné d'un individu que je ne connaissais point.

— » Je viens te débarrasser du gosse, » me dit-il.

» Je ne pus cacher ma joie.

— » Il paraît que cela te fait plaisir, reprit-il.

— » Oui.

— » Pourquoi?

— » Parce que j'espère que ma misison est terminée.

— » Elle l'est, en effet ; mais, pour certaines raisons qu'il est inutile de te faire connaître, il faut que tu restes ici quelques mois encore.

— » Je resterai.

— » Nous allons prendre ton élève et tu viendras avec nous.

— » Où?

— » Tu le verras. »

» Une heure après, la voiture, attelée d'un excellent cheval, nous emportait sur la route. Pour venir à bout du petit, on avait été obligé de le garrotter et de le bâillonner afin de l'empêcher de crier. Au bout d'une heure on lui enleva le bâillon, mais on ne délia point ses membres.

» Pendant près de cinq heures le cheval trotta comme un enragé. Le jour commençait à paraître. Nous nous trouvions au milieu d'une forêt. Sur un signe de l'homme, le cocher arrêta son cheval ; l'homme sauta à terre, referma la portière et le cheval reprit le galop. Au bout d'un quart d'heure notre voiture s'arrêta de nouveau à quelques pas d'une autre voiture, venant en sens inverse et qui s'arrêta également.

» En même temps que nous mettions pied à terre, un

homme et une femme descendaient de l'autre voiture. Ils vinrent à nous.

— » Voilà la personne dont je vous ai parlé, leur dit mon compagnon, en me désignant.

— » Bien, fit l'homme. Et le sujet ? »

» Le petit était resté dans la voiture. Mon compagnon le leur montra. Ils l'examinèrent avec attention, le palpèrent, lui passèrent les mains dans les cheveux.

— » Bien, bien, bien, fit l'homme évidemment satisfait.

— » Oui, très bien, appuya la femme. »

» Ils causèrent un instant à voix basse ; mais j'entendis que l'homme disait :

— » C'est une mine d'or. »

» A quoi la femme répondit :

» — Il faudra doubler le nombre des places de la baraque. »

» Ce fut suffisant ; j'avais compris que nous étions en présence de deux saltimbanques, probablement le mari et la femme.

— » Eh bien, que concluez-vous ? » demanda mon compagnon.

» Le saltimbanque tira de sa poche un rouleau d'or et dit :

— » Voilà.

— » Donnez à monsieur, dit mon compagnon, c'est pour lui que j'ai fait le marché. »

» Et les mille francs tombèrent dans ma main. »

— Oh ! vendu à des saltimbanques ! soupira M. Lagarde.

— « Ainsi que vous vous y êtes engagés, reprit mon compagnon, vous partez dès aujourd'hui pour aller exploiter dans le midi.

— » C'est notre intérêt, répondit l'homme.

— » Et vous ne reparaîtrez dans l'Est que dans quelques années.

— » C'est convenu. »

» Alors l'enfant fut transporté de notre voiture dans celle des saltimbanques qui, un instant après, s'éloignaient rapidement.

» Le chef, que nous avions laissé plus loin, parce qu'il n'avait pas voulu se montrer aux saltimbanques, nous rejoignit.

— » Tu vas retourner à Blaincourt, me dit-il ; tu viens de recevoir mille francs : c'est en attendant qu'on te donne le reste de la somme qui t'a été promise. Bon voyage. Dans trois ou quatre mois tu me reverras. »

» Lui et son compagnon remontèrent dans la voiture et ils partirent. Je m'acheminai pédestrement vers Blaincourt où j'arrivai dans la nuit, non sans avoir été obligé de demander plusieurs fois mon chemin.

» Que te dirai-je encore, mon vieux La Bique ? Depuis, on a cessé de me payer les honoraires de mes fonctions d'intendant. J'ai attendu trois mois, quatre mois ; l'homme n'a pas reparu ; j'attends toujours mes neuf mille francs et ma liberté. Et, en attendant cela, j'ai tant et tant écorné les mille francs du saltimbanque que ce qu'il en reste n'est presque plus qu'un souvenir.

» Le maître et les autres m'ont oublié ou ils sont morts. Bast, chacun à son tour il faut qu'on fiche le camp. Quant à moi il est grand temps que je fasse la grande culbute. Tiens, fouille dans mes poches, tu y trouveras trois pièces de cinq francs ; voilà ce qui reste de mon opulence, juste de quoi payer le fossoyeur qui creusera le trou où j'irai pourrir.

» Après un moment de silence, il se souleva sur le lit et reprit :

— » Es-tu satisfait d'avoir entendu ma confession,

curé La Bique ? Oui, n'est-ce pas ? Je ne te demande point de me donner l'absolution ; va, je n'ai pas besoin de cette machine-là pour m'en aller au diable. »

— Voilà, monsieur, acheva le vieux mendiant, ce que le père Grappier m'a raconté. Il est évident que l'homme inconnu jeté dans le Frou avait découvert que la jeune femme folle et son enfant étaient séquestrés dans le vieux château. Il pouvait agir, instruire la justice, réclamer la punition des coupables ; devenu très-dangereux pour eux, les brigands se sont débarrassés de lui. Enfin, monsieur, j'ai toujours pensé et je pense encore que si la justice était instruite des choses qui se sont passées dans le vieux château, elle aurait dans les mains un fil conducteur qui lui ferait faire d'importantes découvertes.

Le père Grappier mourut dans mon lit ; il s'éteignit tout d'un coup, ainsi que l'avait dit le médecin, comme la mèche desséchée d'une lampe.

XI

OU IL EST FAIT JUSTICE DE LA LÉGENDE DU SAUVAGE

Il y eut un assez long silence.

M. Lagarde repassait dans sa mémoire les choses aussi étranges que terribles qu'il venait d'entendre.

A force de volonté, il parvenait à se contenir, à ne point laisser deviner ce qui se passait en lui par des démonstrations extérieures.

— Père Monot, dit-il, j'ai encore quelques questions à vous adresser.

— Si je le peux, monsieur, j'y répondrai.

— Quand vous partez en tournée, vous allez quelquefois très-loin ?

— A dix lieues d'ici et même plus.

— Avez-vous pu savoir si les saltimbanques, qui ont acheté l'enfant, ont reparu dans les Vosges ?

— Oui, monsieur, ils sont revenus dans nos pays au bout de quelques années.

— Avec l'enfant?

— Avec l'enfant, monsieur, ou plutôt avec le jeune

homme, car il avait vieilli et grandi. Je puis même vous dire qu'ils ont dû amasser une assez belle fortune, grâce à leur sauvage, qu'ils montraient au public les jours de fête et de foire.

— Est-ce que vous l'avez vu? demanda vivement M. Lagarde.

— Non, monsieur ; mais à Remiremont, à Gérardmer, à Epinal et dans n'importe quelle autre ville de l'Est, vous trouverez facilement des gens à qui il a été offert en spectacle.

— Le malheureux enfant !

— Vous pouvez le dire, monsieur, malheureux sous tous les rapports.

— N'a-t-on point soupçonné, à Blaincourt, ce qui se passait au château ?

— On n'a jamais rien su, grâce à la prudence et aux précautions prises par les misérables.

— Pouvez-vous me fournir quelques renseignements au sujet de la pauvre folle ?

— Aucun, monsieur ; comme je vous l'ai dit, le père Grappier lui-même n'a jamais su ce qu'elle était devenue.

— Revenons à... au jeune sauvage. Les saltimbanques sont-ils toujours dans l'Est ?

— Longtemps avant la guerre, ils avaient tout à fait disparu du pays.

— Ah !... Mais n'importe, je les retouverai.

— Ce n'est pas chose impossible ; toutefois, je dois vous dire qu'ils n'exercent plus leur métier. Se trouvant assez riches, sans doute, ils ont vendu leur baraque.

— Je me mettrai sur la piste de leur successeur.

— Est-ce pour retrouver le sauvage, monsieur ?

— Certainement.

— En ce cas il est inutile que vous couriez après les saltimbanques.

— Que voulez-vous dire ?

— Un beau jour, le sauvage a faussé compagnie à ceux qui l'avaient acheté. Las du rôle triste et misérable qu'on lui faisait jouer, il s'est échappé de sa cage et a pris la fuite.

— Et on ne sait plus ce qu'il est devenu ? exclama M. Lagarde.

— Attendez, monsieur, attendez. Quand le sauvage s'est échappé, les saltimbanques visitaient nos villes des Vosges. Or, un jour, un sauvage fut aperçu dans la forêt de Mareille.

— De Mareille ?

— Quoi ! vous ne savez pas cela ?

— Comment le saurais-je ?

— Jacques Grandin aurait pu vous raconter beaucoup mieux que moi l'histoire du sauvage de la forêt de Mareille. Mais puisque Jacques ne vous a point parlé de lui, je vais vous dire ce que je sais.

Et le vieux mendiant fit à M. Lagarde le récit d'une partie des faits que nous connaissons.

— On vous racontera dans la contrée des choses incroyables au sujet du sauvage de la Bosse grise, poursuivit-il : on vous dira qu'il est né à Voulvent et est le fils d'un bûcheron ; qu'un jour, à l'âge de deux ans, il fut enlevé par une louve, qui voulait le donner en pâture à ses petits ; que la louve n'ayant plus trouvé dans son repaire ses louveteaux, lesquels avaient été pris en son absence par des chasseurs, s'était prise d'affection pour l'enfant et l'avait élevé. Mais ça, c'est tout simplement stupide, un conte à faire dormir debout.

Le sauvage de la forêt de Mareille est celui qui, enfant, vivait déjà à l'état sauvage, en compagnie d'une chèvre, dans le parc du château de Blaincourt, le malheureux que, plus tard, des saltimbanques exhibaient aux yeux du public comme une bête curieuse ou un phénomène.

M. Lagarde appuya fortement sa main sur son cœur comme pour en comprimer les battements.

— Maintenant, monsieur, ajouta le père La Bique, Jean Loup n'est plus dans les bois de Mareille.

— Il n'y est plus, fit M. Lagarde, où donc est-il ?

— Les gendarmes l'ont pris ; il est en prison !

— En prison ! exclama M. Lagarde, en se dressant comme mû par un ressort.

Cette fois, malgré son empire sur lui-même, il lui était impossible de se maîtriser.

— En prison, répéta-t-il, en prison ! Et pourquoi ?

Le vieux mendiant répondit en disant quelle grave accusation pesait sur Jean Loup.

— Ce malheureux n'a pas fait cela ! s'écria l'étranger; l'accuser est une infamie !

Le père La Bique le regarda avec une nouvelle surprise. Puis, secouant la tête :

— C'est la pauvre Jeanne Vaillant elle-même qui l'a accusé, répliqua-t-il, dans une lettre qu'elle a écrite au vieux capitaine Vaillant avant d'aller se jeter dans la rivière.

M. Lagarde prit sa tête dans ses mains et retomba lourdement sur son escabeau, comme un homme écrasé.

— Que de malheurs, mon Dieu, et que de monstruosités ! murmura-t-il.

Il resta longtemps immobile, silencieux, absorbé, perdu dans le dédale de ses pensées.

— Singulier personnage ! se disait le vieux mendiant; il est impossible de deviner ce qu'il pense. Quel intérêt peut-il avoir à connaître ce que je viens de lui dire ? C'est drôle, c'est drôle... Je voudrais bien savoir qui il est. J'aurais bien la hardiesse de le lui demander ; mais à quoi bon ? il ne me répondrait point.

M. Lagarde releva la tête.

— Quelle heure peut-il être ? demanda-t-il d'un ton presque calme.

— Bientôt quatre heures.

— Où se trouve le cimetière de Blaincourt ?

— A l'entrée du village, à droite, sur la pente.

— Peut-on y entrer librement ?

— Certainement, monsieur, il n'y a qu'une simple petite porte de fer, à claire voie, qui tourne sur ses vieux gonds rouillés et qu'on ne ferme jamais à clef.

— Je vais aller au cimetière. Trouverai-je facilement l'endroit où ont été enterrées les deux victimes ?

— Oui, monsieur, facilement. Notre cimetière est un petit carré de terre, entouré de quatre murs, et non un grand parc comme le cimetière du Père-Lachaise. Au fond de l'enclos, contre le mur de l'Ouest, vous verrez deux grosses pierres carrées, plantées l'une près de l'autre et qui ne sont pas encore entièrement cachées par le lierre qui grimpe autour ; sur chaque pierre une même date est gravée, c'est tout. C'est là, monsieur, sous ces pierres, qu'on a mis les deux cercueils.

M. Lagarde se leva.

— Père Monot, dit-il en serrant la main du mendiant, je vous remercie de votre complaisance, de votre bon vouloir, de m'avoir appris tant de choses terribles, malgré votre répugnance à parler ; vous pouvez compter sur mon éternelle reconnaissance. Votre existence tranquille ne sera pas troublée, je vous le promets ; non, vous n'aurez pas à répéter vos paroles devant un juge d'instruction.

Père Monot, je vous dois beaucoup : mais je saurai m'acquitter envers vous. En attendant, vous allez accepter ces quelques pièces d'or.

Le mendiant commença une phrase de refus.

— Vous me désobligeriez, interrompit l'étranger ; prenez, prenez ceci. A votre âge on a besoin de bien des choses, de certaines douceurs.

— Enfin, monsieur, puisque vous le voulez absolument.

— A la bonne heure. Maintenant, je vous quitte ; à revoir !

L'étranger s'éloigna rapidement.

— C'est égal, grommela le père La Bique entre ses dents, je voudrais bien savoir qui il est, ce généreux monsieur.

Un quart d'heure après, M. Lagarde entrait dans le cimetière de Blaincourt.

Plusieurs personnes le virent ouvrir la porte de la nécropole et se glisser à travers les tombes ; mais il n'attira pas autrement leur attention, et ils ne s'étonnèrent point qu'un personnage qui leur était inconnu rendît visite à leurs morts.

Sans avoir cherché longtemps, M. Lagarde s'arrêta devant les deux pierres noircies par le temps et la pluie, et grossièrement taillées dans des blocs de granit.

Il se découvrit et s'agenouilla.

— Pauvre Charles, pauvre Zélima ! prononça-t-il d'une voix lente, pleine de larmes ; vous aussi, frappés tous les deux, vous avez été victimes de votre affection et de votre dévouement !... Je ne sais pas encore quel sera le châtiment des infâmes ; mais vous serez vengés !

Votre chère orpheline est devenue mon enfant ; ah ! c'est le moins que je vous devais ! Du haut des cieux continuez de veiller sur la pauvre Jeanne... Que vos deux âmes unies à la mienne demandent à Dieu de lui rendre la raison !

Il resta encore un instant la tête inclinée, comme en prière, puis il se releva, prononça le mot : « Adieu ! » et sortit du cimetière.

XII

LES DEUX AMIS DE L'ARMÉE DE LA LOIRE

Le surlendemain, vers trois heures de l'après-midi, M. Lagarde arrivait à Marcille.

Il ne portait plus sa défroque de paysan ; il l'avait remplacée par un vêtement de drap d'Elbeuf, qui lui donnait l'aspect d'un bon bourgeois de province.

— Veuillez, je vous prie, m'indiquer la demeure du vieux capitaine Jacques Vaillant, dit-il à la première personne qu'il rencontra dans le village.

— Monsieur, vous n'avez qu'à suivre la rue jusqu'au bout ; la dernière maison à gauche, bien facile à reconnaître, est celle du capitaine.

— Je trouverai probablement le lieutenant Grandin chez M. Vaillant ?

— Sûrement, monsieur. L'officier Grandin est le filleul du capitaine, et naturellement, n'ayant plus aucun parent à Marcille, c'est chez son parrain qu'il est venu passer son congé.

L'étranger remercia et continua son chemin.

Il se trouva bientôt devant la maison. Il frappa. Voyant qu'on ne venait pas lui ouvrir, il tourna le bouton, poussa la porte et entra. Il n'avait pas eu le temps de traverser la petite cour, que Gertrude parut sur le seuil de l'habitation pour le recevoir.

— Vous êtes sans doute l'excellente Gertrude, la gouvernante de M. Jacques Vaillant? dit-il.

La brave femme n'essaya pas de cacher sa surprise.

— Monsieur sait mon nom! fit-elle; oui, monsieur, je suis Gertrude.

— Le lieutenant Grandin est-il ici en ce moment?

— Oui, monsieur.

— J'en suis heureux, car n'ayant pas l'honneur d'être connu de votre maître, c'est le lieutenant que je désire voir d'abord.

— Puis-je vous demander, monsieur?...

— Mon nom? Je me nomme Lagarde.

— Vous, monsieur, c'est vous! exclama Gertrude. Mon Dieu, vont-ils être contents! Mais dix fois, vingt fois par jour, monsieur, on parle ici de vous! Venez, venez vite, monsieur: tous deux sont dans le jardin; ah! vont-ils être contents!

Gertrude était dans tous ses états. Elle courut devant en criant:

— Monsieur Jacques, monsieur Vaillant, c'est M. Lagarde.

Au fond du jardin deux exclamations répondirent. Puis Jacques Grandin s'élança comme un trait et vint tomber, palpitant d'émotion, dans les bras de son ami le franc-tireur.

Le vieux capitaine arriva près d'eux.

— Monsieur Lagarde, dit Jacques, je suis heureux de vous présenter le capitaine Jacques Vaillant, mon parrain.

— Et votre second père, mon cher Jacques, ajouta M. Lagarde : c'est vous qui me l'avez dit.

— Oh ! oui, mon second père, fit le jeune homme.

Jacques Vaillant et M. Lagarde se serrèrent la main.

— Moi, dit Gertrude, toujours à la hauteur des circonstances, je cours chercher des provisions.

— Monsieur Vaillant, reprit M. Lagarde avec un accent d'émotion profonde, je sais quelles sont vos douleurs ; des paroles de consolation seraient superflues. Allez, il existe d'autres malheurs, j'en connais, plus grands encore que les vôtres.

On entra dans la maison et les trois hommes causèrent intimement dans la salle à manger jusqu'au retour de Gertrude.

— Je pense, monsieur Lagarde, dit Jacques Vaillant, que vous resterez quelques jours avec nous.

— Plusieurs jours, c'est impossible ; mais je puis vous donner la journée de demain tout entière. Cependant, si je devais vous occasionner le moindre dérangement..

— En aucune façon, répliqua vivement l'ancien dragon : nous n'avons qu'une chambre à vous donner et c'est celle de notre pauvre Jeanne.

— Je coucherai dans ce lieu plein de douloureux souvenirs.

Jacques Vaillant se leva en disant qu'il avait quelqu'un à voir dans le village. C'était un prétexte pour sortir. En réalité, il voulait ménager à ses hôtes une causerie en tête à tête.

— Jacques, mon cher Jacques, dit M. Lagarde au eune officier, quand ils furent seuls, avant de venir à Mareille, je me suis informé et j'ai tout appris ; ah' mon ami, je vous plains sincèrement ; comme vous avez dû souffrir !

— Je souffre encore, et je souffrirai toujours. Ici, devant ce vieillard, qui vient de nous quitter et que ce coup terrible a écrasé, j'ai encore la force de contenir mon désespoir pour ne pas envenimer les plaies de son cœur ; mais plus tard... Vous me disiez naguère : « Vous pouvez avoir de belles espérances, l'avenir vous promet beaucoup... » Sans doute, un chemin facile m'est ouvert et, par le travail, je pourrais arriver à une position enviable. Mais pourquoi, pour qui puis-je avoir de l'ambition maintenant ? Ai-je besoin de la fortune, quand je n'ai plus le bonheur à espérer ? Hélas ! ce qui me donnait la force et le courage n'existe plus ! Je suis anéanti ; en moi, tous les ressorts se sont brisés, toute flamme est éteinte... Tenez, si un nouveau danger menaçait la France, je crois que je manquerais de patriotisme !

M. Lagarde resta un moment silencieux et répondit :

— Vous vous plaignez bien amèrement, Jacques ; ah ! je comprends votre douleur ! Mais, permettez-moi de vous le dire, mon ami, votre malheur n'est rien, entendez-vous ? rien, à côté des miens. Et pourtant je ne me laisse pas abattre, je reste debout ; je conserve ma force, mon courage, et j'espère !

Le jeune homme tressaillit et se redressa :

— Je serais comme vous si je pouvais espérer ! s'écria-t-il.

— Eh bien, espérez donc !

— Elle est morte ! soupira Jacques.

M. Lagarde fut sur le point de lui crier :

— Jeanne existe !

Mais il se retint, car ce n'était pas une demi-joie, un espoir conditionnel qu'il voulait lui donner.

— Non, se dit-il, attendons encore.

Après un moment de silence, il reprit, touchant légèrement le bras de Jacques qui, la tête entre ses mains, paraissait absorbé dans ses tristes pensées :

— Avant d'aller se jeter dans la rivière, votre fiancée a écrit une lettre ?

— Oui, une lettre.

— Où elle accuse un homme sauvage appelé Jean Loup ?

— Oui.

— Vous aviez, m'a-t-on dit, de l'affection pour ce Jean Loup ?

— C'est vrai.

— Et ce sauvage avait, lui aussi, une grande amitié pour vous ?

— Je le crois.

— Jacques, croyez-vous ce malheureux coupable de la chose dont votre fiancée l'a accusé ?

— Jeanne, dans son trouble, s'est méprise, monsieur; c'est à tort qu'elle a accusé Jean Loup.

La physionomie de M. Lagarde s'éclaira et ses yeux rayonnèrent.

— D'abord j'ai cru, comme tout le monde, que Jean Loup avait commis ce crime ; mais j'ai appris ensuite ce qui s'est passé dans cette horrible nuit. Loin d'être coupable, c'est Jean Loup qui est accouru au secours de la pauvre Jeanne et l'a sauvée de l'agression brutale d'un misérable, qui est resté inconnu ; c'est lui encore qui a fait des efforts désespérés pour l'arracher au courant rapide qui, hélas ! l'a entraînée !...

Pauvre Jeanne ! Elle s'est crue déshonorée, et cette fatale erreur l'a poussée au suicide, à la mort !

— Jacques, comment avez-vous appris tout cela ?

— Jean Loup ne parle pas, monsieur, et pourtant c'est lui qui a fait comprendre à une jeune fille qui, seule pouvait le comprendre, le récit complet de l'épouvantable drame. Cette jeune fille est venue me trouver ici même, il y a quelques jours, et c'est elle qui m'a instruit.

— Alors, Jacques, cette jeune fille a dû déjà faire savoir au parquet d'Epinal...

— Rien encore.

— Pourquoi ?

— Elle attend.

— Elle attend ! Mais que peut-elle donc attendre ? Quoi ! on accuse ce malheureux, elle sait qu'il est innocent et elle ne proteste pas !

— Monsieur, répondit Jacques avec un embarras visible, cette jeune fille aime Jean Loup !

— Elle l'aime ! exclama M. Lagarde ; mais c'est une raison plus forte que toutes les autres pour proclamer son innocence !

Le jeune homme fut frappé de la logique de ces paroles.

— C'est juste, vous avez raison, dit-il.

— Jacques, si cette jeune fille se tait, c'est qu'il y a une cause.

L'officier ne put s'empêcher de tressaillir.

— Mais, poursuivit M. Lagarde, dans l'intérêt de la justice et de la vérité, surtout, nous la forcerons à parler ! Jacques, comment se nomme cette jeune fille ?

— Pardon, monsieur, mais après vous avoir révélé son secret, si je vous dis son nom...

— Je suppose, Jacques, que vous ne me croyez pas capable d'abuser d'un secret de cette nature ; cependant si cette jeune fille vous a fait promettre de ne dire son nom à personne...

— Elle n'a exigé de moi aucune promesse,

— En ce cas, Jacques, ce n'est point la trahir que de me le confier, à moi...

— Elle se nomme Henriette de Simaise.

M. Lagarde bondit sur ses jambes.

— Henriette de Simaise ! exclama-t-il, le visage bouleversé, des flammes dans les yeux.

Le jeune homme le regardait stupéfié.

M. Lagarde se rassit. Déjà les lueurs de son regard s'étaient éteintes et son visage avait repris son expression habituelle.

— Je comprends maintenant, dit-il d'un ton tranquille, ce qui empêche Mlle de Simaise de faire une démarche qui la forcerait à révéler ce qu'elle veut tenir caché ou la mettrait, tout au moins, en face du danger de laisser deviner le secret de son cœur.

Jacques, je n'ai pas besoin de vous dire que je m'intéresse au sort du malheureux Jean Loup ; vous l'avez compris. Vous devez trouver extraordinaire que je m'occupe de cet être misérable, dégradé... Evidemment, mon ami, il y a à cela une raison. Quelle est-elle ? Vous la connaîtrez plus tard.

Un instant après, Jacques Vaillant rentra, ramené vers ses hôtes par l'heure du dîner.

Ce soir-là, on se coucha de bonne heure chez le vieux capitaine. M. Lagarde étant très-fatigué, — il ne s'était pas étendu sur un lit depuis cinq jours, — on voulait lui donner tout le temps de se reposer.

Quand il se leva, à sept heures du matin, bien qu'il n'eût eu qu'un sommeil agité, fréquemment interrompu, il se sentit fort pour de nouvelles fatigues.

Il y avait une heure déjà que le lieutenant était debout. M. Lagarde le trouva se promenant dans les allées du jardin.

— Avez-vous bien dormi, monsieur? demanda Jacques.

— Suffisamment, mon ami, puisque je ne me sens plus fatigué. Je désire faire ce matin une promenade dans la campagne, voulez-vous m'accompagner ?

— Avec plaisir !

— En ce cas, Jacques, mettez vos souliers.

Jacques Vaillant, prévenu de l'intention de ses hôtes, s'empressa de descendre, et Gertrude avança le déjeuner.

A huit heures les promeneurs étaient au milieu des champs. Ils gagnèrent le chemin du bord de l'eau, qu'ils suivirent, allant vers la montée de Blignycourt.

Tout à coup, Jacques s'arrêta, et montrant un endroit de la rivière :

— C'est là, dit-il d'une voix oppressée, ayant peine à retenir ses larmes, que ma pauvre Jeanne...

— Ah! c'est là ? fit M. Lagarde.

Ils sautèrent la berge de la route et s'avancèrent vers le bord du Frou, qui était, ce jour-là, à son étiage. Et pendant que Jacques, prêt à sangloter, regardait le tournoiement de l'eau, M. Lagarde, concentré en lui-même, retrouvait dans son souvenir la scène du sauvetage de la jeune fille.

La branche du saule à laquelle s'était accroché Jean Loup était toujours là ; il voyait encore Jeanne, étendue sur l'herbe, revenant peu à peu à la vie, et Jean Loup, ruisselant d'eau, debout, immobile, contemplant avec anxiété le visage livide de celle qu'il venait d'arracher à la mort. M. Lagarde passait successivement par les mêmes impressions, les mêmes émotions qu'il avait senties alors.

— Jacques, dit-il, après une station de quelques minutes, éloignons-nous de cette place qui vous rappelle de trop douloureux souvenirs.

— C'est là qu'elle s'est précipitée, là, qu'elle a disparu

pour toujours ! prononça le jeune homme avec un accent désolé.

— Venez, mon ami, venez, dit M. Lagarde.

Et il entraîna le jeune officier.

Quand ils eurent fait une centaine de pas, M. Lagarde reprit la parole.

— A quelle distance sommes-nous de la Bosse grise ? demanda-t-il.

— Trois quarts de lieue environ.

— C'est là que Jean Loup avait fixé sa demeure ?

— Oui, dans une grotte naturelle au pied du rocher.

— Sauriez-vous la trouver, cette grotte ?

— Parfaitement ! J'y ai fait, il y a quatre jours, une sorte de pèlerinage.

— Ah !

— Après avoir cru à l'accusation portée contre Jean Loup après l'avoir traîtreusement livré aux gendarmes, j'ai obéi, en allant visiter sa demeure, à un sentiment de regret et de reconnaissance.

— Oui, je comprends.

— La grotte était autrefois inabordable ; son entrée, cachée par un large enchevêtrement de ronces et d'épines, était invisible à tous les yeux. Mais les Prussiens ont mis le feu à ces broussailles.

— Les Prussiens ?

— Ils ont essayé de prendre Jean Loup.

— Pourquoi, Jacques ?

— Parce que, indigné de la façon odieuse dont l'ennemi se conduisait dans le pays, Jean Loup, devenu partisan, leur faisait une guerre acharnée.

Le lieutenant continua en racontant à M. Lagarde comment, possédant un fusil qu'il avait trouvé dans le bois, Jean Loup s'était procuré de la poudre et des balles grâce à une pièce d'or de vingt francs, qu'il avait probablement trouvée aussi sur quelque sentier.

Voyant que son compagnon l'écoutait avec une attention qui indiquait un intérêt extraordinaire, le jeune officier prit plaisir à lui faire le récit de toutes les belles actions du sauvage.

— Jacques, mais c'est superbe, ce que vous venez de m'apprendre ! s'écria M. Lagarde avec une sorte d'enthousiasme.

— Jean Loup est de la pâte dont on fait les héros !

Un éclair rapide traversa le regard de M. Lagarde.

— Dans tous les cas, Jacques, répliqua-t-il, c'est un homme d'un grand cœur que ce malheureux.

Bien que M. Lagarde n'eût pas encore dit de quel côté il voulait aller, les deux hommes avaient quitté la route et s'étaient engagés sur un sentier qui se dirigeait vers la Bosse grise, en longeant la lisière de la forêt.

— Jacques, où va nous mener cette route ? demanda M. Lagarde.

— Au plateau des Roches.

— Où se trouve la Bosse grise ?

— Oui, monsieur. J'ai compris que vous désiriez voir la grotte de Jean Loup et je vous y conduis.

— Merci, mon ami.

Après une demi-heure de marche pénible, car ils avaient à chaque instant à se débarrasser des ronces et des viornes qui s'entortillaient autour de leurs jambes, les deux promeneurs se trouvèrent au pied de l'énorme rocher, à l'entrée de la grotte.

— A cet endroit où nous sommes, dit Jacques, étaient les broussailles inextricables brûlées par les Prussiens.

— On voit encore, de tous les côtés, de nombreuses traces de l'incendie.

— Le jour où les gendarmes se sont emparés de Jean

Loup, il y avait encore à l'entrée de la grotte et à l'intérieur des paniers de plusieurs dimensions, avec lesquels le pauvre garçon allait faire ses provisions dans le bois, et des petites claies, qui lui servaient à faire griller au soleil la viande des animaux dont il parvenait à s'emparer. Ces objets, fabriqués par lui, ont été enlevés depuis par des personnes qui veulent, probablement, les conserver comme des reliques.

Jean Loup aimait les colimaçons et il en mangeait des quantités, ainsi que l'indiquent ces nombreuses coquilles qui jonchent le sol. Mais entrons dans la grotte. J'ai des allumettes sur moi ; une poignée de feuilles sèches, que nous brûlerons, nous éclairera suffisamment pendant un instant, pour que nous puissions voir l'intérieur de la demeure.

Le jeune homme fit craquer une allumette et ils pénétrèrent sous la voûte. Arrivés dans la grotte, le lieutenant prit des fougères sur l'amas de feuilles qui avait été le lit de Jean Loup et y mit le feu. La fumée s'échappa par le trou de la voûte et la flamme jeta sa faible et blafarde clarté sur les blocs de rocher entassés.

M. Lagarde regarda avidement. Il vit d'abord la couche du sauvage, puis, sur le sol, dans tous les coins, et dans les niches des murs, le reste des provisions d'hiver de Jean Loup : des châtaignes, des noisettes, des fênes, des glands, des écorces, des racines, des herbages secs.

Pendant qu'il se livrait à son travail d'inspection, Jacques entretenait la flamme qui les éclairait.

Tout à coup, M. Lagarde laissa échapper un gémissement.

— Oh! le malheureux, le malheureux enfant ! s'écria-t-il.

Et, n'étant plus maître de son émotion, ses larmes jaillirent, et il sanglota.

Jacques, les yeux fixés sur son protecteur, se disait :

— Ce n'est pas à un intérêt ordinaire pour Jean Loup que répond cet excès de sensibilité ; son émotion a une autre cause !

— Jacques, dit M. Lagarde d'une voix entrecoupée, j'ai vu, j'ai vu... Venez, mon ami, partons.

Ils sortirent de la grotte, tournèrent silencieusement autour de la Bosse grise et rejoignirent la grande route, en passant à travers les roches du plateau.

M. Lagarde avait eu le temps de se calmer.

— Dites-moi, Jacques, fit-il, que pense-t-on à Marcille, à Vaucourt et dans les autres communes voisines de Mme la baronne de Simaise ?

— Le plus grand bien, monsieur. Mme la baronne et sa fille font beaucoup de bien ; elles sont les deux anges protecteurs de la contrée ; aussi n'est-ce pas trop de vous dire qu'elles sont adorées.

— Mme de Simaise n'a-t-elle pas aussi un fils ?

— Oui, monsieur ; mais on le connaît à peine dans le pays ; il vient rarement à Vaucourt, trois ou quatre fois chaque année, et seulement pour quelques jours.

— Et monsieur le baron ?

— Oh ! lui, il n'y vient jamais.

— Ce qui signifie qu'il y a rupture entre lui et sa femme ?

— Evidemment, puisqu'ils vivent éloignés l'un de l'autre.

— Vous croyez donc, Jacques, que la baronne de Simaise n'a pas revu son mari depuis tant d'années qu'elle est venue se fixer à Vaucourt ?

— Sur ce point, monsieur, je ne saurais vous répondre ; mais ce que je peux vous dire, c'est que Mme la baronne ne quitte jamais son château, si ce n'est pour aller à Haréville chez M. de Violaine, qui est son ami, et à Epinal une ou deux fois par an lorsque des affaires d'intérêt ou des achats à faire l'y appellent.

— Mme la baronne de Simaise, qui est encore jeune, et qui a été très-jolie, m'a-t-on dit, reprit M. Lagarde, a une existence bien triste, bien monotone !

— C'est vrai, monsieur !

— Je plains sincèrement Mlle de Simaise, condamnée à partager la retraite et la solitude de sa mère.

— La jeune demoiselle ne m'a point caché qu'elle était très-malheureuse.

— Est-elle jolie ?

— Adorable, monsieur ! et gracieuse, affable et bonne comme sa mère !

— Alors, on comprend que, pouvant être facilement aimée, elle ait inspiré de l'amour au pauvre Jean Loup.

M. Lagarde, cessant d'interroger le jeune officier, tomba dans une profonde rêverie.

XIII

LE PROCUREUR DE LA RÉPUBLIQUE

Nous retrouvons M. Lagarde à Epinal, dans un appartement meublé de l'hôtel du Duc-de-Lorraine.

Assis devant une table-bureau couverte de papiers, il a déjà écrit trois ou quatre lettres qui sont là, prêtes à être jetées dans une boîte de l'administration des postes ; maintenant il copie des notes et met, en même temps, de l'ordre dans les papiers étalés devant lui.

La demie de huit heures sonne à la pendule placée sur le marbre de la cheminée. Presque aussitôt, on frappe légèrement à la porte de la chambre.

— Entrez, dit M. Lagarde.

Un domestique paraît, apportant des lettres sur une assiette de porcelaine. C'est le courrier du matin : quatre lettres.

Le domestique n'est pas un garçon de l'hôtel : nous le connaissons : il se nomme Landry.

M. Lagarde prend les lettres.

— Une de Londres, une de Liverpool, dit-il, en les

jetant sur la table, je sais ce qu'elles contiennent. Ah!
deux lettres de Paris, probablement celles que j'attends.
Merci, mon brave Landry.

Le serviteur se retira.

M. Lagarde décacheta d'une main fiévreuse les deux
lettres venant de Paris et les lut rapidement; elles
n'étaient pas longues, d'ailleurs.

— Bien, très-bien, murmura-t-il.

Sa physionomie exprimait une vive satisfaction.

Il ramassa ses papiers et les enferma dans un meuble
dont il mit la clef dans sa poche.

Cela fait, il revêtit un élégant costume de ville: pantalon, gilet et redingote noire, et glissa ses pieds dans de
fines bottines de chevreau. Quand il fut ainsi habillé,
bien cravaté et bien ganté, il sonna Landry.

— Mon fidèle Landry, lui dit-il, je vais faire une
visite; je reviendrai le plus vite possible. A mon retour,
je te donnerai probablement l'ordre de louer immédiatement la maison. Voilà des lettres que tu porteras au
bureau des postes.

Sur ces mots, M. Lagarde mit son chapeau, jeta son
pardessus sur son bras, prit sa canne et sortit.

Un quart d'heure après, il entrait dans une grande et
belle maison et sonnait bientôt à la porte d'un appartement du premier étage.

— Je désire voir M. le procureur de la République,
dit-il au domestique qui vint lui ouvrir.

— Qui dois-je annoncer?

— M. Lagarde.

Le valet de chambre s'éloigna et revint au bout
d'un instant, disant:

— M. le procureur de la République vous attend.

Le magistrat s'avança jusqu'à la porte du cabinet
pour recevoir le visiteur; il le fit entrer avec empresse-

ment, le pria de prendre place dans un fauteuil et s'assit lui-même en face de M. Lagarde.

— Je vous attendais, monsieur, dit-il ; j'ai reçu hier la lettre du ministre m'annonçant votre visite.

— N'avez-vous pas reçu, monsieur, une seconde lettre, moins officielle, mais d'un personnage également haut placé?

— Parfaitement.

— Alors vous savez de quoi il s'agit.

— Et je vous prie de croire que je suis tout disposé à vous être agréable.

— Merci, monsieur, merci. Avant de vous dire ce que je désire obtenir du parquet, il n'est pas inutile que vous soyez complétement édifié au sujet du malheureux auquel je m'intéresse. Je commence donc par vous apprendre que Jean Loup est innocent.

Le magistrat fit un mouvement brusque.

— Oui, monsieur, l'accusation portée contre ce malheureux est fausse ; elle est le résultat d'une déplorable erreur.

Un sourire effleura les lèvres du procureur.

— Nous avons la lettre de la jeune fille, dit-il.

— Oui, je sais que vous avez une lettre de Jeanne Vaillant, et j'en connais le contenu ; mais cette lettre, écrite dans un moment d'égarement, de folie, ne peut faire foi à elle seule.

— Il y a eu d'autres constatations qui prouvent surabondamment que Jean Loup s'est introduit dans la chambre de la malheureuse jeune fille.

— Oui, monsieur, Jean Loup a grimpé à l'échelle, a escaladé la fenêtre ; mais il n'a point joué dans ce drame nocturne le rôle qu'on lui attribue ; son rôle dans la chambre, monsieur, a été celui de sauveur !

— Devant votre affirmation, monsieur, je ne veux rien opposer. Mais il y a eu un attentat...

— Non suivi d'exécution.

— Qui peut le dire?

— Jean Loup, quand il parlera, et ceux qui, comme moi, sont convaincus de l'innocence du prisonnier.

— Enfin vous prétendez que Jean Loup n'est pas coupable?

— Oui, monsieur.

— Et vous reconnaissez qu'il y a eu, tout au moins, une tentative de crime?

— Je le reconnais.

— Qui donc alors est le coupable?

— Jusqu'à présent, monsieur, ce misérable est inconnu.

Le magistrat eut un nouveau sourire.

— Oui, il est inconnu, continua M. Lagarde; mais, soyez tranquille, un jour on saura son nom.

— Comment?

— J'ai des moyens pour cela, monsieur. Du reste, comme je vous l'ai déjà dit, Jean Loup parlera.

— C'est douteux.

— Il parlera, monsieur, il parlera, il le faut!... Mais laissons de côté, pour le moment, le coupable inconnu.

— Pourtant, monsieur, la justice a tout intérêt à être éclairée.

— Elle ne peut l'être, puisqu'on ne saurait lui dire: voilà le coupable. Mais n'est-ce donc pas l'éclairer que de venir lui déclarer: vous avez incarcéré un innocent!

— Malheureusement, monsieur, — permettez-moi de vous le faire remarquer, — vous ne me présentez aucune preuve de sa non-culpabilité; il y a votre conviction: c'est quelque chose, sans doute, mais ce n'est pas assez.

Ce qu'il faut à la justice, ce sont des preuves irrécusables.

— Jean Loup vous les fournira lui-même.

— Je le souhaite, je le désire. En attendant, monsieur, pouvez-vous me dire sur quoi vous basez votre conviction?

— Le passé du pauvre sauvage de la forêt de Mareille, ce qu'il a fait, ses actions héroïques protestent éloquemment contre l'accusation. Vous n'ignorez pas, sans doute, quelle a été sa conduite dans plusieurs circonstances?

— Oui, je sais qu'il a accompli certains actes...

— Admirables, monsieur, surtout quand on considère que ces actes ont été l'œuvre d'un pauvre sauvage obéissant à ses seuls instincts! Et l'on voudrait qu'il fût coupable d'une chose monstrueuse, cet homme qui a sauvé un enfant qui se noyait, qui a tué un loup ravisseur d'un agneau, qui a arraché Mlle Henriette de Simaise à une mort horrible, certaine! Serait-ce lui, un coupable, qui, indigné de voir un Prussien frapper Jacques Vaillant, le père de Jeanne, un vieillard, aurait fait sentir immédiatement à l'insulteur que son action était odieuse et lâche?

Voilà des faits, monsieur, qui, pour le défendre, parlent haut! Celui qu'on voit toujours inspiré par les plus nobles sentiments du cœur ne peut pas être un monstre!

Je suis allé à Mareille où je me suis livré, de mon côté, à une enquête. Eh bien, monsieur, c'est ce que j'ai recueilli dans le pays qui m'a convaincu de l'innocence de Jean Loup. Mon affirmation n'est pas suffisante, je le sais : oui, je le comprends, ce sont des preuves qu'il faut à la justice. Quand le moment sera venu de les fournir à la justice, ces preuves, je les aurai, je les aurai!... Laissons le temps accomplir son œuvre.

Ce que je veux est ce que vous désirez vous-même, monsieur : mettre le plus vite possible Jean Loup en état de répondre à l'accusation. Comment va-t-il ? Que fait-il ?

Le magistrat secoua la tête.

— Il n'est malheureusement point tel que nous le voudrions, répondit-il.

— Serait-il malade ?

— Non, mais le médecin, qui le visite souvent, a des craintes sérieuses pour sa santé.

— C'est l'air de la prison qui ne lui convient point, n'est-ce pas, monsieur ?

— Je le crois, bien que le régime de la captivité ait été adouci pour lui d'une façon particulière. En réalité, il n'est pas en prison...

— Habitué à vivre dans les bois, à courir libre, au grand air, il est en prison du moment qu'il est enfermé et n'a pas toute sa liberté. Hélas ! si vaste que soit l'espace qu'on peut lui donner, pendant longtemps encore il le trouvera trop étroit. Vous dites donc, monsieur, que le médecin craint pour sa santé ?

— Oui, il est toujours dans un état de prostration qui inquiète le docteur.

— Mange-t-il ?

— Les deux premiers jours, il a absolument refusé toute espèce de nourriture ; mais la faim a eu raison de sa résistance ; le troisième jour il a mangé un morceau de pain et bu un verre d'eau. Depuis, il mange un peu chaque jour ; mais toujours des pommes de terre, des haricots et autres légumes ; on n'a pu encore vaincre la répugnance qu'il paraît avoir pour les viandes de boucherie.

Je n'ai pas besoin de vous dire qu'on évite de le contrarier et qu'on le traite avec douceur ; malgré cela il reste sombre, taciturne, concentré en lui-même. Très-doux, d'ailleurs, il ne témoigne ni impatience, ni colère : mais il est tellement absorbé qu'il n'a pas l'air d'entendre quand on lui parle. Accroupi dans un coin de sa cellule, tenant sa tête dans ses mains, il reste des heures entières sans faire un seul mouvement.

Parfois, on l'entend pousser des plaintes, des gémissements et il pleure souvent. Comme je viens de vous le dire, il n'a jamais ni emportement, ni colère. Seulement, il est impossible de lui faire prononcer un mot, et je crois bien qu'on n'a pas encore entendu le son de sa voix. Mais nous savons qu'il connaît la signification d'un certain nombre de mots, qu'il prononce, et qu'il comprend assez facilement ce qu'on lui dit.

Nous avons mis en sa présence un maître de français ; cet homme a employé tous les moyens possibles pour faire sortir Jean Loup de son mutisme ; il n'a pas réussi. Est-ce mauvaise volonté ou tout autre motif? Jean Loup paraît être insensible à tout et rien ne peut le tirer de sa torpeur, de son espèce d'engourdissement. Nous avons dû renoncer, quant à présent, à commencer l'œuvre difficile de son instruction.

Le directeur de la prison a un jardin réservé : on y a conduit Jean Loup une fois ; mais on a remarqué qu'il était inquiet, tout prêt à s'effrayer, et qu'il se dirigeait constamment vers la porte pour sortir de l'endroit ; on n'a pas renouvelé cette tentative de distraction. Du reste, il faut la croix et la bannière pour faire sortir Jean Loup de sa cellule ; on pourrait laisser la porte ouverte sans avoir à craindre qu'il cherche à s'échapper.

Il n'a l'air de se trouver bien, de se plaire, que dans sa cellule, et les coins les plus sombres sont ceux qu'il préfère, comme si le grand jour lui fatiguait les yeux et lui faisait peur.

Il n'aime pas la société, c'est la solitude complète qu'il lui faut ; il s'est habitué au gardien chargé de le servir et de veiller sur lui ; mais si un autre homme entre dans sa cellule, aussitôt il devient inquiet, s'agite, regarde autour de lui avec une sorte d'effroi, en ayant l'air de chercher un endroit pour se cacher.

Voilà, monsieur, tout ce que je peux vous dire du malheureux auquel vous vous intéressez.

— Eh bien, monsieur le procureur de la République, d'après ce que vous venez de me dire, j'ai la certitude que Jean Loup serait mort dans trois mois, s'il restait dans sa prison.

— Ce n'est pas ce que nous voulons.

— Je le sais.

— A moins de le reconduire dans la forêt de Mareille, ce qui est impossible, que pouvons-nous faire ?

— Je vais vous le dire, car c'est là, précisément, l'objet de ma visite.

— Je vous écoute.

— Faire parler Jean Loup, l'instruire, lui donner une éducation aussi complète que possible, voilà le but à atteindre, n'est-ce pas ?

Le magistrat approuva par un mouvement de tête.

— Assurément, l'entreprise est difficile.

— Je la crois malheureusement impossible.

— Oui, dans les conditions actuelles, mais changez ces conditions et la réussite est assurée ; j'ai un moyen dont je réponds.

— Dites, monsieur.

— Il faut d'abord que Jean Loup sorte de prison.

— Mais...

— Ecoutez-moi, monsieur, écoutez-moi : Je ne viens pas pour vous dire : Faites ouvrir toutes les portes devant lui et laissez-le aller où il lui plaira. Je vous demande seulement de me confier votre prisonnier. C'est sous ma responsabilité, une liberté apparente et conditionnelle que vous lui donnerez. Il ne quittera point la ville, et vous et les autres membres du parquet pourrez le voir aussi souvent qu'il vous plaira. Il sera placé dans une maison que j'ai visitée hier et que je suis prêt à louer aujourd'hui même.

Cette maison, suffisamment spacieuse, a un beau et grand jardin entouré de murs et planté d'arbres magnifiques. Bref, l'habitation est convenable sous tous les rapports, et elle répond à toutes les exigences du projet que je veux mettre à exécution.

La maison aura besoin de domestiques des deux sexes, je vous prierai de les désigner vous-même ; si un médecin est nécessaire, je ne repousserai pas celui de la prison ; je me réserve seulement le droit de choisir les maîtres que je donnerai à Jean Loup.

Je n'ai pas besoin d'ajouter, monsieur le procureur, que l'administration des prisons n'aura à participer dans aucun frais ; c'est moi qui payerai les maîtres, les domestiques ; enfin je me charge de toutes les dépenses.

Le magistrat avait écouté avec un étonnement facile à comprendre.

Sans doute, ce M. Lagarde était immensément riche et pouvait s'offrir n'importe quelle fantaisie ; mais ce millionnaire, recommandé en haut lieu, n'était certainement pas un personnage ordinaire. Ce qu'il voulait faire pour Jean Loup, un être misérable, semblait indiquer qu'il y avait entre lui et le sauvage, un lien, une attache quelconque.

Le magistrat sentait très-bien qu'il était en face d'un mystère ; mais, homme du monde, il ne se permit point d'adresser une question, qui eût peut-être embarrassé l'étranger.

— Eh bien ! monsieur, quelle réponse me faites-vous? demanda M. Lagarde.

— J'ai eu l'honneur de vous dire que j'étais disposé à vous être agréable.

— Alors ?

— Je ne vois pas que votre proposition puisse être repoussée.

Le regard de M. Lagarde eut un éclair de joie.

— Seulement, continua le magistrat, il y a quelques formalités à remplir, il faut une décision du parquet.

— Je le comprends.

— Vous voudrez bien adresser votre demande écrite.

— J'ai pensé à cela, monsieur, répondit M. Lagarde, tirant un papier de sa poche; voici ma demande.

Le magistrat prit le papier, l'ouvrit, le parcourut rapidement des yeux et lut la signature : Antonin Lagarde, ex-capitaine de francs-tireurs.

— C'est bien, dit-il, aujourd'hui même nous nous occuperons de l'affaire.

— Pour tout ce qu'on pourra exiger de moi, je me mets entièrement à la disposition de messieurs du parquet.

— C'est entendu !

— Je ne veux pas abuser plus longtemps de vos instants ; mais, avant de me retirer, j'ai une faveur à vous demander.

— Laquelle ?

— Je vous prie de m'accorder l'autorisation de faire aujourd'hui une visite au prisonnier.

— Seul ?

— Oui, monsieur, seul.

Le magistrat prit un feuillet de papier sur lequel il écrivit quelques lignes et le remit à M. Lagarde.

— Monsieur, je vous remercie infiniment, dit celui-ci en se levant.

Les deux hommes se saluèrent courtoisement et M. Lagarde sortit du cabinet.

XIV

LA CELLULE N° 2

En rentrant chez lui, M. Lagarde dit à Landry :
— Comme je l'espérais, j'ai réussi dans ma démarche ; nous pouvons louer la maison dès aujourd'hui. Tu verras le notaire, tu le prieras de préparer le bail de trois ans ; ce soir je passerai à l'étude pour le signer.

Quand tu auras vu le notaire, tu iras trouver le tapissier et tu lui diras de se mettre à l'œuvre immédiatement : on travaillera jour et nuit ; s'il ne lui est pas possible de faire tout à lui seul, il se fera aider par ses confrères ; il faut que dans trois jours la maison soit meublée et toutes les tapisseries posées.

Tu lui remettras cette note, que j'ai préparée hier soir : elle lui dit quel mobilier il doit acheter, il n'aura qu'à suivre exactement ces indications pour meubler et arranger chaque pièce ; qu'il apporte surtout tous ses soins à l'ameublement et à la décoration de l'appartement des deux dames.

Le déjeuner était prêt. M. Lagarde se mit à table.

Aussitôt après avoir pris son repas, il sortit et se rendit à la prison.

Les lourdes portes de fer s'ouvrirent devant lui ou plutôt devant le permis dont il était porteur. Le directeur de la prison se trouvant absent, on le fit entrer au greffe. Le greffier prit le permis, s'inclina respectueusement devant le visiteur et appela un gardien.

— Vous allez conduire monsieur à la cellule n° 2, lui dit-il.

M. Lagarde suivit le gardien.

On traversa une première cour, puis une seconde, après avoir passé sous une voûte; par un escalier étroit, faiblement éclairé, on monta au premier étage du corps de bâtiment.

Le gardien s'arrêta.

— Monsieur, demanda-t-il, désirez-vous voir le sauvage avant que rien ne l'ait averti de votre présence?

— Est-ce que c'est possible?

— Oui, monsieur.

— Alors, faites.

Le gardien s'approcha d'une porte, fit glisser doucement dans sa rainure un petit panneau d'un décimètre carré, qui mit à découvert un judas, à peine grand comme le quart du panneau.

— Regardez, monsieur, dit le gardien à voix basse; vous allez le voir dans sa position habituelle; c'est ainsi qu'il est tous les jours; c'est à peine s'il change d'attitude deux ou trois fois dans la journée.

M. Lagarde se baissa à la hauteur du trou et regarda.

Le prisonnier était dans un coin de la cellule, accroupi, le corps courbé, tenant dans ses mains sa tête appuyée sur ses genoux.

M. Lagarde se redressa en poussant un soupir, et le

gardien ouvrit la porte. Le prisonnier ne fit pas un mouvement.

— Il croit que je suis seul, dit le gardien, sans cela il serait déjà debout.

Il s'approcha de Jean Loup et lui posa la main sur l'épaule.

La tête du prisonnier se redressa lentement et il jeta autour de la cellule un regard rapide qui rencontra le visiteur. Aussitôt ses yeux brillèrent et il bondit sur ses jambes, montrant les signes d'une grande inquiétude.

M. Lagarde paraissait en proie à une émotion extraordinaire.

— Peut-être ne me reconnaîtra-t-il point, pensa-t-il.

Lentement il s'avança vers Jean Loup, qui fixait vers lui ses yeux étincelants.

Soudain, le visage du prisonnier changea d'expression et il fit deux pas en avant, en criant :

— Jeanne, Jeanne !

— Ah ! il m'a reconnu ! se dit M. Lagarde.

Et il répondit à l'exclamation de Jean Loup, en disant :

— Henriette, Henriette !

Jean Loup tressaillit, et son regard ardent courut vers la porte, comme s'il se fût attendu à voir paraître celle dont le nom venait d'être prononcé. Mais, aussitôt, comme s'il eût compris que son espoir était insensé, il fit entendre un gémissement et laissa tomber sa tête sur sa poitrine.

Alors, le prisonnier se trouvant devant la fenêtre, dans la nappe de lumière, M. Lagarde se mit à l'examiner avec une attention singulière. Il était facile de voir que le malheureux sauvage bouleversait tout son être. Il y avait dans son regard comme du ravissement et il paraissait prêt à manifester son admiration.

— Laissez-nous, je vous prie, dit-il au gardien.
Celui-ci sortit de la cellule.

Jean Loup restait à la même place, immobile, comme galvanisé. Cependant un léger frémissement de son corps et les soulèvements de sa poitrine trahissaient son agitation intérieure.

Physiquement, Jean Loup n'était plus le même. Il n'avait plus l'aspect farouche et terrible du sauvage de la forêt de Mareille, qui avait été, dans un temps, la terreur de toute la contrée. Maintenant, plus rien ne le distinguait des autres hommes.

Les ciseaux avaient passé dans ses cheveux, qui étaient coupés ras, et le rasoir avait entièrement nettoyé son visage. Alors, sa barbe et ses cheveux flottants ne cachant plus ses traits, on pouvait remarquer la coupe correcte, le dessin très-pur de sa belle et virile figure de jeune homme. La partie rasée, d'un blanc mat et bleuâtre, contrastait avec le reste d'un ton cuivré, mais n'enlevait rien au caractère de la physionomie. Tous les traits se détachaient, s'accusaient nettement. Le nez, plutôt long que court, était beau. La bouche était un peu grande, peut-être ; mais on ne s'en apercevait point, on ne voyait que ses lèvres roses, dont le pli indiquait la bonté, de même que l'expression du regard, dont l'éclat était singulièrement adouci.

Il paraissait avoir maigri ; mais sa vigueur, pouvant résister à toutes sortes de chocs, on ne remarquait chez lui aucun signe d'affaissement.

On l'avait dépouillé de ses peaux de bêtes et des misérables loques qui complétaient son pittoresque costume d'homme des bois. Il avait une chemise de grosse toile et portait un vêtement de gros drap marron, pantalon, gilet et vareuse, le tout taillé dans la même pièce.

On n'avait pu encore l'obliger à garder une coiffure

sur sa tête, une cravate autour du cou et à emprisonner ses pieds dans des chaussures quelconques. Le pantalon, long et large des jambes, tombait sur ses pieds nus.

— Jean Loup ! prononça M. Lagarde d'une voix tremblante.

Le prisonnier releva brusquement la tête.

— Tu me reconnais, n'est-ce pas ?

— Jeanne, Jeanne ! fit Jean Loup.

— Jeanne, qui te doit la vie, Jeanne, que nous avons sauvée des eaux de la rivière... Tu la reverras, j'espère, et elle te remerciera. Dis-moi, Jean Loup, mon ami, tu voudrais bien revoir aussi Henriette ?

— Henriette ! murmura le malheureux avec un accent de tendresse indicible.

— Jean Loup, tu reverras Henriette, je te le promets.

Le prisonnier regarda fixement M. Lagarde, comme s'il eût voulu lire dans ses yeux. On voyait à la contraction de ses traits qu'il faisait, hélas ! de vains efforts pour comprendre.

— Malheureuse victime ! dit M. Lagarde d'un ton douloureux.

Et il tendit ses mains à Jean Loup.

Le prisonnier les saisit avec humilité et les porta à ses lèvres.

— Ah ! mon cœur se brise ! murmura M. Lagarde.

Il jeta un regard sur la porte, puis, ouvrant ses bras :

— Viens, viens ! dit-il.

Jean Loup comprit. Son regard eut un éclair de bonheur, et il se jeta dans les bras de M. Lagarde.

L'homme riche colla ses lèvres sur le front du pauvre déshérité.

Jean Loup pleurait. M. Lagarde avait des sanglots noués dans la gorge. Il eut peur de son émotion.

— A bientôt, mon ami, à bientôt, dit-il au prisonnier.

Et il sortit précipitamment.

Le gardien attendait dans le corridor ; il ferma la porte de la cellule.

Quand il fut hors de la prison, M. Lagarde respira bruyamment, à pleins poumons. Toujours très-agité, il ne parvenait pas à se calmer. Il gagna le faubourg et continua de marcher loin des maisons, sur des chemins déserts. Il avait besoin de solitude, de se trouver un instant seul avec lui-même, au grand air, afin de se reconnaître dans le désordre de ses pensées.

En rentrant dans la ville, deux heures plus tard, son visage avait repris son calme habituel.

Il se rendit chez le notaire. Le bail était prêt. Il le signa. Il passa ensuite chez le tapissier. Celui-ci avait reçu les ordres définitifs de M. Lagarde, transmis par Landry. Déjà, lui et ses ouvriers étaient à l'ouvrage. Il promit que dans trois jours, quatre jours au plus tard, la maison pourrait recevoir ceux qui devaient l'habiter. Il avait reçu de Landry, de la part de son maître, une avance de six mille francs.

M. Lagarde rentra chez lui.

Landry lui remit un pli cacheté de cire rouge, qu'un homme avait apporté un instant auparavant.

M. Lagarde ouvrit la dépêche et lut :

« J'ai l'honneur de vous informer que votre demande,
» adressée au parquet d'Epinal, a été favorablement
» accueillie. Dès que vous le désirerez, Jean Loup vous
» sera confié.

» Recevez, monsieur, etc... »

M. Lagarde eut en même temps un sourire et un soupir.

— Monsieur est satisfait ? hasarda le domestique.

— Oui, mon brave Landry ; enfin, je commence à espérer que j'arriverai au but.

On n'entendait plus aucun bruit dans la ville, et l'hôtel du Duc-de-Lorraine, où l'on se couche tard, était lui-même silencieux. Toutes les lumières, à l'exception d'une seule, s'étaient éteintes les unes après les autres.

L'unique lumière qui persistait à briller à travers les vitres, malgré l'heure avancée de la nuit, éclairait la chambre de M. Lagarde.

Le protecteur mystérieux de Jean Loup écrivait des lettres.

XV

LA SŒUR ET LE FRÈRE

Un beau matin, Raoul de Simaise arriva à Vaucourt pimpant et joyeux. Sans doute, après les graves événements des mois précédents, il se sentait heureux de revoir sa mère et sa sœur ; toutefois, il ne venait pas au château sans avoir l'espoir que, comme toujours, au moment de son départ, son excellente mère remplirait ses poches, toujours vides, hélas !

M^{mo} de Simaise reçut son fils comme d'habitude avec beaucoup de tendresse.

L'accueil fait au frère par la sœur fut tout différent. Henriette témoigna à Raoul une froideur marquée et ne lui permit même pas de l'embrasser. Le jeune homme s'étonna ; ce fut tout. Un autre aurait éprouvé une peine réelle ; lui, point.

La baronne fut surprise également. Elle vit bien qu'Henriette avait quelque chose contre son frère. Quoi ? Elle ne pouvait le deviner ; mais elle se réserva d'interroger plus tard sa fille à ce sujet.

Mme de Simaise n'avait pas été inquiète sur le sort de son fils pendant la guerre. Elle avait appris par M. de Violaine, qui les avait rencontrés à Gênes, que le baron de Simaise et Raoul avaient tranquillement passé les six mois terribles en Italie, à l'abri des bombes et des balles prussiennes.

C'est aussi par M. de Violaine que Raoul avait su le triste dénoûment du drame de Mareille. Après sa tentative criminelle, il s'était empressé de quitter Vaucourt : mais effrayé par le cri de sa conscience, il était très-inquiet, car il redoutait, avec raison, les conséquences terribles de son odieuse action ; pendant plusieurs jours il fut en proie aux plus noires appréhensions : il voyait le châtiment suspendu sur sa tête comme l'épée de Damoclès. Aussi quand son père eut manifesté son intention de se réfugier en Italie, le pressa-t-il vivement de mettre ce projet à exécution.

Or, quand il apprit que Jeanne s'était noyée et qu'avant de se jeter dans la rivière elle avait, par une lettre, accusé Jean Loup, toutes ses craintes s'évanouirent. Enfin, il respirait. Jeanne ne l'avait pas reconnu, elle l'avait pris pour Jean Loup. En vérité, c'était une fière chance. Maintenant, il pouvait être tranquille, dormir sur ses deux oreilles, le secret de l'épouvantable nuit resterait enseveli dans l'ombre.

Certainement, Jean Loup serait arrêté ; mais Jean Loup ne parlait pas... Non, non, il n'avait plus rien à redouter. Le sauvage serait jugé, condamné, probablement. Mais que lui importait, à lui, qu'un innocent portât la peine du coupable ?

Nous n'avons plus à nous étonner, en voyant Raoul de Simaise reparaître dans le pays avec son air vainqueur d'autrefois, le front haut, l'œil brillant, le sourire aux lèvres.

Dans l'après-midi, profitant d'un moment où la baronne donnait audience à un de ses fermiers, Henriette dit à son frère :

— Si vous voulez me suivre dans ma chambre, Raoul, j'ai quelque chose à vous remettre.

— Tout de suite, petite sœur, je te suis.

Ils montèrent au premier. La jeune fille fit entrer son frère dans sa chambre dont elle ferma soigneusement la porte.

— Avoue, ma sœur, dit Raoul, que tu m'as fait ce matin une singulière réception.

— Ah ! vous trouvez ? répondit froidement Henriette.

— Tu ne m'as pas habitué à tant de froideur, à tant de sévérité ; autrefois, tu me tutoyais ; — c'est charmant entre frère et sœur, — aujourd'hui tu m'envoies des vous en veux-tu en voilà. Est-ce que tu m'en veux parce que je ne t'ai pas écrit pendant notre séjour en Italie ? Mais tu sais bien que j'ignorais où vous étiez, ma mère et toi.

Henriette secoua la tête.

— Si ce n'est pas cela, qu'est-ce donc ? Tu as quelque chose contre moi, c'est certain. Voyons, que t'ai-je fait ?

— Rien.

— Alors, tu es de mauvaise humeur, tu as tes nerfs ; mais si tu es contrariée, pourquoi t'en prendre à moi ?

— Je vous ai prié de monter dans ma chambre pour vous remettre quelque chose, dit Henriette, coupant court aux interrogations de son frère.

— C'est vrai !

Elle ouvrit un tiroir, plongea sa main jusqu'au fond et en retira un petit paquet enveloppé dans un chiffon de soie. Elle enleva l'enveloppe et, montrant à Raoul le portefeuille et l'anneau rapportés par Jean Loup:

— Connaissez-vous ces objets? demanda-t-elle.

— Assurément, c'est mon portefeuille et ma bague que j'ai oubliés ici l'année dernière.

— Ah! vous croyez les avoir oubliés ici?

— Dans ma chambre.

— En êtes-vous bien sûr?

— Dame, non ; je puis les avoir perdus dans le parc.

— Ou ailleurs.

— Ou ailleurs, répéta-t-il. Est-ce vous qui avez trouvé ces objets?

— Non.

— Qui donc?

— Jean Loup.

Raoul tressaillit et changea de couleur.

— Où donc les a-t-il trouvés? demanda-t-il en balbutiant.

— Vous le saurez, Raoul, en vous rappelant où vous les avez perdus.

Le misérable perdait contenance.

— Je ne vois pas à quel endroit... bégaya-t-il.

— Ah! vous ne voyez pas l'endroit, dit Henriette avec ironie ; eh bien, je vais vous le désigner, moi ; vous avez perdu ce portefeuille et cette bague à Mareille, dans la chambre d'une jeune fille, sanctuaire sacré, inviolable pour un homme d'honneur.

Raoul recula, blême de terreur.

— Eh bien, reprit Henriette, vous demanderez-vous encore pourquoi je ne vous ai pas accueilli comme autrefois, les bras ouverts?

Misérable, misérable! s'écria-t-elle, ne pouvant plus contenir son indignation, voilà ce que vous avez fait !... Et vous êtes mon frère! Et vous êtes le fils d'une femme qui a toutes les vertu ! Elle ne sait rien, la pauvre mère ; j'ai eu la force de lui cacher l'horrible vérité... Ah ! mon Dieu, si elle avait seulement un doute, un soupçon, ce serait sa mort !

Raoul essaya de nier.

— Arrêtez ! exclama la jeune fille en le foudroyant du regard, n'ajoutez pas à votre infamie le mensonge lâche ! Ce qui s'est passé dans la chambre de Jeanne Vaillant, je le sais... Jean Loup ne parle pas, c'est vrai ; et pourtant c'est lui qui est venu m'apprendre que mon frère est un misérable ! Il ne parle pas ; mais il se fait comprendre, puisqu'il a su tout me dire... Et vous oseriez nier ! Non, non, vous ne pouvez avoir cette audace !

Raoul était écrasé.

— Henriette, dit-il, croyant pouvoir se justifier ainsi, je vous le jure, je n'ai pas touché à Jeanne Vaillant.

— Oui, mais la malheureuse est morte ! C'est vous qui l'avez poussée au suicide. Oui, vous avez tué Jeanne Vaillant, la fiancée aimée, adorée d'un brave jeune homme, qui est aujourd'hui chevalier de la Légion d'honneur et officier dans l'armée française ! Voilà ce qui fait de vous un misérable, ce qui imprime sur votre front la marque ineffaçable des infâmes !

Éperdu, il se laissa tomber sur ses genoux et, tendant vers sa sœur ses mains frémissantes :

— Henriette, grâce, grâce ! s'écria-t-il.

— Ah ! tenez, répliqua-t-elle avec une sorte de dégoût, vous me faites pitié !... Relevez-vous, continua-t-elle, ce n'est pas à moi qu'il faut demander grâce ; je ne suis pas votre juge. Relevez-vous !

Il obéit. La jeune fille poursuivit :

— Jeanne Vaillant n'a pas reconnu son lâche agresseur, le savez-vous ?

— Oui.

— C'est Jean Loup, accouru à son secours, c'est Jean

Loup innocent, qu'elle a désigné comme étant le coupable ; le savez-vous ?

— Oui.

— Eh bien, si vous l'ignorez encore, je vous apprends que Jean Loup, faussement accusé, a été pris par les gendarmes et traîné en prison.

— Je savais cela, Henriette, je le savais.

— Ah ! vous le saviez !.,. Et ce matin vous êtes arrivé à Vaucourt joyeux, le cœur léger... Raoul de Simaise n'a donc ni conscience, ni honneur, ni cœur !... Vous le saviez !.,.Et vous n'avez pas eu honte de vous montrer dans ce pays où vous entendrez dire à chaque pas que vous ferez : Jean Loup est un misérable ! Jean Loup est un assassin ! Car on a vite oublié le bien qu'il a fait pour ne plus voir en lui qu'une espèce de monstre, capable de tous les crimes !

— Henriette, ma sœur, je regrette amèrement ma folie, je vous le jure !

— Ah ! vous appelez cela simplement une folie ! Mais qu'importe ! Vous regrettez...il y a loin du regret au repentir. Malheureusement, le mal que vous avez causé est irréparable... Enfin, Jean Loup est en prison, qu'allez-vous faire ?

— Ce que je vais faire ?

— Oui.

— Mais, mais... balbutia-t-il.

— Répondez donc.

— Que puis-je faire ? Que voulez-vous que je fasse ?

— Ah ! oui, c'est vrai, vous ne pouvez rien faire, fi amèrement la jeune fille.

Raoul reprit un peu d'assurance.

— Je ne peux pourtant pas, dit-il, m'en aller crier partout : Jean Loup est innocent ; le coupable, c'est moi !

et courir ensuite prendre sa place dans la prison d'Epinal.

— Et pourtant voilà ce que le devoir ordonnerait, répliqua la jeune fille, car un homme qui a le cœur haut placé ne permet pas qu'on condamne à sa place un innocent. Mais il y a la baronne de Simaise... Vous ne pouvez rien faire, rien. Si ma pauvre mère apprenait... Ah! ce serait un coup épouvantable qui la tuerait!

— D'ailleurs, Henriette, M. de Violaine m'a affirmé que Jean Loup ne serait pas condamné.

— Et cela vous tranquillise et vous met en paix avec votre conscience, n'est-ce pas? Eh bien, je vous dis, moi, tremblez! Jean Loup dans sa prison est menaçant pour vous.

— Il ne parlera pas.

— Ne vous bercez point dans cette illusion. Jean Loup apprendra à parler et à lire ; sans doute, cela demandera du temps, mais la justice est patiente, les années ne sont rien pour elle, car elle est éternelle. Le jour où Jean Loup parlera, comprendra, il se révoltera contre l'accusation dont il est l'objet et protestera de son innocence. Alors il dira ce qui s'est passé dans la chambre de Jeanne Vaillant, et il expliquera l'erreur de la malheureuse jeune fille.

Peut-être rencontrera-t-il des incrédules ; mais il y a les deux objets qu'il m'a rapportés ; on invoquera mon témoignage et je ne mentirai pas : courbée sous le poids de la honte, j'accuserai mon frère!

Allez, j'ai examiné la situation sur toutes ses faces. J'admets qu'on ne parvienne pas à apprendre à parler à Jean Loup. Qu'arrivera-t-il, alors? Il lui sera impossible de prouver son innocence. Mais comme on ne peut pas le garder éternellement en prison préventive, il faudra, pour continuer à le détenir, un jugement, une condamnation. Et le malheureux, incapable de se défendre, sera traîné comme un vil malfaiteur devant une cour d'assises ou un tribunal correctionnel. Eh bien, croyez-vous, si je suis encore de ce monde, alors, croyez-vous que moi, Henriette de Simaise, sachant ce que je sais, je serai assez misérable, assez lâche pour laisser flétrir un innocent?

Une autre hypothèse : Je suppose que, ayant appris à parler, Jean Loup pour une cause ou pour une autre, ne veuille point éclairer la justice, c'est-à-dire faire connaître le coupable : il comparait également devant les juges, condamné d'avance. Eh bien, croyez-vous que j'aurai le triste courage de laisser Jean Loup accomplir ce sacrifice ? Croyez-vous que, dans ce cas comme dans l'autre, je laisserai condamner l'innocent ?

Raoul de Simaise est mon frère ; mais Jean Loup m'a sauvé la vie !

Et puis, il y a en moi ma conscience et le sentiment du devoir !

Maintenant, dites, dites, malheureux, voyez-vous l'abîme effroyable que vous avez ouvert sous vos pieds, sous les miens ?

Raoul ne répondit pas. Il était terrifié. Un tremblement convulsif secouait ses membres et il restait le front courbé, n'osant plus lever les yeux sur sa sœur.

— Je n'ai plus rien à vous dire, reprit la jeune fille, et je ne puis, malheureusement, vous donner aucun conseil. Cependant, vous ferez bien de changer de vie ; je sais, depuis quelque temps, quelle est votre existence à Paris ; elle est déplorable et j'en suis honteuse. Vous ne faites rien, vous êtes un oisif, un inutile : vous gaspillez sottement les jours de votre jeunesse.

Raoul, repentez-vous, corrigez-vous, il en est temps encore, et devenez meilleur si vous voulez que, plus tard, ceux qui auront à vous juger soient indulgents pour vous !

Il releva lentement la tête. Les adjurations de sa sœur l'avaient vivement impressionné ; ses yeux étaient pleins de larmes.

— Pardon, ma sœur, pardon, dit-il d'une voix brisée ; oui, vous avez raison, je suis un indigne, un misérable ! Jusqu'à présent, je le reconnais, j'ai suivi une mauvaise voie ; mais vous le savez, Henriette, abandonné à moi-même, il n'y avait personne pour me crier : Prends garde ! Arrête-toi !... Henriette, je me repens... Pour notre bonne mère et pour vous, je changerai de conduite, je vous le promets, je vous le jure !

— Nous verrons, dit sèchement la jeune fille.

Et elle lui fit signe de se retirer.

Il sortit, la tête basse, en chancelant comme un homme ivre.

Henriette se laissa tomber sur un siége et se mit à pleurer à chaudes larmes.

XVI

LA MÈRE ET LA FILLE

La sœur exerçait-elle réellement une influence salutaire sur le frère ? Henriette avait lieu de le croire, car il s'était opéré chez Raoul un changement subit. Il ne quittait pas sa mère, près de laquelle il se montrait respectueux, attentif, prévenant, affectueux.

La baronne était ravie.

— C'est la guerre, pensait-elle, qui a agi ainsi sur le caractère léger de mon fils; Raoul a été touché au cœur par les malheurs immérités de la France. L'étourdi, le fou d'autrefois s'est amendé ; il est maintenant sérieux, réfléchi, plus digne. Allons, l'espoir me revient : Raoul ne marchera pas sur les traces de son père.

Et l'excellente mère, à qui il fallait si peu pour beaucoup de joie, ajoutait :

— En vérité, je ne comprends pas Henriette ; pourquoi, quand son frère nous revient complètement changé sous tous les rapports, se montre-t-elle avec lui si réservée, si froide ? Ils sont contraints, gênés, quand ils sont en face l'un de l'autre. Evidemment, c'est la faute d'Henriette, qui a presque repoussé son frère quand il est arrivé. Qu'a-t-elle donc? Ah! elle aussi est bien changée depuis quelques mois. Elle n'a plus cette gaieté charmante qui égayait le silence de notre solitude ; elle est souvent triste, songeuse; son sourire est forcé ; on dirait qu'il y a en elle une souffrance secrète qu'elle s'étudie à me cacher.

Et la baronne, qui n'avait plus autre chose à désirer au monde que le bonheur de ses deux enfants, devenait pensive.

Raoul paraissait bien un peu triste, mais il n'avait point cet air ennuyé qu'il apportait au château à chacune de ses précédentes visites. Il était à Vaucourt depuis quatre jours et il n'avait pas encore manifesté l'intention de faire une promenade au dehors.

Ce fut sa mère qui, après le déjeuner, lui conseilla de monter à cheval pour aller faire une visite à M. et Mlle de Violaine. Tous deux seraient certainement enchantés de le voir.

— M. de Violaine, chère mère, m'a toujours témoigné de l'amitié, répondit Raoul, j'irai chez lui avec plaisir. Du reste, je désire lui parler de moi.

— De toi ?

— Oui, chère mère, et lui demander en même temps un service.

— Ah!

— M. de Violaine a de grandes relations.

— Plusieurs amis intimes parmi les députés les plus influents.

— Il faut que je fasse quelque chose, ma mère ; je prierai M. de Violaine de m'aider à me trouver une position en rapport avec mes aptitudes.

— Bien, Raoul, bien, dit Mme de Simaise en embrassant le jeune homme avec émotion. Va, mon ami, continua-t-elle, va causer avec M. de Violaine de tes projets d'avenir.

Raoul partit. Mme de Simaise rejoignit sa fille, qui était restée seule dans le salon. Henriette était rêveuse. La baronne s'assit en face de sa fille et l'enveloppa de son regard plein de tendresse.

— Henriette, demanda au bout d'un instant Mme de Simaise, comment trouves-tu ton frère ?

— Mieux pour vous, chère mère.

— N'est-il pas affectueux pour toi aussi, Henriette ?

— Si, ma mère.

— Raoul n'est plus du tout le même : aussi je n'ai pas besoin de te dire toute la joie que j'en éprouve : je sens se dissiper toutes mes inquiétudes à son sujet et je commence à être rassurée sur son avenir. Il a pris une résolution dont je suis ravie : il a honte de son oisiveté ; il veut travailler, se rendre utile. C'est bien, cela, c'est très-bien. C'est le désœuvrement qui perd la plupart des jeunes gens. Raoul, occupé, n'aura plus de mauvaises fréquentations, ne fera plus de folies. Il n'est pas méchant, je le constate avec bonheur ; il n'était que léger. Il a subi les entraînements de la jeunesse ; ce sont les conseils sages et une bonne direction qui lui ont manqué. Aujourd'hui, il s'aperçoit qu'il marchait sur une route dangereuse, semée de périls, et il retourne en arrière. Enfin, Henriette, si je suis contente de Raoul, tu dois être, toi aussi, satisfaite de ton frère.

— Certainement, chère mère.

— Cependant, tu es pour lui d'une froideur... Tu lui parles à peine et je m'aperçois qu'il est gêné avec toi ; il n'ose pas t'adresser la parole et il y a dans ton regard quelque chose qui semble paralyser les élans de tendresse de ton frère. On dirait que tu lui gardes rancune ; voyons, dis, est-ce qu'il t'a fait quelque chose ?

— Rien, ma mère.

— Alors, Henriette, permets-moi de te dire que je ne comprends rien à ta manière d'agir envers Raoul ; lui-même, le pauvre garçon, ne sait que penser, et cela le rend inquiet, triste... Je veux bien qu'il soit devenu plus réfléchi, plus grave ; mais l'on peut être sérieux sans perdre entièrement sa gaieté.

Des larmes, qu'elle ne put retenir, jaillirent des yeux de la jeune fille.

— Encore des larmes ! s'écria Mme de Simaise. Henriette, ma fille, mon enfant chérie ! Qu'as-tu, mais qu'as-tu donc ?

Les larmes de la jeune fille coulèrent plus abondamment.

— Ah ! j'en suis sûre maintenant, continua la mère d'un ton douloureux, tu me caches quelque chose, et cela depuis longtemps. Il y a en toi une douleur, une souffrance secrète...

Elle s'approcha vivement d'Henriette, l'entoura de ses bras et poursuivit d'une voix câline :

— Est-ce que tu n'aimes plus ta mère, dis ? Si tu l'aimes toujours, pourquoi n'as-tu plus de confiance en elle ? Il n'y a pas encore bien longtemps de cela, tu me disais tous tes petits secrets, la fille n'avait rien de caché pour sa mère... Henriette, ma bien-aimée, dis-moi la cause de tes larmes afin que je puisse les essuyer comme autrefois, tu sais, quand tu étais toute petite !... Tu souffres, je le vois, je le sens... Parle, mon enfant, parle ; je t'en conjure, fais-moi connaître le motif de ton chagrin. A qui donc confieras-tu ta peine, si ce n'est à ta bonne mère ? N'est-ce donc pas dans mon cœur seulement que tu peux verser tes douleurs ?

La jeune fille se laissa glisser sur ses genoux, joignit les mains et, d'une voix faible, presque craintive :

— Ma mère chérie, dit-elle, je désire vous quitter.

Mme de Simaise se redressa, frappée de stupeur.

— Me quitter ! exclama-t-elle, tu veux me quitter !

— Il le faut.

— Henriette, où donc veux-tu aller ?

— Au couvent.

La mère tressaillit et devint affreusement pâle.

— Au couvent ! s'écria-t-elle éperdue, au couvent, toi, Henriette de Simaise !

— Oui, ma mère. J'ai beaucoup réfléchi depuis quelque temps et j'ai senti que je devais me faire religieuse. Je vous en prie, ma bonne mère, ma mère chérie, permettez-moi de partir, laissez-moi consacrer ma vie à Dieu.

La baronne resta un instant immobile, sans voix, les bras ballants. Elle était atterrée.

— Ma mère, ma bonne mère, je vous en prie ! ajouta la jeune fille d'une voix défaillante.

— Henriette, Henriette ! s'écria la baronne de Simaise, vous n'aimez plus votre mère !

— Oh ! ma mère ! ma mère ! gémit la jeune fille.

Un sanglot lui coupa la voix.

— Mais quelle chose affreuse, épouvantable s'est donc passée ici ! reprit la baronne avec une sorte de fureur ; quel horrible démon s'est donc introduit dans ma maison ! Ma fille veut m'abandonner, ma fille n'aime plus sa mère !

Elle resta un instant silencieuse, haletante, les yeux hagards fixés sur sa fille, toujours agenouillée.

— Henriette, Henriette ! reprit-elle avec véhémence, tu me dois une explication ; il faut que ta mère connaisse la raison qui te fait prendre une pareille détermination.

— Au nom de Dieu, ma mère, ne m'interrogez pas ! s'écria la jeune fille.

Elle se cacha la figure dans ses mains.

Mᵐᵉ de Simaise, bouleversée, sentit un frisson courir dans tous ses membres.

— Malheureuse enfant! exclama-t-elle ; mais tu ne vois donc pas qu'en refusant de répondre tu me permets de supposer les choses les plus épouvantables?

Henriette poussa un gémissement.

Par un mouvement brusque, fiévreux, sa mère lui écarta les mains et l'obligea à relever la tête.

— Allons, dit-elle, regarde-moi en face, bien en face, tes yeux dans les miens.

— Oh! maman, maman, fit Henriette avec un accent douloureux, douterais-tu de ta fille !

— Non, non, répondit vivement Mᵐᵉ de Simaise ; comme autrefois je lis dans tes yeux, et ton regard reflète toujours la pureté de ton âme! Mais pourquoi ne veux-tu pas répondre à ta mère?

Henriette resta silencieuse.

— Et tu crois, reprit la baronne, que je vais consentir à me séparer de toi?

— Maman, répliqua la jeune fille, pour ma tranquillité, mon bonheur, cette séparation, si cruelle qu'elle soit, est nécessaire.

— Pour sa tranquillité, pour son bonheur, murmura Mᵐᵉ de Simaise.

— Oui, ma mère.

— Ah! ingrate, ingrate !

— Mais vous savez bien que je vous aime !

— Tu parles de ton bonheur, et le mien, Henriette, le mien! Ah! ma fille, ma fille, vous avez une singulière manière d'aimer votre mère!... Mais non, mais non, c'est impossible ce que tu veux faire, c'est de l'exaltation, un accès de fanatisme d'enfant malade !

— Ma mère chérie, écoutez-moi : à vous, qui m'avez tant aimée, je ne veux point mentir : ce n'est pas par vocation que je veux entrer dans la vie religieuse ; mais j'ai besoin de prier, de m'exiler du monde. Croyez-moi, ma mère, je ne puis être heureuse, je ne puis vivre qu'en me consacrant à Dieu, en me donnant tout entière aux pratiques de la religion.

— Et c'est là seulement que tu vois ton devoir ! Après avoir été la plus malheureuse des épouses, tu veux que je sois la plus malheureuse des mères ! Pour toi, j'ai fait sans faiblesse tous les sacrifices, et voilà ma récompense !... Ma vie était brisée, devant ton berceau j'ai puisé la force de l'abnégation et du dévouement ; n'ayant plus rien à espérer pour moi, j'espérai pour toi ; j'avais à remplir une tâche nouvelle : travailler à l'œuvre de ton bonheur. Tu sais comment je t'ai élevée, tu sais si je t'ai donné toute la tendresse que peut contenir le cœur d'une mère... Et à côté de tant de plaies saignantes faites à mon cœur, c'est toi, ma fille, l'enfant de mon âme, ma dernière espérance, c'est toi qui ouvres, dans mon cœur déchiré, une nouvelle plaie plus terrible encore que toutes les autres !... Ton frère ne m'appartient pas, tu le sais bien ; je n'ai que toi, que toi... Et tu veux m'abandonner ! Ah ! autant vaudrait me dire : Je n'ai plus besoin de toi ; va, pauvre femme, tu peux mourir !

— Oh ! fit la jeune fille en se courbant jusqu'à terre.

— Ah ! continua Mme de Simaise d'une voix oppressée, je croyais trouver plus de reconnaissance dans le cœur de mon enfant ! C'est mal, ce que vous voulez faire, Henriette, oui, c'est bien mal !

Et la pauvre mère éclata en sanglots.

Henriette se traîna sur ses genoux jusqu'à la baronne,

lui prit les mains et les couvrit de larmes et de baisers.

Après un moment de douloureux silence, Mme de Simaise reprit d'une voix lente et grave :

— Henriette, que te manque-t-il donc ici ? Que peux-tu avoir à désirer ?

— Mais rien, ma mère chérie, rien !

— Henriette, presque toujours, quand une jeune fille de notre monde, belle comme toi, se retire dans un cloître, c'est qu'elle a l'âme désespérée.

La jeune fille tressaillit.

— Henriette, poursuivit la baronne, souvent aussi quand une jeune fille belle et tendrement aimée de sa mère comme tu l'es, songe à s'enfermer entre les murs sombres d'un cloître, c'est qu'il y a dans son cœur une blessure inguérissable, un amour malheureux, sans espoir !

— Ma mère ! exclama la jeune fille.

— Si tu aimes, Henriette, pourquoi ne le dirais-tu pas à ta mère ? Quand je pense à ton bonheur, à ton avenir, est-ce que tu crois que je ne te vois pas la jeune femme radieuse et aimée d'un bon et loyal jeune homme, à qui tu auras donné ton cœur ? Est-ce que je ne te vois pas, mère à ton tour, penchée, les yeux irradiés, ravie, sur le berceau d'un enfant rose endormi ? Henriette, mon enfant, si tu aimes, dis-le moi. Mais je suis prête à lui ouvrir mes bras, à celui que tu aimeras !... Il est pauvre, peut-être, d'une famille obscure... Eh, qu'importe ! Ce n'est pas dans les salons dorés qu'on rencontre les hommes les meilleurs ; on peut en trouver de bons sous le toit d'une chaumière !... Henriette, je ne suis pas de ces femmes qui considèrent la pauvreté comme un vice ; tu as le droit de choisir ton fiancé ; la moitié de ce que je possède t'appartient.

— Je n'aime pas, ma mère, je n'aime pas ! s'écria la jeune fille d'une voix désespérée.

— Ah ! ton accent donne un démenti à tes paroles.

— Je ne veux pas aimer, ma mère, je ne veux pas aimer ! Le cloître, le cloître !

La malheureuse enfant se tordait convulsivement les bras.

A ce moment, on frappa à la porte du salon.

Henriette se releva vivement.

La baronne passa rapidement son mouchoir sur sa figure et alla ouvrir elle-même la porte, donnant ainsi à sa fille le temps de se remettre.

— Madame la baronne, dit le domestique, c'est un monsieur, un étranger, qui demande à parler à madame la baronne.

— Mais...

— Il s'agit, m'a-t-il dit, d'une affaire très-importante.

— Ce monsieur a-t-il dit son nom ?

— Il se nomme M. Lagarde.

— Ce nom m'est tout à fait inconnu.

— Chère mère, dit Henriette, je vous laisse recevoir cette personne ; je monte dans ma chambre.

La mère jeta sur sa fille un regard brûlant de tendresse et lui dit :

— Va, mon enfant ; ce soir ou demain matin nous causerons encore.

Henriette sortit.

— Faites entrer M. Lagarde, dit la baronne au domestique.

XVII

L'AMI DES MALHEUREUX

Derrière le visiteur, qu'il venait d'introduire dans le salon, le domestique referma la porte.

M. Lagarde était très-élégamment vêtu et tenait son chapeau à la main. Il s'inclina respectueusement devant la baronne, puis ils restèrent un instant immobiles, silencieux en face l'un de l'autre, se regardant.

Il y avait dans le regard du visiteur un mélange de curiosité et de compassion ; celui de Mme de Simaise était étonné et révélait une vague inquiétude.

La belle figure sympathique de l'étranger et son grand air de distinction rassurèrent un peu la baronne, tout en augmentant encore son étonnement.

— Veuillez vous asseoir, monsieur, dit-elle, montrant un fauteuil au visiteur, et en s'asseyant elle-même.

M. Lagarde posa son chapeau sur le guéridon et prit place dans le fauteuil.

— Je vous écoute, monsieur, reprit la baronne ; vous

venez me trouver au sujet d'une affaire très-importante, m'a-t-on dit?

— D'une importance capitale, madame la baronne, vous en serez convaincue quand je vous aurai dit de quoi il s'agit.

— Est-ce que cette affaire intéresse quelqu'un des miens? demanda la baronne dont la voix trembla légèrement.

— Vous et les vôtres, madame, plus ou moins directement.

— Parlez donc, monsieur, je suis prête à vous entendre.

— Je comprends votre impatience, madame la baronne, cependant, avant de vous faire connaître le but de ma visite, avant de vous dire ce que je réclame de vous, j'ai besoin de certains renseignements que vous seule pouvez me donner. Si vous le voulez bien, madame la baronne, nous ferons ensemble une excursion dans votre vie privée.

Mme de Simaise fit un bond sur son siége et le rouge monta à son front.

— En vérité, monsieur, s'écria-t-elle avec calme et dignité, je me demande si j'ai bien entendu !

— Oui, madame la baronne, vous avez bien entendu; mais, je vous en prie, ne soyez ni offensée, ni effrayée; j'aurai tout à l'heure quelques explications à vous donner ; avant, je désire savoir si vous pourrez me comprendre.

— Tout cela est fort bien, monsieur ; mais vous vous arrogez un droit que je ne puis vous reconnaître ; vous vous présentez chez moi un peu trop comme un juge d'instruction, me menaçant d'un interrogatoire. Enfin, monsieur, je n'ai pas l'honneur de vous connaître.

— Il est vrai que madame la baronne de Simaise me

voit aujourd'hui pour la première fois ; le serviteur qui m'a annoncé a dû dire mon nom, je me nomme Lagarde.

— J'ai beau chercher dans mes plus anciens souvenirs, monsieur, votre nom m'est inconnu.

— Si j'avais besoin de références, madame la baronne, je pourrais invoquer le nom du vieux capitaine Jacques Vaillant, de Mareille, qui me connaît, et celui de son filleul, Jacques Grandin, lieutenant de hussards, qui est mon ami.

— Jacques Vaillant et Jacques Grandin sont estimés entre tous, monsieur, dit Mme de Simaise.

— Maintenant, fit M. Lagarde en souriant, madame la baronne me permet-elle de jouer mon rôle de juge d'instruction ?

— Quoi, monsieur, vous avez la prétention !

— De connaître au moins un de vos secrets ? Oui, madame la baronne.

— Mais qui êtes-vous donc, monsieur, pour oser me parler ainsi ?

M. Lagarde se dressa debout.

— Madame, répondit-il d'une voix lente et grave, je suis l'ennemi des méchants, des infâmes ! je suis l'ami des bons, le protecteur, le défenseur des malheureux, et le vengeur des victimes !

La baronne tressaillit et devint affreusement pâle.

— Interrogez-moi, monsieur, je répondrai, dit-elle d'une voix défaillante.

— Merci, dit M. Lagarde en se rasseyant. Vous avez compris, madame la baronne, que, étant vous-même une femme malheureuse, je suis nécessairement votre ami, et il faut bien que cela soit, puisque vous me voyez ici, devant vous.

Ce n'est pas l'histoire de votre vie, le récit de vos souffrances imméritées, que je vais exiger de vous ; cela, madame la baronne, je le connais. Je sais quelles blessures profondes ont été faites à votre dignité, à votre honneur par un époux indigne.

La baronne baissa la tête. M. Lagarde continua :

— Le baron de Simaise n'a respecté en vous ni l'épouse, ni la mère ; il vous a abreuvée de toutes les amertumes ; par lui vous avez connu tous les chagrins, toutes les douleurs. Vous êtes malheureuse parmi les plus malheureuses, madame, et, croyez-le, je vous plains sincèrement, de tout mon cœur. Je sais comment vous avez été noblement élevée, ici même, à Vaucourt, par des parents qui vous adoraient ; je sais comment, devenue orpheline, vous avez épousé le baron de Simaise, un peu pressée, peut-être, par la volonté d'un tuteur peu clairvoyant, pour ne pas dire aveugle.

Votre jeunesse, votre beauté, votre esprit et toutes vos autres qualités n'ont été pour votre mari que ce que sont des jouets dans les mains d'un enfant capricieux et volontaire. Vite fatigué, à la sollicitude, aux petits soins, aux adulations, aux semblants d'affection sincère des premiers jours ont succédé la froideur, l'indifférence, le dédain, et monsieur le baron est retourné à ses anciennes habitudes et s'est livré plus que jamais à de honteux excès.

Bref, votre situation étant devenue intolérable, vous avez quitté votre mari, avec son consentement, sans doute, — et toujours jeune et belle, renonçant entièrement au monde, vous êtes venue vous réfugier à Vaucourt avec l'un de vos deux enfants, votre fille Henriette.

Depuis, — il y a de cela plus de dix-sept ans, — vous n'avez pas revu M. de Simaise, vous n'êtes pas allée une seule fois à Paris où, cependant, il vous reste encore quelques amis, qui ne vous ont pas oubliée.

Je sais également quelle est votre existence depuis que vous êtes revenue à Vaucourt ; il suffit d'interroger le premier paysan qu'on rencontre pour savoir le bien que vous faites autour de vous. Venir en aide aux malheureux est de tradition dans votre famille. Votre charité est inépuisable comme votre bonté. Henriette de Simaise est la digne fille de sa mère : elle marche sur vos traces. Vous êtes les deux fées bienfaitrices de la contrée.

Comme vous le voyez, madame la baronne, je suis assez bien instruit.

— C'est vrai, monsieur, aussi n'ai-je plus rien à vous apprendre.

— Peut-être, madame la baronne : je me permettrai tout à l'heure de vous poser une question délicate ; mais, auparavant, si vous le voulez bien, nous parlerons de M. Raoul de Simaise.

— De mon fils ? Qu'avez-vous donc à me dire de lui, monsieur ?

— Vous le voyez rarement et il n'a point pour vous le respect, l'affection et la tendresse qu'il vous doit...

— Mais, monsieur, fit Mme de Simaise essayant de protester.

— Vous voulez le défendre, c'est le droit respectable d'une mère ; mais si indulgente que soit une mère pour les défauts de ses enfants, si ingénieuse qu'elle soit à se les cacher à elle-même, vous ne vous êtes pas fait illusion au sujet de Raoul de Simaise. De ce côté-là aussi vous souffrez. Il est impossible, d'ailleurs, que vous ignoriez complétement ce que votre fils fait à Paris.

— Je sais, en effet, monsieur, répondit la baronne avec des larmes dans les yeux, que la conduite de Raoul, dans ces dernières années, n'a pas été exempte de reproches. Sans doute, le sachant mal entouré, mal conseillé, je me suis inquiétée, alarmée et j'ai souffert; mais, comme vous le dites, monsieur, une mère est indulgente, elle ne se hâte point de désespérer. Aussi ai-je toujours conservé l'espoir que Raoul changerait, qu'il reviendrait à des sentiments meilleurs.

Eh bien, monsieur, je ne m'étais pas trompée, j'ai eu raison d'espérer : aujourd'hui, Raoul n'est plus ce qu'il était il y a un an encore, un changement radical s'est opéré en lui.

— Ah !

— Il est ici depuis quatre jours, et c'est avec bonheur que j'ai remarqué qu'il n'est plus le même. Une mère ne se trompe pas, ne peut pas se tromper, monsieur, quand son cœur affirme l'exactitude de son jugement. Ah! si mon fils n'a pas toujours été aussi respectueux et affectionné que je l'aurais voulu, la vive tendresse qu'il me témoigne maintenant m'a déjà fait oublier les inquiétudes qu'il m'a données, les larmes que j'ai versées pour lui.

Son existence passée lui fait horreur et il a honte de son oisiveté; il veut travailler, se rendre utile, devenir un homme, enfin. Tenez, en ce moment, il est à Haréville, chez un de nos vieux amis, M. de Violaine. Il lui fait part de ses projets, et, comme M. de Violaine a beaucoup d'amis, de nombreuses relations, il le prie de l'aider à lui trouver une position convenable, surtout en vue de l'avenir.

— J'apprends cela avec plaisir, madame la baronne, j'en suis heureux pour vous et votre fils.

— Oui, je suis rassurée maintenant au sujet de Raoul; mais, hélas! le bonheur est pour moi le fruit défendu; il faut que je subisse successivement les plus cruelles épreuves; une nouvelle douleur m'est réservée!

— Que voulez-vous dire?

— Quand vous êtes entré ici, vous avez peut-être remarqué mon agitation et sur mon visage des traces de larmes mal essuyées. Je venais d'avoir avec ma fille une conversation pénible et j'étais, et je suis encore, sous le coup d'une émotion terrible.

— Causée par Mlle de Simaise?

— Oui, monsieur.

— Puis-je savoir?

— A vous, monsieur, qui connaissez si bien tout ce qui me concerne, je sens que je ne dois rien cacher; n'ai-je pas pris, d'ailleurs, l'engagement de répondre à vos questions? Et puis, ce que je refuserais de vous dire aujourd'hui, vous l'apprendriez dans quelques jours. Eh bien, monsieur, tout à l'heure, quand vous vous êtes fait annoncer, Henriette venait de me déclarer qu'elle avait l'intention de me quitter pour se retirer dans un cloître.

— Oh! oh! fit M. Lagarde.

— Oui, continua la baronne, laissant couler ses larmes, Henriette veut abandonner sa mère pour aller ensevelir sa jeunesse entre les sombres murailles d'une maison religieuse!

Elle poussa un gémissement et laissa tomber sa tête dans ses mains.

— Pauvre femme! pauvre mère! murmura M. Lagarde.

Après un moment de silence, il reprit:

— Mlle de Simaise a-t-elle fait connaître à sa mère le motif de sa grave détermination?

— Non, monsieur, non; elle n'a point voulu répondre à mes questions; mais, à certaines paroles qui lui sont échappées, j'ai deviné.

— Vous avez deviné?

— Que ma fille aime, que son amour est sans espoir, qu'elle en est honteuse, peut-être même épouvantée!...

Voilà pourquoi, j'en suis convaincue, la malheureuse enfant veut renoncer au monde, à l'avenir, à tout!

— Vous avez bien deviné, madame la baronne; mais je me hâte de vous rassurer: Mlle Henriette de Simaise n'ira pas s'enfermer dans un cloître : elle renoncera à son projet, c'est moi qui vous le promets. Soupçonnez-vous quel est le jeune homme qui a su se faire aimer de Mlle de Simaise?

— Non, monsieur.

— En cherchant bien vous trouveriez certainement ; mais je ne veux point vous donner cette peine. Celui qui est aimé de votre fille aime ardemment aussi Mlle Henriette de Simaise; malheureusement il ne se trouve point, quant à présent, dans des conditions ordinaires. Ce jeune homme, madame la baronne, vous le connaissez, vous l'avez vu.

— Je le connais?

— Oui. Il se nomme Jean Loup!

— Jean Loup! exclama Mme de Simaise en faisant un soubresaut sur son siége. Ah! mon Dieu! mon Dieu! je comprends enfin!... Ma pauvre fille, ma pauvre enfant! Quel malheur épouvantable! C'est horrible!...

— Calmez-vous, madame la baronne, et permettez-moi de vous dire que vous exagérez beaucoup le mal.

— Jean Loup, Jean Loup! répliqua Mme de Simaise en proie à une agitation fébrile; Jean Loup, un sauvage, un misérable, un être dégradé... Mais, monsieur, le bonheur de ma fille est à jamais détruit ; c'est épouvantable, vous dis-je... Ah! la malheureuse, la malheureuse enfant!

— Laissez-moi vous dire une fois encore, madame la baronne, que les choses ne m'apparaissent point sous des couleurs aussi sombres que vous les voyez. Attendez avant de juger. Sans doute, Jean Loup est un sauvage, un être déshérité, et au premier abord on se révolte contre cette idée qu'une jeune fille bien élevée, charmante et distinguée comme Mlle de Simaise, puisse aimer un pareil homme. Mais ce sauvage se civilisera, et ni vous ni moi, madame la baronne, ne pouvons dire aujourd'hui ce qu'il y a sous sa rude enveloppe. Donc, je vous le répète, avant de juger l'homme et les choses, attendez. Ce que vous considérez en ce moment comme un effroyable malheur peut se transformer pour vous, bientôt peut-être, en une chose heureuse.

Mme de Simaise secoua tristement la tête.

— Tenez, poursuivit M. Lagarde, le moment est venu de vous faire connaître le but de ma visite. Il s'agit de Jean Loup.

La baronne eut un mouvement de surprise.

— Ne soyez pas étonnée, continua M. Lagarde ; vous ne tarderez pas à savoir pourquoi je m'intéresse à ce malheureux. Vous savez, — je vous l'ai dit, — que je suis l'ami des malheureux. Je suis le protecteur et le défenseur de Jean Loup malheureux, et en même temps son vengeur, car il est une victime!

Jean Loup a été arrêté et emprisonné, bien qu'il soit innocent du crime dont on l'accuse.

Nouveau mouvement de la baronne.

— Oui, madame, innocent, reprit M. Lagarde, en appuyant sur les mots, et cela sera prouvé le moment venu. Je poursuis : Protecteur, défenseur et vengeur de Jean Loup, j'ai résolu de le rendre à la société, non pas tel qu'il était, tel qu'il est encore aujourd'hui, mais transformé. Je veux que le sauvage disparaisse, je veux enfin, dans un espace de temps aussi court que possible, faire l'éducation complète de Jean Loup afin qu'il puisse paraître dans le monde avec le nom que j'ai à lui donner, un nom qui lui appartient!

— C'est une œuvre méritoire que vous voulez accomplir, monsieur.

— Je le crois, madame la baronne ; mais il y a des difficultés sérieuses à surmonter. La première, la plus grande, est de vaincre la sauvagerie de Jean Loup, d'avoir raison de sa volonté afin de le rendre soumis et docile. J'ai cherché le moyen d'obtenir cela, madame la baronne, je l'ai cherché et je l'ai trouvé. Pour m'aider dans mon œuvre, pour que je réussisse sûrement, j'ai compté, je compte sur la collaboration de deux personnes : la première est madame la baronne de Simaise.

— Moi, monsieur?

— Oui, madame, vous et mademoiselle votre fille.

— Je ne comprends pas bien, monsieur ; que pouvons-nous faire, ma fille et moi, pour vous aider?

— Oh! rien de bien difficile, madame la baronne ; vous et Mlle de Simaise quitterez le château de Vaucourt et irez habiter à Épinal dans une maison que j'ai louée et fait meubler et où, depuis hier, Jean Loup est déjà installé.

— Quoi, monsieur! s'écria la baronne stupéfiée, vous avez pu espérer un instant que ma fille et moi...

— Je vous arrête, madame, pour vous empêcher de prononcer des paroles que vous pourriez regretter. Non seulement j'ai espéré que madame la baronne de Simaise ne me refuserait pas son précieux concours ; mais, vous connaissant, madame, je suis sûr de votre consentement.

— Oh! fit la baronne, regardant son terrible interlocuteur avec effarement.

XVIII

LE SECRET DE LA BARONNE

Après un court silence M. Lagarde reprit :

— Je vous en prie, madame, restez calme et surtout ne vous effrayez point. Ai-je donc besoin de vous répéter que je suis votre ami ? Assurément, ce que je viens vous demander, exiger de vous, vous paraît étrange, inouï ; c'est audacieux, j'en conviens ; mais je n'ai pas le choix des moyens. Du reste, après le mal qu'on a fait à Jean Loup, on lui doit bien quelque chose en réparation.

— Monsieur, répliqua vivement la baronne, vos paroles semblent m'accuser.

— Non, madame, non. Eh ! mon Dieu, de quoi pourriez-vous être coupable ?... La présence de Mlle Henriette près de Jean Loup est absolument nécessaire ; vous devez le comprendre facilement, sachant que Jean Loup l'aime. Privé du concours de Mlle Henriette, des années s'écouleraient avant que j'arrive au but, et encore y arriverais-je ?... Grâce à elle, toutes les difficultés seront aplanies et nous obtiendrons des résultats rapides ; ce qui aurait demandé une année de peine sera obtenu en un mois, en quelques jours seulement, peut-être.

Mlle de Simaise dominera Jean Loup, lui imposera sa volonté et il lui obéira comme un enfant docile obéit à sa mère. C'est tout ce qui résiste en lui qu'il faut dompter, c'est sa nature, enfin, qu'il faut changer avant de commencer son éducation, avant d'entreprendre de l'instruire. Oh! la tâche sera rude, je le reconnais; mais l'amour a déjà accompli bien des miracles ; je veux lui demander un nouveau prodige!

Mme de Simaise était complétement ahurie.

— Votre proposition est insensée, monsieur! s'écria-t-elle, jamais ma fille et moi...

— Je vous interromps encore, riposta M. Lagarde, pour la même raison que je vous ai donnée tout à l'heure... Remarquez que je ne vous ai pas adressé cette question : Acceptez-vous ? Cette question, mais je ne vous la ferai point, madame la baronne, car tout à l'heure, de votre propre mouvement vous me direz : « Ma fille et moi nous sommes à votre disposition, je suis prête à faire tout ce que vous voudrez. »

— En vérité, monsieur, je ne sais que penser! balbutia Mme de Simaise.

— Je vous en prie, madame, soyez patiente et écoutez-moi : La maison que j'ai louée à Epinal, ayant derrière un assez vaste jardin, est très-confortable ; vous y serez bien et vous vous y plairez, je vous assure. Les appartements qui vous sont destinés ont été décorés et meublés à votre intention et comme il convient. Ils sont d'ailleurs complétement indépendants du logement de Jean Loup ; Jean Loup occupe une aile du bâtiment, qui n'a aucune communication avec le corps principal de l'habitation.

Vous aurez, cela va sans dire, des domestiques pour

vous servir : une cuisinière, un valet de chambre, une femme de chambre, — celle que vous avez ici, s'il vous est agréable de l'emmener avec vous, — et enfin un cocher, car il y a deux chevaux dans l'écurie et deux voitures sous la remise.

Vous pourrez, si cela vous convient, garder l'incognito pendant le temps que votre séjour dans la ville sera reconnu nécessaire. Cela vous sera d'autant plus facile que deux ou trois personnes seulement à Epinal seront dans le secret. Ainsi, en prenant un nom bourgeois, n'importe lequel, celui que vous choisirez, vous et Mlle Henriette serez parfaitement à l'abri de certaines curiosités malveillantes.

Vous serez la maîtresse absolue dans la maison ; le personnel n'obéira qu'à vos ordres et à ceux de Mlle Henriette. Vous aurez la haute main, aussi bien sur le précepteur de Jean Loup et les autres professeurs appelés à lui donner des leçons, que sur les domestiques. Nous examinerons dans quelques jours, quand vous serez installées à Epinal, quels devront être vos rapports et ceux de Mlle de Simaise avec Jean Loup. Forcément, ils seront fréquents, puisque les heureux résultats que nous obtiendrons sûrement seront dus à l'influence de Mlle Henriette.

— Réellement, pensait Mme de Simaise, on croirait entendre parler un aliéné.

Vous voyez, monsieur, dit-elle, que je vous écoute patiemment et aussi avec beaucoup de complaisance.

— C'est vrai, madame la baronne, et je vous en remercie.

— Assurément, monsieur, votre plan est très-bien imaginé, seulement...

— Je sais ce que vous allez dire, madame, interrompit vivement M. Lagarde ; je vous coupe encore une fois la parole, parce que je ne dois pas vous laisser formuler une seule objection.

— Pourtant, monsieur, j'ai bien le droit...

— Vous avez tous les droits, madame la baronne, excepté celui de refuser ce que je vous demande.

— Oh !

— Vous trouvez mon plan bien imaginé ; j'en suis heureux ; il me reste, maintenant, à vous le faire approuver complétement.

— Mme de Simaise eut un imperceptible sourire.

— Madame la baronne, continua M. Lagarde, quand vous vous êtes séparée de votre mari, la surprise de vos amis a été très-grande, car rien ne leur avait fait prévoir votre brusque résolution. Outragée ouvertement par M. de Simaise, qui ne craignait pas de faire parade de sa conduite honteuse, vous étiez très-malheureuse ; mais la situation était la même depuis au moins trois ans, et, dans l'intérêt de vos enfants, vous vous étiez résignée. Il y a donc lieu de supposer que ce n'est pas seulement la conduite scandaleuse de M. de Simaise qui a motivé votre retraite. Quant à moi, madame, je suis convaincu que vous avez fait quelque découverte terrible, dont la conséquence a été la séparation immédiate.

Mme de Simaise devint de nouveau très-pâle et regarda l'étranger avec terreur.

— Eh bien, madame la baronne, voulez-vous me dire quelle chose horrible vous avez découverte ?

— Monsieur... monsieur... balbutia-t-elle.

— Oh ! je sais quel combat doit se livrer en vous en ce moment et quelle répugnance vous devez avoir à me répondre ; mais il est important, il est de toute nécessité que je sois instruit des choses que vous savez.

Mais, tenez, je veux bien vous aider, et pour vous

mettre un peu plus à votre aise, je commence par vous dire que je connais tous les crimes du baron de Simaise.

La jeune femme se dressa éperdue, folle de terreur.

— Mais encore une fois, monsieur, qui êtes-vous donc? s'écria-t-elle.

— Je vous l'ai dit, madame, je suis votre ami, parce que vous êtes malheureuse, je suis le vengeur des victimes! Ah! croyez-le, madame, croyez-le bien, si vous et votre fille n'aviez pas trouvé grâce devant moi, il y a plus d'un an que l'infâme baron de Simaise serait au bagne!

La pauvre femme poussa un gémissement et retomba lourdement sur son siége.

— Allez, madame, vous pouvez parler, reprit M. Lagarde, je suis sûr que vous ne savez pas tout; mais ce que vous ignorez encore, je vous l'apprendrai, moi. Avez-vous entendu parler d'un crime, qui a été commis à Blaincourt dans des circonstances très-mystérieuses, à l'époque même où vous êtes venue vous réfugier à Vaucourt?

— Oui, monsieur, oui, répondit la baronne.

Et cachant sa figure dans ses mains, elle se mit à sangloter.

Après un silence, M. Lagarde reprit:

— Les auteurs de ce crime sont restés inconnus, de même que la victime; n'avez-vous pas soupçonné qui pouvait avoir armé les mains des scélérats qui ont échappé aux recherches de la justice?

— C'est horrible, horrible! gémit la baronne.

— La victime se nommait Charles Chevry.

— Oui, monsieur, Charles Chevry; ah! je n'ai pas oublié son nom. Le malheureux!... Sans le vouloir, c'est moi, hélas! qui l'ai livré à ses assassins!

— Ah ! Et comment cela ?

— Il faut donc que je parle, monsieur ?

— Il le faut absolument.

— Un jour, un homme bien mis et jeune encore se présenta à l'hôtel de Simaise, demandant à parler à mon mari. Sur la réponse qui lui fut faite que M. de Simaise était absent, il témoigna le désir de me voir. Je le reçus. Il m'apprit qu'il se nommait Charles Chevry, qu'il arrivait des Indes avec sa femme et qu'il était à Paris depuis quelques jours seulement.

— « Ma femme et moi, me dit-il, nous devons notre bonheur, notre position, tout ce que nous possédons à M. le marquis et à Mme la marquise de Chamarande. »

Je crus d'abord qu'il s'agissait de la mère de mon mari, laquelle avait épousé en premières noces le marquis de Chamarande. Mais le visiteur ne me laissa pas longtemps dans mon erreur. Je fus donc étrangement étonnée en apprenant que le marquis de Chamarande, frère aîné de mon mari, mort en mer quelques années auparavant, s'était marié à Batavia.

Comme M. de Simaise, en me parlant de son frère, ne m'avait jamais dit qu'il se fût marié, je témoignai un doute à cet égard. Aussitôt M. Charles Chevry plaça sous mes yeux un contrat et un acte de mariage. Je restai confondue.

Alors M. Charles Chevry m'apprit que l'année même de sa mort, après avoir réalisé une partie de sa fortune, soit près de quatre millions, le marquis de Chamarande avait conduit sa jeune femme en France, où il avait résolu de se fixer définitivement.

— « Depuis la mort de M. le marquis, continua Charles Chevry, nous avons écrit, ma femme et moi, plusieurs lettres à madame la marquise. Elles sont toutes restées sans réponse. Nous avons écrit aussi à M. le baron de

Simaise : il n'a pas répondu. Nous avons passé plusieurs années très inquiets au sujet de Mme la marquise et de son enfant, car dans la dernière lettre qu'elle nous a écrite, pendant que M. le marquis faisait la traversée dans laquelle il a péri, elle nous annonçait que, bientôt, elle serait mère. Enfin, nous trouvant assez riches avec quatre cent mille francs, nous avons cédé notre maison de commerce et nous nous sommes embarqués sur un bâtiment de la compagnie des Indes pour venir en France, afin de savoir ce qu'est devenue Mme la marquise de Chamarande.

» Avant de me présenter chez M. le baron de Simaise, j'ai cru devoir faire prendre quelques renseignements. Ces renseignements ne m'ont pas appris grand'chose. On n'a jamais entendu parler de la marquise de Chamarande, amenée en France par son mari et confiée par lui à son frère. Mais il paraît que la situation de fortune de M. le baron a subitement changé, et cela immédiatement après la mort de M. le marquis.

» Que conclure de cela ? Je ne vous cache pas, madame, que je soupçonne le baron de Simaise d'avoir fait disparaître sa belle-sœur afin de s'emparer de sa fortune. Dans tous les cas, il y a là un mystère, une chose ténébreuse que je veux éclaircir. Peut-être aurais-je déjà dû m'adresser aux tribunaux ; je serai probablement forcé de le faire. Mais en souvenir de M. le marquis de Chamarande, mon bienfaiteur, je crois devoir, avant de saisir la justice, demander des explications à M. le baron de Simaise. »

Autant que je puis me rappeler, monsieur, c'est ainsi que me parla le malheureux Charles Chevry. Je l'avais écouté avec une émotion, un saisissement faciles à comprendre. Pendant assez longtemps, je fus incapable de lui répondre : la voix me manquait, j'étouffais... J'étais terrifiée, écrasée ! Hélas ! je ne pouvais me faire aucune illusion ; il m'était prouvé d'une façon éclatante que le baron de Simaise était un misérable !

Je remerciai Charles Chevry de la confiance qu'il m'avait témoignée, et, après lui avoir vivement recommandé d'éviter un scandale public en s'adressant à la justice, je l'engageai à continuer secrètement ses recherches et je lui promis que, de mon côté, je mettrais tout en œuvre pour l'aider à savoir ce qu'était devenue la marquise de Chamarande.

Il se retira en me laissant son adresse et en me donnant l'assurance qu'il ne ferait aucune démarche pouvant nuire au baron de Simaise, sans m'avoir d'abord consultée. Hélas ! je ne devais plus le revoir !

Quand mon mari rentra, je l'interpellai avec violence, lui montrant toute mon indignation ; je lui dis de quel crime monstrueux Charles Chevry l'accusait et je le sommai de me dire ce qu'il avait fait de sa belle-sœur.

Sous mon regard je le vis pâlir, perdre contenance, chanceler ; il était haletant, de grosses gouttes de sueur perlaient sur son front.

Si, alors, j'eusse encore conservé un doute, son attitude seule m'aurait confirmée qu'il était coupable.

Mais il se remit promptement et il me répondit d'un ton léger, presque ironique, et avec une audace qui me révolta et remplit mon cœur de dégoût.

— « En effet, me dit-il, mon frère a amené en France une créole qu'il avait ramassée je ne sais où ; mais cette créature était sa maîtresse et non sa femme. »

Un sombre éclair sillonna le regard de M. Lagarde.

— L'infâme ! murmura-t-il.

— « Cette créole, monsieur, répliquai-je avec emportement, dont vous parlez avec tant de dédain, et que vous semblez vouloir assimiler à une fille perdue, était marquise de Chamarande ; j'ai tenu dans mes mains l'extrait de son acte de mariage ! »

Il resta un instant interloqué, puis il répondit :

— « Vous m'apprenez, madame, qu'une noire machination est dirigée contre moi par des misérables ; je vois ce que me veulent ces gens-là, c'est une affaire de chantage ; mais ils se trompent s'ils me prennent pour un imbécile capable de tomber dans leurs filets. Ce fameux acte de mariage qu'on vous a fait voir est faux : c'est une pièce fabriquée par des coquins, qui espèrent me soutirer quelques billets de mille francs, en me menaçant d'un scandale. Certes, ce n'est pas la première fois que des fripons se servent de ce moyen pour remplir leurs poches. »

Je compris que tout ce que je pourrais dire encore serait inutile.

— « Enfin, m'écriai-je, votre frère a amené en France une femme ! Marquise de Chamarande ou non, qu'est-elle devenue ? Je veux le savoir !

— » Est-ce que je le sais, me répondit-il en haussant les épaules. Votre question est étrange : croyez-vous que je me suis donné la peine de me renseigner sur les faits et gestes de cette femme ? Immédiatement après la mort de mon frère, elle a quitté l'endroit où elle demeurait, et, depuis, je n'en ai plus entendu parler. »

Sur ces mots, il me quitta, ayant la certitude qu'il n'avait pas réussi à me convaincre.

Je ne vous dirai pas dans quel état je me trouvais ; j'étais comme folle. Je voyais le nom de Simaise et celui de Vaucourt traînés dans la boue, mon mari jugé, condamné, flétri... C'était, pour mes enfants, le déshonneur, leur tranquillité, leur avenir à jamais perdus !

J'avais fait une promesse à Charles Chevry ; mais comment l'aider dans ses recherches ? Quel moyen employer pour savoir ce qu'était devenue la malheureuse marquise de Chamarande? Je le cherchais vainement. Tout à coup il se fit une clarté dans mon cerveau.

Je me souvins d'un homme qui était venu voir mon mari plusieurs fois. Cet homme, dont je n'ai jamais su le nom, petit et fort laid, au regard sournois, au teint bilieux, avait la ruse et l'hypocrisie peintes sur le visage. Le baron et lui s'enfermaient mystérieusement et causaient longuement.

Un jour qu'ils étaient ensemble, j'entrai par hasard dans une petite pièce contiguë au cabinet de M. de Simaise, où je ne mettais jamais les pieds. Quelques paroles arrivèrent à mon oreille. Poussée par une curiosité invincible, je m'approchai de la porte et j'écoutai. Malheureusement cette porte, bien fermée, était encore masquée à l'intérieur par une épaisse tapisserie, qui arrêtait le son de la voix. Je ne pus entendre que quelques mots de la conversation.

Ce sont ces mots, auxquels je n'avais attaché alors aucune importance, qui venaient de me frapper d'une clarté subite, en surgissant de ma mémoire. Voici ces mots: « L'enfant vivra, toujours folle, folie incurable, vieux château, pays perdu dans les Vosges, Blaincourt. »

C'était peu, et cela me disait tout.

La marquise de Chamarande était mère; mais elle avait perdu la raison; elle et son enfant étaient enfermés, séquestrés dans le vieux château de Blaincourt.

C'était un précieux renseignement à donner à Charles Chevry.

Je m'empressai de lui écrire et je remis ma lettre à un domestique, sur la fidélité duquel je croyais pouvoir compter, avec ordre de la porter immédiatement à son adresse.

Hélas ! j'ignorais que, déjà, le baron de Simaise avait pris ses précautions pour surprendre la correspondance qui pourait s'établir entre Charles Chevry et moi.

Le misérable valet porta ma lettre, mais après que son maître l'eut ouverte et en eut pris connaissance.

M. de Simaise a nié le fait effrontément. Mais s'il n'avait pas décacheté et lu ma lettre, comment deux bandits seraient-ils allés attendre le malheureux Chevry sur la route de Blaincourt ?

Six jours après, je lus dans un journal de Paris, qui l'empruntait à une gazette du département des Vosges, le récit épouvantable du crime de Blaincourt.

La mesure était comble. Mais j'étais mère. Ah ! si je n'avais pas eu mes enfants !... Il ne m'était pas possible de dénoncer mon mari, de le livrer à la justice, je ne pouvais que le fuir avec horreur.

La scène qui eut lieu entre nous fut terrible. Que lui ai-je dit ? Je ne me le rappelle plus. Mais j'ai dû lui reprocher son ignominie avec une extrême violence, car, à un moment, il leva sa main sur moi ; cependant, il n'osa point me frapper.

Après lui avoir jeté à la face le mépris, l'horreur et le dégoût qu'il m'inspirait, je lui déclarai que tout était fini entre nous, que je ne le connaissais plus, que j'allais immédiatement me retirer à Vaucourt avec mes enfants.

— « Soit, me dit-il en contenant sa fureur, mais en grinçant des dents, j'accepte cette séparation, je vous rends votre liberté entière ; seulement je ne vous abandonne pas nos deux enfants ; prenez votre fille, je le veux bien ; moi, je garde mon fils. »

Je m'emportai de nouveau. Je ne voulais pas laisser Raoul à un père indigne.

Il m'interrompit brutalement.

— « Je garde mon fils, et c'est à cette condition seulement que je vous laisse libre ! »

Je le menaçai.

Il eut un éclat de rire strident, qui glaça mon sang dans mes veines.

— « Eh bien, me dit-il avec un calme féroce, dénoncez-moi si vous l'osez ! Au fait, ajouta-t-il avec une ironie qui me perçait le cœur comme la pointe d'un poignard, c'est le seul moyen que vous ayez d'être la maîtresse du sort de vos deux enfants. »

Je savais le baron de Simaise capable de tout; j'eus peur, j'étais désarmée, vaincue. Je me résignai. Oh ! ce fut un douloureux sacrifice !

Dans la nuit, je remplis plusieurs malles des objets qui m'appartenaient, et le lendemain matin, à la première heure, sans avoir prévenu personne, sans avoir dit adieu à la comtesse de Maurienne, ma meilleure amie, je quittai Paris, serrant ma fille dans mes bras et la couvrant de baisers et de larmes.

Il y a de cela bien des années, monsieur, mais la plaie de mon cœur n'est pas fermée, elle est toujours saignante.

XIX

LE DERNIER MARQUIS DE CHAMARANDE

Mme de Simaise avait achevé son récit.

M. Lagarde paraissait absorbé dans ses pensées.

La baronne pleurait silencieusement. Les souvenirs faisaient revivre en elle toutes ses douleurs. Elle regardait l'étranger, cet homme mystérieux, à qui rien ne semblait caché, avec une sorte de respect craintif.

— Oui, dit M. Lagarde en relevant la tête, vous avez horriblement souffert. Vous aussi, madame, vous êtes une victime. Vous savez sans doute comment est morte, dans l'unique auberge de Blaincourt, la femme de Charles Chevry ?

— Hélas ! oui, monsieur. Je suis allée voir plusieurs fois la pauvre petite orpheline chez sa nourrice, sans me faire connaître. On avait donné à l'enfant le nom de Rose. Elle était bien chétive, la chère mignonne ; mais elle ne demandait qu'à vivre ; du reste, je constatai avec joie que les meilleurs soins ne lui manquaient point.

Voulant réparer le mal autant que cela m'était possible, j'avais l'intention de me charger de l'orpheline, de la faire instruire et enfin de lui faire une donation afin d'assurer son avenir. Je fis à ce sujet plusieurs démarches qui furent malheureusement inutiles.

D'abord, on m'avait dit à Blaincourt que je ne pouvais obtenir ce que je demandais. Déjà on s'était occupé de l'avenir de la petite Rose, et ce qui serait fait pour elle était décidé.

Je fis prendre des informations à Epinal ; ce qui m'avait été dit à Blaincourt me fut confirmé. Je compris alors que c'était l'administration elle-même qui se chargeait de l'avenir de l'orpheline. Elle fut reprise à sa nourrice, et depuis, malgré les recherches que j'ai faites, je n'ai pu savoir où elle a été placée.

— Le secret a été bien gardé.

— Trop bien, monsieur ; j'aurais été si heureuse de pouvoir faire quelque chose pour cette malheureuse enfant !

— Avez-vous cherché à savoir si la marquise de Chamarande avait été réellement emprisonnée au château de Blaincourt ?

— Oui, monsieur, et j'ai pu me convaincre qu'on ne savait absolument rien à Blaincourt. Ah ! ils avaient bien pris leurs précautions, allez, les misérables dont le baron de Simaise s'est servi pour commettre cette infamie ! Il eût fallu pénétrer de force dans le vieux château, y faire une perquisition ; un magistrat seul avait ce droit, au nom de la loi. Malheureusement, j'étais forcée d'agir avec prudence et une extrême réserve ; je ne pouvais point m'adresser à la justice.

— Oui, je comprends. De sorte, madame la baronne, que vous ignorez absolument ce que sont devenus la marquise et son enfant !

— Hélas !

— Eh bien, madame la baronne, je vais à mon tour vous dire ce que je sais des choses que vous ignorez.

Le jour où le cadavre de Charles Chevry fut trouvé au bord de la rivière, le jour où sa femme mourait après avoir mis au monde l'enfant que vous avez vu chez sa nourrice, cette petite fille qu'on appelait Rose et aussi l'enfant du malheur, un brave homme que vous connaissez, madame, se trouvait de passage à Blaincourt.

— Un homme que je connais ?

— Oui. Cet homme, touché du malheur de l'orpheline, demanda qu'elle lui fût confiée, déclarant que, sa femme et lui étant sans enfant, ils l'adopteraient aussitôt que le délai exigé par la loi serait expiré.

— Alors, monsieur ?

— L'orpheline fut confiée à cet honnête et excellent homme, qui l'a adoptée et lui a donné son nom.

— Et vous dites que je le connais, monsieur ?

— Parfaitement. Devenue grande, jolie, gracieuse, instruite, charmante sous tous les rapports, vous avez eu plus d'une fois l'occasion de voir la fille de Charles Chevry et de Zélima, ainsi se nommait la femme de l'homme lâchement assassiné à Blaincourt.

— Oh ! mon Dieu, est-ce possible ?

— Le père adoptif de l'orpheline se nomme Jacques Vaillant.

— Jacques Vaillant ! exclama la baronne. Ainsi, monsieur, Jeanne ?...

— S'appelait Rose chez sa nourrice.

La baronne poussa un sourd gémissement et baissa la tête.

— Et elle est morte, morte !... murmura-t-elle.

— Non, madame, non, Jeanne n'est pas morte, dit M. Lagarde.

Mme de Simaise eut un haut-le-corps.

— Que dites-vous, monsieur ? s'écria-t-elle.

— Jeanne n'est pas morte, madame.

La jeune femme leva ses yeux vers le ciel, en joignant les mains.

— Oui, continua M. Lagarde, Jeanne existe ; mais la malheureuse enfant a perdu la raison.

— Oh ! mon Dieu, mon Dieu !

— C'est pour cela que je n'ai point dit encore à Jacques Vaillant et à Jacques Grandin que Jeanne a été sauvée au moment où le courant rapide de la rivière l'entraînait. J'espère toujours qu'on la guérira ; alors seulement je rendrai à Jacques Vaillant sa fille et à Jacques Grandin sa fiancée. J'ai confié Jeanne à un savant médecin aliéniste ; si la raison ne lui est pas rendue c'est que Dieu ne le voudra point.

Je n'ai dit qu'à vous, madame la baronne, que Jeanne existe, et je vous prie de vouloir bien garder ce secret. Vous comprenez, n'est-ce pas, à quel sentiment j'obéis en laissant pendant quelque temps encore le père et le fiancé dans leur erreur ?

Jeanne a été sauvée, non pas miraculeusement, mais par une cause toute providentielle. Voici, d'ailleurs, ce qui s'est passé : Je me trouvais dans le pays, j'y étais venu pour vous, madame la baronne.

— Pour moi ?

— Oui. Je voulais savoir comment vous et votre fille viviez à Vaucourt, quelle réputation vous aviez dans la contrée, de quelle façon vous étiez considérée par les paysans. Après avoir pris mes renseignements, c'est-à-dire quand on m'eût parlé partout de votre bonté, de votre bienfaisance, de vos rares vertus, je résolus de rentrer vite à Paris, car je pressentais les malheurs et les désastres de la France. Avant le lever du soleil, j'étais entre Mareille et Blignycourt, sur la route qui longe le Frou. Je n'avais avec moi qu'un seul domestique, un homme dévoué en qui j'ai une entière confiance. Il conduisait la voiture et nous marchions rapidement. Arrivés à la côte de Blignycourt, le cheval dut forcément ralentir le pas. A ce moment, mon domestique me fit remarquer un mouvement singulier qui se faisait dans la rivière. Je mis la tête à la portière et je reconnus bientôt qu'il y avait là un homme, lequel, luttant contre le courant, faisait des efforts surhumains pour s'approcher de la rive et saisir une branche ou une racine.

M. Lagarde raconta à la baronne comment lui et Landry avaient porté secours à Jean Loup et sauvé Jeanne.

— Oh! oui, dit Mme de Simaise, c'est bien la divine Providence qui veillait sur la pauvre enfant! Mais folle, folle!... Ah! Dieu qui a voulu qu'elle fût sauvée, Dieu ramènera son regard vers elle!

— J'attends et j'espère, madame.

— Elle guérira, monsieur, elle guérira!

— Vous prierez pour elle, madame la baronne, et votre prière sera bien accueillie au ciel.

Je vais vous parler maintenant de la marquise de Chamarande et de son fils, car c'est un enfant du sexe masculin qu'elle a mis au monde au château de Blaincourt, où elle a été réellement séquestrée pendant plus de cinq ans.

Ici encore, madame la baronne, il s'agit d'une pauvre folle.

— Quoi, monsieur, la marquise était folle!

— Je dois le croire, d'après les renseignements que j'ai pu recueillir.

— Que de malheurs, mon Dieu!

— J'ignore quelle a été l'existence de la marquise pendant les quelques mois qui ont précédé son arrivée à Blaincourt, et par conséquent ce qu'elle a souffert et comment elle a été traitée par le baron de Simaise à qui le marquis, obligé de retourner aux Indes, l'avait confiée. Toutes les recherches que j'ai faites à ce sujet ont été sans résultat. J'ignore également comment la marquise a perdu la raison. Je veux croire encore, jusqu'à preuve du contraire, que sa raison s'est éteinte subitement par suite du choc terrible qu'elle a reçu en apprenant la mort du marquis.

C'est alors, sans doute, que le baron de Simaise songea à s'emparer de la fortune de son frère, fortune qui appartenait à sa veuve et à l'enfant qu'elle allait mettre au monde. Pour commettre ce crime, un autre crime plus monstrueux encore était nécessaire. Rien n'arrêta le baron. La malheureuse marquise, qui parlait à peine le français, qui ne connaissait personne en France, que nul ne pouvait défendre et protéger, fut enfermée au château de Blaincourt, sous la surveillance d'une femme et d'un misérable appelé Grappier, lequel avait pour mission principale de défendre l'entrée du vieux château, comme un de ces effroyables dragons dont parle la fable. Ce sinistre coquin n'existe plus aujourd'hui; c'est grâce à une sorte de confession qu'il a faite avant de mourir, que j'ai pu obtenir des renseignements dont vous connaîtrez tout à l'heure l'importance.

Lorsque Charles Chevry fut attiré dans un guet-apens, comme vous le savez, et précipité dans la rivière, la malheureuse marquise était encore au château de Blaincourt. Elle y avait été amenée par un inconnu qui, selon toutes les apparences, était l'instrument du baron de Simaise. Peut-être, cet homme, dont ses complices eux-mêmes ne connaissaient pas le nom, était-il le même personnage que vous avez vu rendant au baron de mystérieuses visites.

Quelques jours après le meurtre de Charles Chevry, cet individu, que j'espère retrouver un jour, malgré tout le soin qu'il met à se cacher, arriva nuitamment au château de Blaincourt. Il venait chercher la marquise pour la conduire dans un autre endroit. Mes renseignements au sujet de la malheureuse femme s'arrêtent là.

Du moment qu'on ne s'était pas débarrassé d'elle par le poison, le poignard ou par tout autre moyen, je ne puis admettre qu'on l'ait enlevée du château de Blaincourt pour l'assassiner. Je suppose donc que le baron de Simaise et ses complices, craignant que la justice, dans ses recherches au sujet du meurtre de Charles Chevry, ne songeât à voir ce qui se passait au château de Blaincourt, ont cru devoir, par mesure de précaution, transférer la marquise dans une autre prison.

Depuis cela, bien des années se sont écoulées. La malheureuse marquise séquestrée, manquant de soins, d'air et d'espace, a-t-elle pu vivre jusqu'à ce jour ? Et si elle n'est pas morte, où est-elle ?

Ces deux points d'interrogation se dressent devant moi. Je suis en face de l'inconnu. Mais je veux savoir, je saurai.

L'enfant, le fils du marquis et de la marquise de Chamarande, était resté au château sous la garde de Grappier. On avait sans doute trouvé le moyen de le bien cacher, si l'on était menacé d'une descente de justice.

Le pauvre petit vécut, grâce à sa constitution robuste. Mais comment fut-il élevé ! Presque tout de suite après sa naissance, il fut séparé de sa mère. Il eut pour nourrice une chèvre : cet animal eut toute son affection d'enfant, car son gardien, une véritable bête fauve, lui inspirait une terreur profonde. Obéissant aux ordres qui lui étaient donnés, Grappier ne parlait jamais à l'enfant; il lui jetait sa nourriture comme à un chien. Quand il fut assez fort pour suivre la chèvre, qui vivait dans le parc en toute liberté, il ne la quitta presque plus. Ils dormaient la nuit l'un près de l'autre, au pied d'un arbre, sur un lit de mousse ou de gazon. La chèvre donnait son lait à son nourrisson, et quand cette nourriture était insuffisante, l'enfant calmait sa faim en mangeant les fruits qu'il trouvait sous les arbres. Des semaines, des mois, souvent, se passaient sans que son gardien l'aperçût. Naturellement, et peu à peu, l'enfant devenait sauvage.

C'est ainsi qu'il grandit. Grâce à la liberté entière qu'on lui laissait, pouvant obéir à ses instincts, se livrer à tous les exercices du corps, ses forces physiques se développèrent d'une façon merveilleuse.

Il arriva à l'âge de huit ou neuf ans. Alors, comme il devenait difficile à garder, comme il était dangereux de le laisser courir dans le parc, attendu qu'il pouvait à un moment donné franchir les murs et prendre la fuite, on résolut de se débarrasser de lui.

Le personnage inconnu reparut au château de Blaincourt. L'enfant fut saisi, garrotté, bâillonné et jeté dans une voiture, qui roula une partie de la nuit. Enfin, on s'arrêta au milieu d'une forêt, et là le pauvre enfant fut livré, vendu pour la somme de mille francs à des saltimbanques.

— Oh ! oh ! fit Mme de Simaise.

— Oui, madame, continua M. Lagarde, voilà ce qui fut fait. Les saltimbanques se hâtèrent de quitter le pays, — cette condition leur avait été imposée, — pour aller exercer leur profession dans les départements du midi de la France. Leur nouveau pensionnaire fut, paraît-il, enfermé dans une cage de fer et présenté au public, sur les champs de foire, comme un jeune sauvage pris chez les cannibales d'une île de l'archipel polynésien.

Les saltimbanques parcoururent ainsi toute la France, exhibant partout leur sauvage, et ne cessant de se féliciter de l'excellente acquisition qu'ils avaient faite, car leur pensionnaire attirait la foule et leur faisait gagner beaucoup d'argent. Ils reparurent dans les départements de l'Est au bout de quelques années. L'enfant était devenu un homme ; en dépit de tout il avait grandi et conservé sa santé. On le vit à Metz, à Nancy, à Épinal, à Remiremont, à Vesoul, à Gray, à Langres, à Dijon, à Strasbourg, à Mulhouse, enfin dans toutes les principales villes de la région.

Un jour, cependant, le sauvage parvint à s'échapper. Il faut croire qu'il ne lui plaisait plus d'être donné en spectacle. Craignant de retomber entre les mains de ses maîtres, pour lesquels il n'avait probablement pas une bien grande affection, il se réfugia dans les bois.

— Alors, monsieur, alors ? interrogea Mme de Simaise palpitante d'émotion.

— Alors, madame, ayant reconquis sa liberté, il vécut complètement à l'état sauvage, fuyant les hommes dont il avait peur, cherchant pour s'y cacher les plus épais fourrés, mangeant des limaçons, des racines, des œufs trouvés dans des nids d'oiseaux, des noisettes, des faînes, des cornouilles, des mûres, des sorbes et jusqu'à des glands.

Après avoir, pendant dix-huit mois ou deux ans, mené une existence nomade, il fixa définitivement sa demeure au milieu des roches de la forêt de Mareille.

— Grand Dieu ! exclama la baronne, en se dressant d'un seul mouvement, pâle comme une morte et les yeux démesurément ouverts.

— Les gens du pays lui donnèrent le nom de Jean Loup.

Mme de Simaise tomba à genoux, les mains jointes.

— Jean Loup ! Jean Loup ! murmura-t-elle.

— Jean Loup, madame, est le dernier marquis de Chamarande !

Mme de Simaise laissa échapper un gémissement et se releva.

— Monsieur, dit-elle d'une voix ferme, quel jour ma fille et moi devons-nous être à Epiral ?

XX

LE CONSENTEMENT

M. Lagarde arrêta sur la jeune femme son regard doux et affectueux.

— Madame la baronne, dit-il, j'attendais votre réponse, et avec d'autant plus de tranquillité, que je la connaissais d'avance. N'ai-je pas eu raison tout à l'heure de vous interrompre? Vous le voyez, je n'ai pas même eu besoin de vous dire : Acceptez-vous?

— Ce que vous me demandez, monsieur, je dois le faire.

— Sans doute, c'est un sacrifice...

— Monsieur, interrompit vivement la baronne, il n'y a pas de sacrifice dans l'accomplissement d'un devoir.

— Bien, madame, bien.

— Je suis à votre disposition, monsieur, et prête à vous obéir. Au jour et à l'heure que vous indiquerez, ma fille et moi nous serons à Epinal.

— Merci. Je veux vous laisser le temps de prévenir

vos amis, de donner vos ordres, de régler enfin vos affaires d'intérieur.

— La journée de demain me suffira.

— Prenez deux jours, madame la baronne. C'est aujourd'hui mercredi ; samedi, à deux heures de l'après-midi, je vous attendrai à Epinal.

— J'y serai.

— Ne craignez-vous pas de trouver Mlle de Simaise peu disposée à vous accompagner ?

— Non, monsieur. Comme moi, ma fille fera son devoir.

Le regard scrutateur de M. Lagarde interrogea l'expression de la physionomie de la jeune femme.

— Madame la baronne, dit-il, pour décider Mlle de Simaise à vous accompagner, vous avez pris une bien grave résolution.

— Vous lisez dans ma pensée, monsieur ?

— Oui.

— N'est-ce donc pas ce que je dois faire ?

— Non, madame. Ah ! c'est là qu'il y aurait un véritable et douloureux sacrifice ! Certainement, il ne serait pas au-dessus de vos forces décuplées par le sentiment de justice et de réparation : mais je ne l'exige point de vous, au contraire. Gardez, madame, gardez ce terrible secret de famille. Le révéler à Mlle de Simaise pourrait avoir de funestes conséquences. Les illusions, filles de l'espérance, chères à tout âge, sont les gardiennes de la sérénité de la jeunesse ; gardons-nous de toucher à celles de Mlle de Simaise.

La baronne baissa tristement la tête.

Elle sentait la justesse des paroles de M. Lagarde, et comprenait qu'elle était allée trop loin dans son héroïsme.

— Eh bien, madame, reprit M. Lagarde, trouvez-vous un autre moyen ?

— Je cherche, monsieur... Mais que lui dire?...

— La chose est, en effet, très-délicate.

— Oui, et très-difficile pour moi, qui sais qu'elle l'aime.

— Je crois pouvoir vous tirer d'embarras.

— Comment?

— En obtenant moi-même, si vous le voulez, le consentement de Mlle Henriette.

— Faites donc, monsieur, faites.

— Alors, madame, veuillez faire dire à Mlle de Simaise de venir ici.

— Est-il nécessaire que j'assiste à votre conversation?

— Nullement; il est même préférable que Mlle Henriette et moi nous soyons seuls.

La baronne sonna. Un domestique parut.

— Ma fille doit être dans sa chambre, dit Mme de Simaise, veuillez aller lui dire que je la prie de descendre immédiatement au salon.

Un instant après la porte du salon s'ouvrit et la jeune fille entra pâle, les traits fatigués, les yeux rougis par les larmes. Elle parut surprise de ne pas trouver sa mère seule; mais elle s'avança lentement et salua l'étranger par un gracieux mouvement de tête.

— Elle est charmante, se disait M. Lagarde, et son doux regard reflète la pureté de son âme.

— Henriette, dit Mme de Simaise, je te présente M. Lagarde, un vieil ami de ma famille.

La jeune fille s'inclina de nouveau.

— M. Lagarde, continua la baronne, désire causer un instant avec toi; il a quelque chose à te demander.

Henriette se tourna vers l'étranger, laissant voir son étonnement.

— C'est vrai, mademoiselle, dit M. Lagarde, j'espère obtenir de vous une très-grande faveur.

— M. Lagarde, ajouta Mme de Simaise, m'a déjà fait, à moi, la même demande.

— Et Mme la baronne, obéissant comme toujours aux bonnes inspirations de son cœur, a bien voulu l'accueillir.

— Henriette, reprit Mme de Simaise, je te laisse causer avec M. Lagarde.

La mère mit un baiser sur le front de sa fille et sortit du salon.

Henriette était toute tremblante, l'inquiétude se peignait sur son visage.

— Je vous en prie, mademoiselle, lui dit M. Lagarde, rassurez-vous ; vous êtes inquiète, vous tremblez, pourquoi ? Votre mère vous l'a dit, je suis son ami et je suis aussi le vôtre. Allons, soyez sans crainte, remettez-vous.

Ils s'assirent.

— Maintenant, reprit M. Lagarde, nous allons causer comme de bons amis. Êtes-vous disposée à m'écouter ?

— Oui, monsieur.

— Votre mère vient de m'apprendre une chose qui, je vous l'avoue franchement, m'a causé une surprise extrême : Mme de Simaise m'a dit que vous vouliez la quitter, renoncer au monde et vous retirer dans un cloître.

— C'est mon intention, monsieur.

— Permettez-moi de croire que vous n'avez pas suffisamment réfléchi. Ce n'est pas quand elle est riche et belle, quand elle a une mère qui l'adore, quand l'avenir radieux s'ouvre devant elle et qu'elle a toutes les espérances de la jeunesse, qu'une jeune fille se ferme les horizons lumineux, en se précipitant dans la nuit du tombeau. Certes, vous n'êtes pas une illuminée, et, heureusement, nous ne sommes plus au temps où le fanatisme religieux poussait à l'ascétisme. Sans doute, il y a toujours des fanatiques, et il le faut bien, puisque nous voyons encore des hommes et des femmes qui se vouent à la vie ascétique. Vous n'êtes pas de celles-là, vous. Allez, ce n'est point pour qu'ils soient prosternés devant lui, dans une adoration perpétuelle, que Dieu a créé l'homme et la femme : Dieu n'exige pas de nous des sacrifices contraires aux lois de la nature qu'il a faites lui-même; il ne nous demande pas de remplir une autre mission que celle qu'il nous a donnée dans la famille. Qu'on reconnaisse sa toute-puissance et qu'on obéisse à ses commandements, cela suffit; il ne demande pas davantage à la créature humaine.

Vous, mademoiselle, vous, enfermée dans un cloître! Est-ce que c'est possible? Je ne cherche pas à savoir ce qui a pu vous faire prendre cette singulière résolution; cela ne me regarde point. S'il y a un secret dans votre cœur, je veux le respecter. Je vous dirai seulement: A votre âge, les chagrins et les peines passent et les mauvais souvenirs s'effacent; à votre âge, enfin, mademoiselle, on n'a pas le droit de désespérer, et ce n'est pas être agréable à Dieu que de douter de son inépuisable bonté.

A vous, mademoiselle, qui avez été élevée chrétiennement, je dirai encore: Rien n'arrive en ce monde sans la permission de Dieu et ses desseins sont impénétrables.

Si j'ai été surpris en apprenant que vous voulez entrer dans un couvent, je vais vous étonner à mon tour en vous disant que j'ai promis à Mme la baronne de Simaise de vous faire renoncer à votre projet.

Henriette fit, en effet, un mouvement de vive surprise, puis elle secoua tristement la tête.

— En promettant cela à votre mère, continua M. Lagarde, j'ai pensé que je pouvais faire hardiment et en toute confiance appel à votre cœur reconnaissant.

La jeune fille regarda fixement M. Lagarde, cherchant à deviner sa pensée.

— Ecoutez-moi, mademoiselle, j'ai entrepris une œuvre à laquelle sont attachés des intérêts moraux d'un ordre très-élevé ; cette œuvre est difficile et j'ai acquis la certitude que je ne pouvais l'accomplir sans votre concours. Or, si vous vous enfermez dans un cloître, il ne vous est plus possible de m'aider, mon œuvre reste à l'état de projet, j'échoue misérablement. C'est assez vous dire, n'est-ce pas, qu'il faut absolument que je vous fasse changer d'idée ?

— Vous ne réussirez pas, monsieur, dit Henriette.

— Attendez, mademoiselle, attendez, vous ne savez pas encore de quoi il s'agit. Un jour, il y a de cela trois ans, je crois, un homme, un malheureux qu'on appelle Jean Loup, vous a sauvé la vie.

Une nouvelle tombée de neige se fit sur la figure de la jeune fille, qui s'agita avec malaise.

— Eh bien ! mademoiselle, poursuivit M. Lagarde, c'est au nom de celui qui vous a sauvée, c'est au nom du pauvre Jean Loup que je viens implorer votre pitié.

— Mais que puis-je donc faire, monsieur ?

— Me prouver, d'abord, que vous n'êtes pas ingrate, en ne refusant point de vous associer à l'œuvre que j'ai entreprise.

— Cette œuvre, monsieur ?

— Consiste à tirer le pauvre Jean Loup de l'état déplorable dans lequel il est tombé, à rendre à ce déshérité le rang auquel il a droit dans la société, enfin à réparer, envers ce malheureux, les injustices de la fortune.

— Ah ! monsieur, s'écria Henriette avec animation,

nul ne désire cela plus ardemment que moi! Mais comment puis-je vous aider, dites, comment?

— Je vais vous le dire. Grâce à des amis puissants, j'ai fait sortir Jean Loup de sa prison et j'ai obtenu qu'il me fût confié. Il est à Epinal dans une maison où seront appelés successivement, pour l'instruire, d'excellents professeurs. Malheureusement, enlevé trop brusquement à sa vie libre, il regrette les grands arbres de la forêt et les roches sombres au milieu desquelles il vivait.

Une personne, une jeune fille, qu'il semble avoir prise en grande affection, occupe constamment sa pensée.

La pâleur d'Henriette disparut sous une teinte de pourpre.

— Cette jeune fille, mademoiselle, c'est vous. Vous exercez sur le malheureux une influence extraordinaire. Quelle en est la cause mystérieuse? Je l'ignore. Mais le fait existe. Privé de sa liberté, éloigné de vous, qu'il n'espère plus revoir, le pauvre Jean Loup n'a plus ni force, ni courage, ni volonté. Dans ses longues heures de rêverie, écrasé, anéanti, absorbé en lui-même, c'est vers vous que s'élance sa pensée et tout bas il vous appelle.

Le seul nom d'Henriette suffit pour le tirer de sa noire mélancolie. Aussitôt que ce nom frappe son oreille, il se redresse, sa physionomie s'anime, son front s'éclaire, ses yeux brillent; il regarde autour de lui, ayant l'air de chercher; puis au bout d'un instant, ne vous voyant pas apparaître, de grosses larmes roulent dans ses yeux, il pousse un gémissement et retombe dans son effrayante insensibilité.

La jeune fille ne put s'empêcher de soupirer et deux larmes tombèrent sur ses joues.

— Eh bien, mademoiselle Henriette, continua M. Lagarde, n'aurez-vous pas pitié de ce malheureux? Ne voulez-vous donc rien faire pour celui qui vous a sauvé la vie? Ah ! si vous ne vous associez pas à mon œuvre, si vous me refusez votre concours, que je réclame, le pauvre Jean Loup est perdu !

Henriette se mit à sangloter.

— Qu'exigez-vous donc de moi ? s'écria-t-elle éperdue.

— Que vous éloigniez de vous d'abord la pensée d'entrer au couvent.

— Je vous le promets, monsieur.

— Bien. Maintenant, il faut que vous consentiez à faire pour Jean Loup ce que je vais vous demander.

— Dites, dites.

— Vous irez, votre mère et vous, demeurer à Epinal, près de Jean Loup.

— Près de lui !

— Sans doute, puisque sans cela vous ne pourriez exercer l'heureuse influence que vous avez sur lui. Mme la baronne de Simaise, qui a accepté ma proposition, sous la réserve de votre consentement, bien entendu, vous dira dans quelles conditions aura lieu votre installation.

— Ma mère a accepté cela, monsieur ?

— Oui, mademoiselle. Je n'ai plus que votre consentement à obtenir.

La jeune fille regarda autour d'elle avec effarement.

— Oh ! oh ! fit-elle, en voilant son visage de ses mains.

— Eh bien, mademoiselle ? interrogea M. Lagarde.

— Ah ! monsieur !

— Vous seule pouvez le sauver !

— Je ferai ce que ma mère voudra, répondit-elle d'une voix oppressée.

Et ses larmes, trop longtemps contenues, coulèrent en abondance.

M. Lagarde l'enveloppa de son regard plein de tendresse.

— Pauvre enfant ! murmura-t-il.

Il lui prit la main, la serra doucement et d'une voix douce et caressante :

— Vous êtes un ange, lui dit-il ; je sais ce que vous coûtera ce que vous allez faire ; mais vous en serez récompensée, je vous le promets !

Elle le regarda avec une sorte de terreur.

— Je suis votre ami, ajouta-t-il, le croyez-vous ?

— Oui.

— Eh bien, ayez confiance ; votre tranquillité ne sera point troublée, je veille sur votre bonheur et celui de votre mère. Vous possédez un secret terrible, qu'il reste à jamais enseveli au fond de votre pensée. Jean Loup, qui vous l'a révélé, reconnaissant de ce que vous aurez fait pour lui, Jean Loup le gardera.

— Quoi ! monsieur, vous savez ?...

— Qu'importe, puisque c'est comme si je ne savais rien. Je vous l'ai dit et je vous le répète : rien n'arrive en ce monde sans la permission de Dieu. Si Dieu vous a mise un jour en danger de mort, c'est qu'il a voulu que vous fussiez sauvée par Jean Loup. Déjà, croyez-le, vous étiez désignée pour la mission que vous allez remplir. Encore une fois, mademoiselle, ayez confiance, et attendez avec calme, le cœur plein d'espoir, ce que l'avenir inconnu vous réserve.

A ce moment on entendit le bruit des pas d'un cheval, trottant dans l'avenue du château.

M. Lagarde se leva.

— Au revoir, mademoiselle, et à bientôt, dit-il.

Il salua respectueusement la jeune fille et sortit du salon.

Il arriva sur la terrasse, où attendait la baronne, comme Raoul mettait pied à terre. Le jeune homme, ayant confié le cheval à un domestique, s'avança vers sa mère avec empressement. Ils échangèrent quelques paroles. Pour ne point les gêner, M. Lagarde voulut s'éloigner; mais la baronne l'aperçut et l'arrêta par ces mots:

— Mon fils, monsieur, que j'ai l'honneur de vous présenter.

M. Lagarde s'approcha, en rendant à Raoul son salut.

— Eh bien, monsieur? lui demanda tout bas Mme de Simaise.

— Elle consent, répondit-il. Allez, madame la baronne, allez lui témoigner votre satisfaction. Pendant ce temps, je me permettrai de donner quelques conseils à votre fils. Vous me retrouverez ici.

Mme de Simaise rentra.

M. Lagarde revint près du jeune homme et lui dit:

— Monsieur Raoul, bien que vous ayez été élevé loin de votre mère et qu'elle vous ait vu très-rarement, elle a pour vous une vive tendresse. Tout à l'heure elle me parlait de vous avec une émotion qui me montrait tout ce qu'il y a de noble, de fier et de grand dans son amour maternel; elle me disait combien elle était heureuse du changement qui s'est opéré en vous.

Vous avez pris, m'a-t-elle dit, la sage et courageuse résolution de rompre complètement avec le passé. Tous ceux qui vous connaissent, qui vous portent intérêt ou qui vous aiment, vous féliciteront. Courage donc! Il faut que vous fassiez oublier ce qui s'est passé l'année dernière, au mois d'août, dans la maison du vieux capitaine Jacques Vaillant.

Le jeune homme tressaillit et devint affreusement pâle.

M. Lagarde continua:

— Ceux qui seraient sans pitié pour Raoul de Simaise, viveur et débauché, se trouveront désarmés devant Raoul de Simaise, ayant reconnu ses erreurs, ses fautes, et faisant tout pour se les faire pardonner. N'importe à quel prix, monsieur, il vous faut racheter le passé... Encore une fois, courage; votre mère et votre sœur vous protègent.

Vous venez d'Haréville, vous avez vu M. de Violaine, vous l'avez consulté; ce vieil ami de votre mère a une grande expérience, êtes-vous satisfait des conseils qu'il vous a donnés?

— J'ai fait part à M. de Violaine d'un projet dont je n'avais pas cru devoir parler à ma mère, et il l'a approuvé.

— Ah! quel est ce projet?

— Je sens, monsieur, qu'il faut que je m'éloigne de Paris.

— Oui, c'est nécessaire.

— Et même que je quitte la France.

— Eh bien?

— Eh bien, monsieur, j'ai pris la résolution de m'engager dans un régiment d'Algérie, soit dans les spahis, soit dans les chasseurs d'Afrique,

— C'est bien! Quand mettrez-vous votre projet à exécution?

— Demain je dirai adieu à ma mère et à ma sœur, et après-demain je serai soldat.

— Vous êtes instruit et vous travaillerez encore; vous ferez certainement un chemin rapide dans la carrière des armes. Avant deux ans, si vous le voulez, vous serez officier. M. de Violaine a des amis haut placés, j'en ai aussi quelques-uns. Vous serez recommandé et on aura les yeux sur vous. Marchez, monsieur Raoul, marchez hardiment dans cette voie nouvelle. Faites votre devoir et on pensera à vous.

. . . .

Trois jours après, la baronne de Simaise, sous le nom de Mme Sandras, s'installait avec sa fille dans la maison louée par M. Lagarde à Epinal.

Le même jour, un train rapide emportait Raoul de Simaise, qui se rendait à Marseille où il allait s'embarquer pour l'Algérie.

XXI

CHAMARANDE

La maison de Chamarande compte parmi les plus nobles et les plus anciennes de France. Le sire de Joinville, historien de saint Louis, roi de France, parle dans ses chroniques d'un chevalier de Chamarande, qui se rendit illustre en Palestine et en Egypte, au temps des dernières croisades, par maints hauts faits d'armes et grandes prouesses.

« Je l'ai vu, dit le sénéchal de Champagne, je l'ai vu, avec forte vaillance, se jeter vingt fois dans la mêlée, repousser les Sarrasins et en faire grand carnage. »

Ce chevalier de Chamarande est-il un ancêtre des marquis de Chamarande dont nous allons raconter brièvement l'histoire? Nous ne pouvons l'affirmer. Quoi qu'il en soit, nous voyons un marquis de Chamarande très en faveur à la cour du roi Henri IV et, plus tard, sous Louis XIII, gouverneur de la Franche-Comté.

Originaire de la Haute-Bourgogne, la famille de Chamarande a été, sous nos rois, entièrement dévouée à la royauté. Sa fortune, qui était considérable, avait été la récompense de nombreux services rendus à la France.

En 1789, le marquis Pierre de Chamarande occupait une charge importante à la cour. Il était marié et père d'un fils unique auquel on avait donné le prénom de Louis.

Tout à coup, la révolution éclata comme un coup de tonnerre, menaçant la royauté chancelante. Bientôt, donnant une première preuve de sa force, le peuple fit tomber les murs de la Bastille. On ne savait pas encore jusqu'à quels excès se porterait la colère populaire ; mais déjà on pressentait les malheurs qui allaient fondre sur la France, frapper le roi et ceux qui lui étaient dévoués. En effet, la révolution ne tarda pas à prendre un aspect terrible. Les nobles, effrayés, songèrent à se mettre à l'abri du danger. L'émigration commença.

Peut-être plus dévoué encore à la royauté, depuis le triomphe des idées nouvelles, le marquis de Chamarande ne voulut point, comme tant d'autres, abandonner le roi ; il resta à son poste. Mais si son devoir lui ordonnait de ne point quitter Versailles, il sentit qu'il ne devait pas faire partager à sa femme et à son fils les dangers qu'il courait. Il obligea la marquise à se réfugier en Allemagne avec le jeune comte Louis de Chamarande.

Après l'arrestation de la famille royale à Varennes et son emprisonnement dans la tour du Temple, le marquis se retira dans son château de Chamarande. Alors il pouvait quitter la France et rejoindre la marquise qui s'était fixée dans une petite ville de Saxe. C'était, du reste, e conseil que lui donnaient beaucoup de gens. Mais, toujours fidèle à son roi, il ne voulait point partir tant que l'espoir de sauver la royauté existerait.

Les Vendéens et les Bretons commençaient à s'agiter.

Les princes, disait-on, allaient rentrer en France à la tête d'une puissante armée étrangère ; ils s'empareraient de Paris, et Louis XVI, délivré, ressaisirait le sceptre royal et remonterait sur son trône, vainqueur des hommes et des choses.

La vérité était que l'Europe entière, effrayée de ce qui se passait en France, déclarait la guerre à la révolution.

Le marquis de Chamarande, prêt à mettre son épée et sa fortune au service de ses maîtres, crut devoir attendre les événements.

L'espoir un instant caressé par les fidèles amis du roi et de la reine ne devait point se réaliser. La coalition fut repoussée par les soldats de la République, et le malheureux Louis XVI paya de sa tête les erreurs et les fautes des rois capétiens.

Le marquis de Chamarande fut dénoncé à la Convention comme ayant des relations avec les ennemis du gouvernement. Il fut arrêté, conduit à Paris et enfermé à la Conciergerie, dont on ne sortait guère que pour aller à l'échafaud.

En ce temps-là les tribunaux faisaient vite leur besogne. Trois jours seulement après son arrestation, le marquis comparaissait devant ses juges, était condamné à mort, et sa tête tombait sous le couteau de la guillotine.

Tous ses biens furent confisqués et vendus au profit de l'Etat, et la marquise et son fils furent portés sur la liste des émigrés.

En apprenant la mort de son mari, la douleur de madame de Chamarande fut immense : d'abord son âme fut en proie à un sombre découragement, et elle sentit en elle comme le dégoût de la vie. Mais son fils était là, lui défendant de mourir, pendant que le devoir lui ordonnait impérieusement de vivre. Elle se raidit contre sa faiblesse et se rendit forte contre sa douleur pour ne pas se laisser briser par elle.

Elle fit elle-même l'éducation du jeune Louis de Chamarande, et, grâce à l'argent qu'elle avait emporté et à ses diamants qu'elle vendit sans aucun regret, elle put ne rien négliger pour que son fils reçût une instruction solide. Toutefois, l'avenir étant très-incertain, elle vécut avec beaucoup d'ordre et d'économie, afin de ménager ses modestes ressources jusqu'au jour où le jeune marquis, devenu homme, pourrait se procurer des moyens d'existence par son travail.

Douze années s'écoulèrent. De graves événements s'étaient accomplis en France. Le général Bonaparte s'était emparé du pouvoir. Le calme succédait à l'affolement. Il n'y avait plus de proscription ; les émigrés, las de vivre sur la terre d'exil, rentraient en France.

La marquise de Chamarande avait déjà fixé le jour de son départ, lorsqu'elle tomba malade subitement. Le mal s'aggrava rapidement et, neuf jours après s'être alitée, elle mourut.

Le marquis pleura sa mère, qui l'avait tant aimé, puis, tristement, il se demanda :

— Que vais-je faire ?

Il examina sa situation et la trouva peu enviable. Il avait un beau nom ; mais qu'est-ce que c'est qu'un nom quand on n'a pas la fortune qui aide à le porter ?

Il avait trouvé une dizaine de mille francs dans la bourse maternelle. Dix mille francs ! C'était tout ce qui lui restait de l'immense fortune de ses ancêtres.

Cependant il fallait prendre une résolution. Après avoir longuement réfléchi, il se dit :

— Avant tout, je suis Français ; maintenant que j'ai

perdu ma pauvre mère, que je suis seul au monde, il importe peu que je fasse ceci ou cela. Les marquis de Chamarande ont toujours fidèlement servi la France et plusieurs d'entre eux ont versé leur sang pour la patrie; mon père lui-même avait dans l'armée le grade de capitaine. Je serai soldat comme mes ancêtres.

Oui, ajouta-t-il, s'affermissant dans sa résolution, voilà ce que je dois faire.

Huit jours après il était à Paris. Il n'y resta que le temps nécessaire pour s'engager. Il fut incorporé dans un régiment de ligne dont le dépôt était alors à Grenoble.

Nous ne le suivrons pas sur les champs de bataille de l'Europe. Son père avait été un fidèle serviteur de la royauté; il fut, lui, un fidèle serviteur de l'empire.

Nous le retrouvons, au retour des Bourbons, lieutenant-colonel et officier de la Légion d'honneur. Pendant les Cent jours il fut nommé colonel.

Sa conduite à Waterloo fut celle d'un héros : on le releva sur le champ de bataille grièvement blessé.

Cependant il guérit vite : en moins de deux mois il fut sur pied.

On sait comment le gouvernement de Louis XVIII traitait alors les officiers supérieurs qui s'étaient attachés à la fortune de Napoléon... Le colonel de l'empire put craindre un instant d'être mis en suspicion et rayé des cadres de l'armée. Il n'en fut rien. On n'avait probablement pas oublié que son père était mort sur l'échafaud révolutionnaire. Non seulement il fut maintenu dans son grade, mais quelques mois plus tard il était promu au grade de maréchal de camp.

Alors, s'il l'eût voulu, le marquis de Chamarande aurait pu prendre part à la curée sur laquelle se précipitaient les anciens émigrés et refaire facilement sa fortune.

Mais, trop fier pour solliciter quoi que ce soit, il se tint à l'écart et ne demanda rien. Il était soldat, il n'était pas courtisan.

L'idée de se marier ne lui était jamais venue ; du reste, il avouait volontiers qu'aucun regard de femme n'avait eu le pouvoir de faire battre son cœur. Mais, pour qu'on n'eût pas de lui une trop mauvaise opinion et qu'on ne crût point à une insensibilité de parti pris, il s'empressait d'ajouter en souriant :

— Nous étions toujours en guerre sous l'empire, et vraiment, on n'avait pas le temps d'aimer.

A cela on répliquait :

— Soit. Mais maintenant, monsieur le marquis ?

— Maintenant, répondait-il d'un ton grave, maintenant je ne suis plus jeune : le temps de l'amour est passé.

Il disait cela, le général, mais souvent il s'attristait et un pli se creusait sur son large front, quand il pensait qu'après lui son nom serait éteint, qu'il y aurait en France une grande et illustre famille de moins.

Cependant le cœur du général de Chamarande n'était pas resté fermé à toute affection ; le marquis aimait paternellement une enfant, une pupille, qu'il considérait comme sa fille. Elle se nommait Cécile Baubant. Cécile avait perdu sa mère deux ans après sa naissance. Son père, officier sans fortune, mortellement blessé à Wagram, était mort dans les bras du marquis de Chamarande, son ami, en lui disant :

— Ma petite Cécile va être seule au monde ; Louis, en souvenir de notre sincère amitié, n'abandonne pas la pauvre orpheline, sois son protecteur, son père.

— Je te le promets, répondit Chamarande.

Et le capitaine Baubant avait rendu le dernier soupir en prononçant ce mot : Merci !

C'est ainsi que la petite Cécile, alors âgée de dix ans, était devenue la pupille du marquis. Celui-ci plaça l'orpheline dans un pensionnat de son choix, où il allait la voir souvent, et veilla sur ses besoins, son éducation et son instruction avec toute la sollicitude d'un père.

Cécile grandit, devint instruite, gracieuse, charmante sous tous les rapports. Elle avait une grande affection pour son protecteur qu'elle appelait son père. Ce nom de père, que Cécile lui donnait pour bien exprimer sa gratitude, causait au vieux soldat un indicible ravissement.

Quand la jeune fille eut atteint sa seizième année, elle quitta le pensionnat sans regret et vint égayer la demeure du marquis. Subitement, la vie de M. de Chamarande fut changée ; autour de lui, le bruit, les joyeux éclats de rire succédaient au monotone silence ; la jeunesse souriante de Cécile était un rayon de soleil dans l'existence du général.

— Bientôt, pensait-il, il va falloir songer à la marier.

Mais le mariage de Cécile serait leur séparation, et le marquis s'était déjà si bien habitué à avoir la jeune fille près de lui, qu'il envisageait comme un malheur la nécessité de confier à un autre le soin de la rendre heureuse. Cette idée, qu'elle le quitterait un jour, que de nouveau il se trouverait seul, lui faisait éprouver une émotion singulière : il lui semblait que quelque chose se déchirait en lui ; son cœur se serrait, des larmes lui venaient aux yeux et une tristesse indéfinissable s'emparait de lui.

— Ah ! si j'étais plus jeune, si j'étais plus jeune ! se disait-il amèrement.

Que de choses étaient contenues dans ces paroles !

Le marquis de Chamarande demeurait à Toulouse, une ville des plus aristocratiques de France. Vieux garçon, il recevait rarement ; mais, très-recherché par la haute société toulousaine, il ne se donnait pas une soirée, pas une fête à laquelle il ne fût invité. Il se faisait un plaisir de conduire Cécile dans le monde où elle était admirée, où elle faisait une ample moisson de compliments flatteurs, où elle recueillait les hommages dus à sa grâce et à sa beauté.

Quand ils restaient à la maison, ils passaient la soirée dans le petit salon, assis en face l'un de l'autre, aux deux coins de la cheminée.

Un soir de décembre, à sa place habituelle, pelotonnée dans un fauteuil, Cécile travaillait à une broderie. Le marquis tenait un journal qu'il ne lisait point. Perdu dans un rêve, il contemplait la jeune fille avec une admiration passionnée et comme en extase. Machinalement il plia le journal et le jeta sur un guéridon. Puis, évoquant les souvenirs du passé, il s'enfonça peu à peu dans une sombre rêverie.

— Hélas, se disait-il, une étrange fatalité s'attache à certaines destinées. Je suis né dans l'opulence et je devais vivre heureux. Raillerie du sort !... Ma fortune m'a été enlevée ; je me suis courageusement résigné ; mais le bonheur que j'aurais voulu, le bonheur s'est toujours éloigné de moi. J'arrive à la fin de ma carrière, triste, désolé, voyant mes jours sans espoir. Après moi, plus rien, le néant !...

Il laissa échapper un soupir.

La jeune fille entendit. Elle leva ses grands beaux yeux qui se fixèrent sur le visage de son père adoptif. Il avait le front assombri, des larmes roulaient dans ses yeux.

— Père, dit Cécile d'une voix inquiète, depuis quelque temps je vous vois triste souvent ; qu'avez-vous donc ?

— Rien, rien, je t'assure, répondit-il visiblement troublé.

— Je ne vous crois pas, répliqua-t-elle en secouant la tête et avec une petite moue charmante ; si j'ai fait quelque chose qui vous ait contrarié, ayez le courage de me gronder ; voyons, dites, avez-vous à vous plaindre de votre petite Cécile ?

— Pourquoi aurais-je à me plaindre de toi ?

— Je ne sais pas, moi.

— Chère petite, ne sais-tu pas depuis longtemps que tu es à toi seule toutes mes joies ? Tu es toute ma vie, Cécile, le doux rayon du ciel qui me réchauffe et qui m'éclaire.

— Alors, pourquoi êtes-vous triste ?

Le marquis resta silencieux.

Mais la jeune fille, inquiète de le voir soucieux, tenait à connaître la cause de sa tristesse. Elle se leva, s'approcha toute gracieuse du marquis et lui mit un baiser sur le front.

Le vieux soldat sentit tressaillir son cœur.

— Père, reprit Cécile d'une voix caressante, tout à l'heure, quand vous avez poussé un soupir, à quoi pensiez-vous ?

— A quoi je pensais ? fit-il embarrassé.

— Oui, à quoi ?

— Je pensais à toi.

— A moi ?

— Oui, Cécile, à toi, à ton avenir. Je me disais que j'étais bien heureux de t'avoir près de moi.

— A la bonne heure !

— Mais qu'un jour tu me quitterais.

— Jamais !

— Tu te marieras.

— C'est vrai, fit-elle, toutes les jeunes filles se marient.

Le marquis éprouva une sensation douloureuse.

— Et c'est pour cela que vous êtes triste? demanda Cécile.

— Oui, parce que, mariée, tu suivras ton mari ; je resterai seul, moi ; je ne t'aurai plus, je serai privé de tes doux regards, de tes sourires. Mais, va, je ne suis pas égoïste dans mon affection pour toi, je sais ce qu'il faut à ta jeunesse ; ton bonheur, Cécile, est au-dessus de mes petites satisfactions personnelles. Je pense donc à toi souvent, et j'examine comment je pourrai t'assurer un heureux avenir. Ah! si j'étais riche, pouvant te donner une belle dot, je serais moins embarrassé ; mais je suis pauvre... Avec beaucoup de peine, j'ai économisé environ soixante mille livres ; cet argent est pour toi, mais qu'est-ce que cela? presque rien. Car je vois que la dot devient de plus en plus la chose importante du mariage. Sans doute, ta jeunesse, ta beauté et tes autres qualités personnelles doivent compter pour quelque chose ; mais celui à qui tu donneras ton cœur saura-t-il reconnaître ce que tu vaux ! Je me demande cela, Cécile ; voilà ce qui m'inquiète, voilà pourquoi, parfois, tu me vois triste.

La jeune fille était devenue rêveuse.

— Cécile, continua le marquis, tu rencontres fréquemment dans le monde de beaux jeunes gens, n'en as-tu pas remarqué un, déjà, qu'il te serait agréable d'avoir pour mari?

La jeune fille releva lentement la tête.

— Non, fit-elle.

— Alors, tu ne penses pas encore à te marier?

— Pas du tout.

— Ton cœur est libre?

— Il n'y a dans mon cœur qu'une seule grande affection, celle que j'ai pour vous.

— Ah ! fit M. de Chamarande.

Et il se mit à tisonner le feu.

— Après un moment de silence, Cécile reprit :

— Je n'ai jamais pensé à l'avenir ; heureuse près de vous, autant qu'on peut l'être, je n'ai rien à envier, rien à désirer, puisque j'ai tout. Rester près de vous toujours, voilà ce que je veux. Je ne songe nullement à me marier. Me marier pour me séparer de vous ! Non, non. Mais vous, monsieur le marquis, pourquoi ne vous mariez-vous pas ?

— Monsieur le marquis ! Pourquoi m'appelles-tu maintenant monsieur le marquis, Cécile ?

— Mais... je... je ne sais pas, balbutia la jeune fille, dont le front devint pourpre.

— Je ne me marie pas, Cécile, pour deux raisons : d'abord parce que je ne connais pas la femme qui voudrait unir sa destinée à la mienne, et ensuite parce que je trouve que ce serait folie de me marier maintenant, à quarante-trois ans.

— Quarante-trois ans ! répéta lentement Cécile.

— Ah ! si j'avais dix ans de moins, murmura le général, en laissant échapper un soupir.

— Si vous aviez dix ans de moins ?

— Eh bien, Cécile, je te dirais...

— Que me diriez-vous ?

— Je te dirais : Cécile, pour que nous ne soyons pas séparés, pour qu'un autre ne t'enlève point à mon affection, veux-tu être ma femme ?

La jeune fille resta un moment silencieuse, puis, avec émotion :

— Dites-moi cela tout de même, monsieur le marquis.

M. de Chamarande laissa tomber les pincettes.

— Quoi! s'écria-t-il éperdu, tu consentirais ?...

— Oui, répondit simplement Cécile.

Et elle mit sa main tremblante dans celle de son protecteur.

Le marquis porta la main à ses lèvres et la couvrit de baisers.

Trois semaines après, Cécile était marquise de Chamarande.

XXII

LA MARQUISE CÉCILE

Onze mois après le mariage, la marquise mit au monde un fils auquel on donna le nom de Paul.

Le marquis faillit devenir fou de joie. Cette fois, son bonheur était complet, son souhait le plus cher étant exaucé ; le nom de Chamerande ne s'éteindrait pas. Que d'espérances, déjà, sur la tête de l'enfant ! Il serait le digne héritier des mâles vertus de ses ancêtres ; comme eux il aurait la bravoure, la vaillance, la noblesse du cœur, et sa devise, à lui, serait aussi : Tout pour l'honneur ! Il était appelé à redorer le blason de l'illustre famille.

Le marquis ne pouvait plus avoir d'ambition pour lui ; sa mission était terminée, il le sentait. S'il avait encore l'esprit et le cœur vaillants, son corps manquait de souplesse et de vigueur. Il vieillissait vite. Les rudes années de guerre l'avaient usé. Maintenant il souffrait horriblement de ses anciennes blessures ; les rhumatismes s'emparaient de toutes les parties de son corps et les accès de goutte devenaient de plus en plus fréquents.

Sur sa demande il fut mis à la retraite...

Toujours souffrant, il ne sortait presque plus. Il y avait des instants où il éprouvait comme le regret ou le remords d'avoir rivé la jeunesse de Cécile à son existence d'infirme.

Mais pouvait-il condamner la jeune marquise, alors dans l'épanouissement complet de sa radieuse beauté, à une monotone et ennuyeuse solitude? Pouvait-il lui défendre de se livrer aux plaisirs de son âge? Non, certes. Aussi lui-même obligeait-il Cécile à voir ses amies, à aller dans le monde. Et pendant que sa femme s'amusait, se faisait admirer comme toujours, et écoutait peut-être avec trop de complaisance les compliments flatteurs chuchotés à ses oreilles, lui impotent, perclus, restait cloué sur son fauteuil ou, étendu sur sa couche, il hurlait de douleur comme un damné.

Cécile avait épousé son tuteur sans réflexion, par reconnaissance de ce qu'il avait fait pour elle, sans songer qu'elle enchaînait sa vie et qu'elle pourrait avoir un jour à le regretter. Du reste, ne connaissant de l'amour que le nom, elle n'avait point pensé que pour être heureuse, il faudrait à son cœur quelque chose de plus que l'amitié dévouée et reconnaissante qu'elle avait pour le marquis. Et puis, avec cette subtilité de pénétration que possèdent la plupart des femmes, elle avait deviné la nature du sentiment qui s'était substitué, dans le cœur de son tuteur, à la tendresse paternelle dont il l'avait entourée dans son enfance.

Elle le voyait triste, soucieux, redoutant comme un malheur terrible de la voir un jour s'éloigner de lui. En consentant à devenir sa femme, elle avait évidemment obéi à un sentiment généreux. Elle n'avait trouvé que ce moyen de le rassurer et de lui prouver en même temps son affection et sa reconnaissance.

Cécile avait un excellent cœur et des qualités réelles, mais elle était femme.

Il arriva ce qui devait arriver. C'était fatal.

M. de Simaise, beau jeune homme de vingt-huit ans, devint amoureux d'elle et employa tous les moyens pour se faire aimer. Aucune autre conquête ne pouvait mieux flatter son amour-propre et sa vanité. Il fit à la marquise une cour assidue, et la jeune femme, sans soupçonner le danger qu'elle courait, se plut à écouter un langage tout nouveau pour elle.

Peu à peu elle subit le charme, et les paroles du jeune homme, brûlantes, passionnées, l'enivrèrent.

Quand elle s'aperçut qu'elle glissait sur une pente dangereuse, quand elle voulut résister à la séduction et se défendre contre ses sensations intérieures, il était trop tard. L'amour avait pris son cœur d'assaut. Elle aimait !

Toutefois, la victoire de M. de Simaise ne fut point complète. Que voulait-il ? Avoir la belle marquise pour maîtresse. Mais Cécile était avant tout une honnête femme. Elle n'avait pu garantir son cœur, mais elle entendait faire respecter et respecter elle-même le nom qu'elle portait ; elle connaissait ses devoirs envers son mari, envers son enfant et elle ne voulait pas qu'il y eût une tache à un honneur intact depuis des siècles. Elle eut la force de résister aux supplications, aux prières, aux larmes, aux menaces même du séducteur qui, dans le délire de sa passion, lui disait qu'il se brûlerait la cervelle ou se poignarderait sous ses yeux.

Elle résista. Mais ce qu'elle souffrit, Dieu seul le sait. Il y a dans l'amour, presque toujours, plus de larmes que de joies.

Cécile était malheureuse. Cécile pleurait, la nuit surtout, pendant de longues heures d'insomnie. Elle ne se sentait un peu tranquille, un peu rassurée que quand elle tenait le petit Paul dans ses bras. Alors elle serrait fiévreusement l'enfant contre son cœur, l'embrassait avec frénésie et lui demandait tout bas de la protéger contre elle-même. Son enfant seul, elle le sentait, était son égide. Il lui donnait la force de supporter son malheur ; il la défendait contre toute défaillance.

Beaucoup de femmes, en ce temps-là, — il y en a encore aujourd'hui, — avaient l'habitude de prendre le papier pour confident de leurs plus secrètes pensées. Le carnet de madame ou de mademoiselle, memento des mystères du cœur, de certaines aventures qu'on n'aurait pas oubliées, mais qu'on éprouvait le besoin de confier au papier, confident plus ou moins discret, le carnet contenait presque toujours des choses fort curieuses.

Cécile avait son carnet sur lequel, tous les soirs, avant de se coucher, elle écrivait ses pensées intimes. Son carnet était l'unique confident de son secret, elle ne lui cachait rien ; à lui elle osait tout dire : son amour, ses angoisses, ses douleurs, ses luttes, les déchirements de son âme.

Un jour que la jeune femme était sortie pour faire des visites, le général eut besoin de consulter un papier qu'il savait être dans la chambre de la marquise, il se rendit dans la chambre clopin-clopant et chercha inutilement le papier, qui n'était point à l'endroit où il pensait le trouver.

Il allait se retirer, lorsque sa main, s'appuyant sur la tablette de la cheminée, toucha une petite clef, qui ouvrait les tiroirs d'un meuble dans lequel Cécile serrait ses menus objets de toilette.

— Le papier est peut-être là, se dit le marquis.

Il prit la clef et ouvrit le premier tiroir. Ses yeux tombèrent sur le carnet.

— Tiens, tiens, fit-il en souriant.

Ce qui semblait dire : ma femme aussi a son carnet.

Toujours souriant, il ouvrit le recueil des pensées secrètes. A peine eut-il lu quelques lignes qu'il tressaillit et devint affreusement pâle.

— Oh ! oh ! fit-il.

Haletant, frémissant, le front couvert d'une sueur froide, il poursuivit sa lecture, dévorant les pages qu'il tournait successivement d'une main fiévreuse.

Il ne lut pas tout, il n'en eut pas le courage.

Il ferma le carnet, le remit à sa place, poussa le tiroir, tourna la clef et replaça celle-ci où il l'avait prise sur la tablette de la cheminée. Il sortit de la chambre en chancelant, en se traînant.

Une heure après, quand la marquise rentra, il l'accueillit comme toujours avec un regard de tendresse et un doux sourire. Le soir, avant de se retirer dans sa chambre, il se fit apporter son fils ; très-ému, mais ne le laissant point voir, il embrassa l'enfant à plusieurs reprises ; ensuite, comme d'habitude, il mit un baiser sur le front de Cécile et la quitta en lui disant :

— A demain !

La marquise s'était couchée un peu avant minuit ; mais elle n'avait pu encore fermer les yeux quand les premières lueurs du jours pénétrèrent dans sa chambre. Cependant elle finit par s'endormir. A huit heures elle dormait d'un profond et lourd sommeil.

Tout à coup, une forte détonation la réveilla en sursaut.

Elle entendit un bruit de pas précipités, des portes s'ouvrir, puis des exclamations, des cris terribles frappèrent son oreille. Epouvantée, elle sauta à bas du lit, passa rapidement un peignoir et s'élança, affolée, vers la chambre du marquis d'où partaient les cris.

Les domestiques relevaient leur maître qu'ils venaient de trouver, couvert de sang, étendu sur le parquet.

La marquise poussa un cri rauque, étranglé, et tomba sans connaissance.

Le marquis était mort. Une balle lui avait traversé le cœur. Il tenait encore le pistolet dans sa main droite crispée.

L'événement fit grand bruit dans la ville. On se demandait :

— Comment donc le général s'est-il tué ?

Les avis étaient partagés. Les uns disaient :

« Depuis longtemps ses douleurs étaient vraiment intolérables ; pour mettre un terme à ses souffrances, il s'est suicidé. »

Les autres, ceux qui connaissaient mieux le marquis, son courage et son stoïcisme, attribuaient sa mort à un accident.

La marquise ne se douta de rien et nul ne sut jamais la vérité.

Cécile pleura son mari qui, toujours bon et affectueux, avait été son ami et son père, en même temps que son époux ; peut-être même eut-elle des regrets sincères.

L'année suivante, le baron de Simaise perdit sa mère et se trouva, par ce fait, maître d'une assez jolie fortune, environ trente mille francs de rente.

La passion du baron pour la marquise ne s'était pas apaisée. Quand il pensa que le moment était venu de se présenter devant Cécile, il vint la trouver et lui dit :

— Vous êtes libre et je vous aime toujours ; vous êtes presque pauvre et je suis riche ; je vous offre mon nom et ma fortune.

La marquise ne pouvait pas refuser ce que lui offrait l'homme à qui son cœur appartenait.

Quinze mois après la mort du marquis de Chamarande, Cécile épousait le baron de Simaise.

Ils quittèrent Toulouse, où le mariage de la jolie veuve n'avait pas été approuvé par tout le monde, et allèrent s'installer à Paris.

Le petit Paul avait alors quatre ans et demi.

Bientôt Cécile fit une découverte qui atteignit cruellement son cœur. Ce fut une première blessure. Le baron de Simaise n'aimait pas son fils, il semblait même l'avoir pris en aversion. Pourquoi ce sentiment que rien n'expliquait ni ne justifiait ? L'enfant était doux, caressant, soumis, et avait le don de se faire aimer de tous ceux qui le connaissaient. Le baron seul s'obstinait à ne pas voir sa gentillesse. Ce n'était qu'en se contraignant qu'il supportait la présence du petit Paul, et il lui arriva plus d'une fois, sous les yeux de la mère, de repousser le cher innocent avec rudesse.

— Mon mari est-il donc un homme sans cœur ? se disait douloureusement Cécile.

Elle commençait à avoir de vagues appréhensions, et l'avenir ne lui apparaissait plus sous d'aussi riantes couleurs que naguère.

Elle se rappelait les conseils que quelques vrais amis lui avaient donnés et auxquels elle avait fermé les oreilles.

On lui avait dit :

— Prenez garde, réfléchissez. M. de Simaise a passé plusieurs années à Paris, et on prétend que sa conduite n'y a pas été très-exemplaire : il a dissipé rapidement la partie de l'héritage de son père, qui fut mise à sa disposition à sa majorité ; peut-être ne vous rendra-t-il pas heureuse.

Cécile en était déjà à regretter de ne pas avoir fait assez de cas de ces avertissements.

Elle devint mère une seconde fois. Le baron parut enchanté d'avoir un fils. Paul manifesta de toutes les manières sa joie d'avoir un petit frère, et tout de suite il se mit à l'aimer de toute la force de son jeune cœur. Cela aurait dû lui mériter l'affection du baron. Il n'en fut rien. L'étrange aversion dont il était l'objet augmenta encore, et le baron finit par exiger que le jeune marquis fût éloigné de la maison.

Cécile pleura et se résigna, comprenant que se séparer de son fils était un sacrifice qu'elle devait faire pour le soustraire à de mauvais traitements. Paul fut mis en pension.

Cependant le baron ne tarda pas à se montrer tel qu'il était. Son grand amour n'existait plus ; sa froideur, ses dédains, ses dures paroles firent trop bien comprendre à la baronne qu'elle n'était plus aimée. Froissée dans son amour maternel, blessée dans sa dignité, elle ne voulut pas même essayer de ramener son mari à elle. Elle eut aussi la fierté de ne pas se plaindre. Elle s'était trompée et elle avait été trompée par l'homme à qui elle avait confié le soin de la rendre heureuse, à qui elle avait trop aveuglément, hélas! donné sa confiance.

Elle se contenta de gémir et de pleurer secrètement.

Heureusement, elle avait ses enfants sur lesquels elle pouvait reporter toute sa tendresse, tout son amour.

M. de Simaise avait retrouvé à Paris d'anciennes connaissances, dont il redevint le joyeux compagnon de plaisir. On le rencontrait dans tous les lieux où l'on s'amuse. Il était l'hôte assidu de ces salons du monde interlope, où se coudoient les déclassés de tous les mondes, les décavés de la finance et de la Bourse, les coureurs de femmes galantes ; où se rencontrent les filous, les escrocs, les aventuriers, gredins de toutes les catégories et de toutes les nations.

Le baron aimait le jeu. Il jouait. Il aimait les femmes faciles, de mœurs légères, lesquelles avaient d'autant plus d'attraits pour lui qu'elles étaient plus éhontées. Il eut des maîtresses. Il passait de la brune à la blonde, d'une vicomtesse plus ou moins authentique à une marquise d'occasion.

Relativement à sa fortune, il dépensait des sommes énormes. Son revenu ne pouvant suffire, la première brèche faite au capital allait toujours s'élargissant.

Cécile voyait avec terreur le gouffre que son mari creusait sous ses pieds. Mais depuis longtemps elle n'osait plus faire aucune observation à l'irritable baron. La malheureuse continuait de gémir en pensant à l'avenir plus que jamais incertain de ses enfants. C'était au sujet de Paul, surtout, qu'elle était inquiète et tourmentée.

Il allait avoir quinze ans ; bientôt il sortirait de pension ; elle n'espérait pas que la maison du baron, où déjà la gêne était entrée, lui serait ouverte; mais pourrait-elle lui faire continuer ses études? Ne fallait-il pas qu'il lui fût possible, plus tard, de se choisir une carrière et de se créer une position honorable? Sans doute, grâce à son nom, il trouverait des protecteurs ; mais encore faudrait-il que ceux-ci pussent s'appuyer sur son intelligence et ses capacités.

Autrefois, un gentilhomme était tout par droit de naissance ; mais la grande Révolution avait fait justice des privilèges. Maintenant, pour parvenir, ce n'était plus assez des services rendus par les aïeux, il fallait le mérite personnel.

Cécile pensait à toutes ces choses. Quelle serait donc la destinée de son fils? Que de craintes, que d'angoisses maternelles dans cette question que la jeune femme s'adressait souvent! Elle comptait les difficultés, les obstacles que le jeune marquis de Chamarande allait rencontrer au début de sa vie, et voyait avec une sombre tristesse les incertitudes de son avenir.

— Tant que je vivrai, se disait-elle, ma tendresse le protègera! Mais si je mourais, mon Dieu! Que deviendrait-il?

Cécile souffrait, Cécile était malheureuse, mais, sentant combien elle était encore nécessaire à ses enfants, elle tenait à la vie. La pensée qu'elle pouvait mourir la faisait frissonner. Elle avait peur de la mort.

XXIII

UN PARENT D'OUTRE-MER

Cécile pleurait. Ce jour-là elle était plus que jamais en proie à de sombres pensées.

Le matin, après s'être armée de courage, elle avait parlé de Paul à M. de Simaise et lui avait demandé ce qu'il convenait de faire pour son fils aîné, le moment étant venu de le retirer de l'institution où il ne pouvait faire de sérieuses études.

— Cela ne me regarde en rien, avait répondu brutalement le baron ; s'il a travaillé depuis sept ans qu'il est en pension, il en sait assez; faites-lui apprendre un état.

Et M. le baron avait tourné le dos à sa femme.

Cécile avait senti son cœur se briser.

Faire apprendre un état à son fils, au marquis de Chamarande ! Quelle dérision ! Voyez-vous le petit-fils des anciens preux cordonnier ou tailleur, vendant de la mélasse et de la bougie, ou armé d'une aune derrière le comptoir d'un mercier !

Cécile pleurait.

Un domestique ouvrit doucement la porte de la pièce où elle se trouvait.

— Un monsieur, un étranger, demande à parler à madame la baronne, dit le domestique.

— Qui est ce monsieur?

— Il n'a pas dit son nom; c'est un homme âgé, qui a l'air fort bien.

— C'est bien, faites entrer, dit Cécile en essuyant rapidement ses yeux.

Un homme bien vêtu, ne manquant pas de distinction, ayant la figure ouverte, sympathique, l'air bon, et qui paraissait avoir cinquante ans, parut devant la baronne, qu'il salua très-respectueusement.

Mme de Simaise lui montra un siège ; mais, avant de s'asseoir, il dit :

— Madame la baronne, vous ne me connaissez pas, puisque vous me voyez pour la première fois ; mais le nom que je porte est peut-être resté dans un coin de votre mémoire : je me nomme Philippe de Villiers.

— La mère de M. le marquis de Chamarande, mon premier mari, répondit Cécile avec émotion, était une demoiselle de Villiers.

— Parfaitement, madame la baronne. Berthe de Villiers, marquise de Chamarande, avait un frère dont je suis le fils.

— Alors, monsieur, vous êtes...

— Je suis, madame la baronne, si vous le voulez bien, toutefois, votre cousin.

— Oh! monsieur! s'écria Cécile, se rapprochant de Philippe de Villiers et lui tendant la main.

M. de Villiers, s'inclinant, mit un baiser sur la main de la baronne.

— Mon cousin, dit Cécile, ne voulez-vous pas vous asseoir ?

— Mais si, mais si, d'autant mieux que nous allons causer longuement, car j'ai beaucoup de choses à vous dire.

Ils s'assirent.

— La famille de Villiers, reprit Philippe, est de petite noblesse et bien au-dessous de celle de Chamarande, féconde en hommes illustres. Pourtant, cela n'empêcha point un marquis de Chamarande d'épouser Berthe de Villiers, qui n'était point de grande maison, et qui, de plus, n'avait aucune fortune.

— Le fils de Berthe de Villiers m'a prise moi-même...

— Je sais, je sais... Les marquis de Chamarande ont souvent agi ainsi. Mon aïeul s'était ruiné, je ne sais trop comment, et mon père, le frère de Berthe, avait été forcé d'aller chercher fortune à l'étranger, en Hollande, où il se maria et où je suis né.

Je ne vous raconterai pas l'histoire de mon père. Deux fois il fit fortune et deux fois il perdit ce qu'il avait gagné ; il mourut pauvre. J'avais alors vingt ans. J'étais en Malaisie, dans l'île de Java, commis aux écritures d'une importante maison de commerce, dont le siège était et est encore à Amsterdam. Mon père avait été marchand, ma destinée était d'être marchand comme mon père. Je ne m'en plains pas. Depuis le grand bouleversement qui s'est fait en France, tout est bien changé dans les cinq parties du monde.

La découverte de la force et de la puissance de la vapeur est une chose merveilleuse : avant qu'il soit longtemps, les continents seront sillonnés de chemins de fer; sur les mers, les navires, malgré bourrasques et tempêtes, passeront sans s'écarter de la ligne tracée pour eux et qu'ils doivent suivre. L'hélice, une autre merveille, aura remplacé les voiles. Toutes les distances seront rapprochées. Tous les mondes échangeront les produits de leur sol et de leur industrie. Aujourd'hui, ma cousine, l'avenir appartient au commerce et à l'industrie.

L'époque théocratique est loin de nous, nous sortons de l'époque philosophique, voici venir l'époque scientifique. La science est la source intarissable des découvertes et des inventions ; elle est le phare vers lequel tous les yeux sont tournés ; on ne peut même pas juger, par ce qu'elle a fait déjà, ce qu'elle fera encore ; elle nous conduit, elle nous pousse vers la réalisation de tous les progrès.

Excusez-moi, ma cousine, je me suis éloigné de mon sujet : j'y reviens. Je me suis marié à Batavia, à l'âge de trente-cinq ans, avec la fille unique d'un négociant dont je devins l'associé. J'ai eu deux enfants. Je les ai perdus, ma femme est morte aussi. Je suis toujours dans les affaires. Cela me plaît. Je pourrais me retirer maintenant avec deux millions, peut-être davantage : ce n'est pas une grande fortune, mais c'est quelque chose. Je ne me retire pas ; je veux travailler encore ; que voulez-vous, on a ses habitudes.

Les intérêts de ma maison m'ont appelé en Europe. J'aurais pu facilement, continua-t-il en souriant, me dispenser de traverser les mers, mais j'étais désireux, depuis longtemps, de revoir la Hollande et de visiter la France pour la première fois. Je suis un étranger en ce pays, ma cousine ; mais, bien que je sois né en Hollande, je sens que la France est ma vraie patrie.

Je n'ai pas voulu retourner en Océanie sans savoir si j'avais encore des parents en France et, dans ce cas, sans les avoir vus.

Je me suis informé et, sans trop de peine, j'ai appris ce que je désirais savoir.

Il resta un moment silencieux et poursuivit :

— Ma cousine, vous êtes une noble femme et une bonne mère ; vous devriez être heureuse, et vous ne l'êtes point.

Cécile retint un soupir, rougit et baissa les yeux.

Philippe de Villiers continua :

— Pardonnez-moi de vous parler ainsi, avec une franchise un peu brutale peut-être ; je n'ai jamais appris l'art de dissimuler, de ne pas dire, comme je le sens, ce que je pense. Je sais ce qu'est et ce que vaut M. le baron de Simaise. Je me suis présenté chez vous avec la certitude de ne pas rencontrer votre mari, car je ne tiens nullement à faire sa connaissance.

Ceci dit, parlons de vous, ma cousine. Vous avez deux enfants, deux fils ; l'un est encore un enfant, l'autre est déjà grand et sera bientôt un homme ; c'est à celui-ci, au petit-fils de Berthe de Villiers, que je m'intéresse. Il est charmant, le jeune marquis de Chamarande.

— Oh ! oui, dit vivement Cécile, et quand vous le verrez...

— Je l'ai vu, ma cousine.

— Vous avez vu Paul ?

— Oui.

— Où donc ?

— A sa pension. Ne le trouvez pas mauvais, ma cousine, c'est à Paul de Chamarande que j'ai cru devoir faire ma première visite. Il ignore que je suis son parent ; je lui ai dit seulement que j'étais un ami de sa mère. Nous avons causé pendant plus de deux heures et, sans s'en douter, le cher enfant m'a donné certains renseignements qui me manquaient. Voulez-vous savoir quelle impression votre fils a faite sur moi, ma cousine ? Eh bien, il m'a mis dans le ravissement. Paul est très-sérieux pour son âge ; il a le jugement sain, l'esprit pénétrant, la pensée profonde : il pense, réfléchit et raisonne déjà comme un homme fait. Apprenez, ma cousine, qu'en moins d'une demi-heure Paul a fait ma conquête; en vérité, c'est un charmeur ! Ce n'est pas une affection ordinaire qu'il a pour vous, non, c'est de l'adoration ; il aime beaucoup aussi son petit frère ; quant à M. de Simaise...

— Oh ! monsieur, monsieur ! interrompit Cécile d'une voix suppliante.

— Je comprends ; mais vous ne pouvez faire qu'il en soit autrement. Paul sait que vous souffrez, et il a deviné les causes de vos souffrances. Vous ne pouvez exiger de votre fils qu'il ait de l'affection pour l'homme qui rend sa mère malheureuse et qui ne lui a jamais témoigné, à lui, autre chose que de la haine.

La baronne ne put retenir ses larmes et elle cacha sa figure dans ses mains.

— Ma cousine, ma chère cousine, pourquoi pleurez-vous?

— Avez-vous besoin de me le demander, puisque vous savez tout ?

— Peut-être avez-vous encore quelque chose à m'apprendre. Mais le moment est venu de vous dire pourquoi je suis venu vous trouver. Vous êtes, vous et votre fils, mes seuls parents, toute ma famille ; si vous avez besoin d'un ami véritable, ma cousine, il est devant vous ; je me mets à votre disposition, si votre fierté ou toute autre raison ne vous conseille pas de repousser la main que je vous tends.

Cécile laissa voir son pâle et beau visage inondé de larmes.

— Oh ! mon cousin, mon cousin ! dit-elle avec un accent intraduisible.

— Bien, fit M. de Villiers. Maintenant, dites-moi ce que je puis faire pour vous et pour Paul de Chamarande.

— Ah ! vous êtes l'envoyé de Dieu ! exclama la baronne avec une sorte d'exaltation.

— Je n'ai point cette prétention, répliqua M. de Villiers avec un doux sourire.

— Et pourtant, au moment où j'étais désespérée, vous arrivez pour dissiper les ténèbres qui m'environnaient, pour me rassurer et me rendre la confiance et l'espoir. Vous ne pouvez rien faire pour moi, mon cousin, car rien, maintenant, ne peut changer ma destinée ; mais Paul, dont vous êtes l'unique parent, Paul a besoin de vous !

— Ne venez-vous pas de me dire que vous étiez désespérée ?

— Oui. Car moi, dans la situation où je me trouve, je ne peux rien, rien pour mon fils. Tenez, je sens que je ne dois rien vous cacher, il faut que vous sachiez tout.

Et Cécile fit à M. de Villiers le récit de sa douloureuse existence depuis qu'elle avait épousé M. de Simaise. Elle lui dit quels étaient ses appréhensions, ses doutes, ses craintes, ses angoisses perpétuelles au sujet de l'avenir du jeune marquis, et elle termina en rapportant les paroles échangées le matin même entre elle et son mari.

— Mais c'est monstrueux, cela ! s'écria M. de Villiers indigné.

— Vous savez maintenant, mon cousin, pourquoi j'étais désespérée.

Il y eut un long silence. Philippe de Villiers réfléchissait.

— Voyons, reprit-il, êtes-vous forte ? Aurez-vous du courage pour un sacrifice qui vous coûtera beaucoup ?

— Ah ! que ne ferais-je pas pour mon fils !

— Alors vous ne reculeriez devant aucun sacrifice ?

— Pour son avenir ?

— Oui, pour son avenir.
— Quel sacrifice puis-je donc faire ?
— Vous séparer de Paul.
— Oh! fit-elle.
Et elle devint plus pâle encore.
— Cela vous effraye, je le comprends, reprit M. de Villiers; mais il y a dans la vie des nécessités qu'il faut accepter. D'après ce que vous m'avez dit, vous n'avez rien à attendre, rien à espérer de M. de Simaise. Ma cousine, confiez-moi votre fils, donnez-le moi. Sans doute cette séparation sera pour votre cœur une nouvelle douleur, mais vous serez enfin rassurée sur l'avenir de ce cher enfant. Paul sera mon fils, et il fera fortune, je vous le promets. Dans quelques années il reviendra près de vous heureux, riche, ayant l'expérience de la vie, et il pourra prendre alors, dans la société qui se transforme, la place et le rang qui appartiennent à tout homme intelligent qui veut être utile à son pays.

La baronne était très-irrésolue. Laisser emmener son fils si loin! Déjà elle sentait naître en elle d'autres appréhensions, d'autres inquiétudes.

M. de Villiers ajouta encore quelques paroles, qui eurent raison des dernières hésitations de la mère.

— Oui, oui, dit-elle, vous avez raison, je dois l'éloigner; c'est une nécessité cruelle à laquelle il faut me soumettre; je pleurerai son absence, mais du moins je serai tranquille...Je vous donne mon fils; oui, c'est dit, vous l'emmènerez. J'aurai du courage... Oh! pour son bonheur!...

— Nous partirons dans trois jours.
— Si vite que cela !
— Je suis impatiemment attendu à Batavia.
— Vous l'aimerez bien, n'est-ce pas?
— Comme mon fils.

— Et Paul vous respectera et vous aimera comme son père.

Les trois jours passèrent vite.

Cécile, tenant son jeune fils par la main, accompagna M. de Villiers et son cher Paul jusqu'au bureau de la diligence.

Les adieux furent touchants, on pleura beaucoup. Paul se jeta plusieurs fois dans les bras de sa mère, qui le serrait fortement contre son cœur. Il embrassa aussi son frère. Celui-ci seul avait les yeux secs. Il regardait, en écarquillant les yeux, le lourd véhicule, attelé de quatre forts chevaux, sur lequel on chargeait les malles des voyageurs.

Une voix cria :

— Mesdames et Messieurs, en voiture !

On s'embrassa une dernière fois. Le postillon était sur son siège. Les voyageurs prirent leurs places.

— Adieu ! Adieu ! Adieu !

La diligence roulait déjà avec grand bruit sur le pavé de la rue.

Le soir, Cécile dit à son mari, qui ne savait rien encore :

— Paul est parti.

— Où cela ? demanda le baron avec indifférence.

— En Océanie.

— Ah ! Et que va-t-il faire par là ?

— Apprendre un état.

XXIV

A BATAVIA

Franchissons un espace de douze années.

Cécile est veuve une seconde fois. Le baron de Simaise est mort d'une paralysie du cerveau, les excès l'ont tué. Les dettes payées, il reste à la veuve et à son fils environ huit mille francs de rente. C'est peu. En entamant successivement son capital, le défunt avait donc dévoré les trois quarts de sa fortune. Cinq cent mille francs employés à ruiner sa santé, à user son corps pour mourir à la fleur de l'âge !... Ah ! ils coûtent cher à Paris les plaisirs qui tuent !

S'il eût vécu trois ou quatre ans de plus, le baron de Simaise aurait laissé sa femme et son fils dans la misère. Qui sait, peut-être eût-ce été un bien pour le jeune homme. Forcé de travailler pour pourvoir aux besoins de son existence, Léon de Simaise n'aurait pu prendre des habitudes de paresse et de plaisir ; il se serait soustrait plus facilement à certains entraînements dangereux et aux fréquentations malsaines des désœuvrés.

Léon était né avec une mauvaise nature, il ressemblait à son père. Cécile essaya bien de faire naître dans son cœur de bons sentiments ; ce fut en vain, il n'y avait point là d'engrais pour la bonne semence.

Jusqu'à présent, par son autorité, par le respect qu'il avait encore pour elle, la mère était parvenue à maintenir son fils, à l'empêcher de se lancer en avant comme un cheval fougueux, au risque de se casser le cou à la première culbute. Mais elle sentait diminuer son autorité ; Léon commençait à ne plus tenir compte de ses conseils, à oublier le respect qu'il lui devait ; elle voyait, la pauvre mère, venir le jour où son fils lui échapperait. Alors que deviendrait-il ? Hélas ! il tomberait fatalement dans le gouffre !

— Il a tout de son père et rien de moi ! se disait-elle amèrement.

Entre Léon et Paul, quelle différence ! Comme les deux frères se ressemblaient peu ! La nature avait donné à l'aîné tout ce qu'elle avait refusé à l'autre. L'un causait à la mère des larmes continuelles, l'autre était sa consolation. Avec quelle impatience elle attendait une lettre ! Avec quels transports de joie elle la recevait !

Quand Léon lui avait causé un chagrin, une douleur, — cela arrivait souvent, — pour échapper à une sombre tristesse, elle se transportait par la pensée à Batavia, près de son cher Paul. Il lui semblait alors qu'une rosée du ciel descendait dans son cœur, et elle sentait son âme rassérénée.

On travaillait beaucoup à Batavia. Depuis que cette grande ville des îles de la Sonde avait été reconstruite et assainie, le commerce y avait pris une extension considérable. On y voyait arriver de toutes les parties du monde, d'Europe principalement, de nombreux navires appartenant à de grands armateurs. De nouveaux comptoirs, de nouvelles factoreries s'installaient et prospéraient, pendant que la richessse des anciens établissements augmentait dans des proportions extraordinaires.

Pour alimenter son exportation, Batavia n'a pas seulement les riches produits de l'île de Java et des autres îles de la Sonde, mais ceux aussi des îles de Bornéo et de Célèbes.

Les Bouguis, qui passent pour le peuple le plus éclairé, le plus actif et le plus entreprenant de Célèbes, pourraient, à eux seuls, approvisionner les comptoirs européens de Batavia. Sur de frêles embarcations mal équipées, ils croisent dans toutes les directions de l'immense archipel océanien, depuis Malacca jusqu'à la Nouvelle-Guinée, visitent la terre des Papous et les côtes de l'Australie. Ils s'occupent surtout du commerce de la poudre d'or, de l'écaille, des nids d'oiseaux et des bîches de mer; ils recueillent ces riches produits le long des côtes, dans des réduits secrets, dont ils ont seuls connaissance. Ils sont en possession de l'approvisionnement exclusif de l'île de Bornéo ; ils apportent aux peuplades de cette île toutes sortes de marchandises provenant des manufactures d'Europe, de l'Inde et de la Chine, qu'ils échangent contre des diamants bruts, des oiseaux au plumage merveilleux, de la poudre d'or, du camphre, du benjoin et autres produits précieux. Leur chargement fait, ils se dirigent vers Batavia et Singapore où ils arrivent avec des cargaisons qui ont, souvent, une valeur de cent mille piastres.

Depuis cinq ans déjà, Paul de Chamarande était le quatrième associé de la maison de son cousin, dont la raison sociale était Philippe de Villiers et Cie.

Très-connu des Bouguis et en relation directe avec eux depuis longtemps, M. de Villiers réalisait chaque année des bénéfices énormes par l'échange des produits de l'ancien monde contre ceux des îles Océaniennes. Il recevait ses approvisionnements de Hollande, de France et d'Angleterre ; mais souvent il était forcé de s'adresser à une maison anglaise du Bengale, vaste entrepôt de toutes sortes de marchandises, dont le principal associé, William Glandas, était son ami.

Un jour, un bâtiment de la maison Glandas arriva à Batavia. Le capitaine était porteur d'une lettre pour Philippe de Villiers. En la lisant, le négociant pâlit.

— Eh! bien? demanda-t-il au capitaine.

— M. William Glandas n'est plus. Sentant sa fin prochaine, il a eu encore la force d'écrire cette lettre, qui m'a été remise par sa fille. Mlle Lucy est dans la désolation.

— Devez-vous rester plusieurs jours à Batavia?

— J'espère pouvoir lever l'ancre demain soir.

— Vous rendez-vous directement à Calcutta?

— Oui, directement.

— En ce cas, je prendrai passage à bord de votre navire.

La lettre de William Glandas disait:

« Je suis condamné par les médecins, je vais mourir:
» quand vous recevrez ces lignes, que je trace d'une main
» déjà glacée, votre vieil ami Glandas aura cessé de vi-
» vre. Si Dieu m'avait accordé deux ans de plus d'exis-
» tence, j'aurais eu le temps de marier ma bien-aimée
» Lucy, qui va se trouver seule au monde. Que va-t-elle
» devenir, ma fille adorée? Cette pensée me fait cruelle-
» ment souffrir. Ah! je voudrais ne pas mourir!

» Je cherche autour de moi à qui je peux confier mon
» enfant et je ne vois que vous, mon cher Philippe, car
» en vous seul j'ai une entière confiance. Ecoutez la voix

» qui, au bord du tombeau, prête à s'éteindre, vous crie:
» Venez, venez !

» Mais je vous connais, Philippe, vous ne resterez pas
» sourd à ma prière, vous veillerez sur le sort de Lucy.
» Je la confie à l'honnête homme, à l'ami. Vous serez
» son tuteur, son protecteur, son père !

» Venez, venez vite, mon cher Philippe ; dans quelques
» jours, dans quelques heures, peut-être, je ne serai plus,
» et ma fille a besoin de vous. »

M. de Villiers partit le lendemain. Son absence dura un mois. Il revint à Batavia, amenant Lucy Glandas et une jeune fille indoue âgée de quatorze ans, qui appelait Lucy sa petite mère.

Zélima, ainsi se nommait la jeune indoue, était la fille d'un misérable paria. Son père et sa mère étaient morts, à quinze jours de distance, plus encore de misère que de maladie. M. Glandas l'avait trouvée mourant de faim, dans la hutte de terre de ses parents, l'avait apportée à Calcutta et donnée à sa fille pour l'amuser.

L'amitié rapprocha vite la distance qui existait entre la jeune créole et sa petite compagne, Zélima adorait sa maîtresse et celle-ci ne pouvait plus se passer de Zélima.

Elles s'aimèrent davantage encore en grandissant, elles étaient inséparables et comme les deux sœurs.

Aussi M. de Villiers avait-il été obligé d'amener également Zélima à Batavia.

— Lucy, disait-elle, est ma maîtresse, mon amie, ma sœur, ma petite mère ; si on m'avait séparée de ma chère Lucy, n'ayant plus rien à aimer au monde, je serais allée chercher la mort dans les eaux du Gange.

Lucy avait trois ans de plus que Zélima. Plutôt grande que petite, elle avait la taille souple, svelte, élégante.

Elle était bonne, gracieuse, pleine d'amabilité et délicieusement jolie. Bien qu'elle eût le regard doux et langoureux de la créole, il y avait dans ses mouvements de la vivacité et quelque chose d'imprévu qui donnait à sa personne un charme incomparable. Sa voix douce, harmonieuse, était caressante comme son regard. Elle était douée d'une sensibilité exquise. Tout en elle était charmant. Les vêtements de deuil qu'elle portait, loin de lui nuire, semblaient la rendre plus ravissante encore, en faisant mieux ressortir les traits caractéristiques de sa beauté idéale.

Dès le premier jour, elle fit sur le cœur de Paul de Chamarande une impression profonde. Elle s'en aperçut sans doute, car elle rougit, baissa les yeux et resta pendant un instant visiblement troublée.

Paul, arrivé à l'âge de vingt-sept ans, n'avait pas encore aimé. Il aima Lucy avec toute l'ardeur de sa jeunesse ; il l'aima comme l'homme ne peut aimer qu'une fois dans sa vie. La fortune, le retour en France, sa place, dans la société, reconquise, l'éclat rendu à son nom, tout ce qu'il avait rêvé jusqu'alors, tout cela n'était plus que chimère. Lucy seule était la réalité. Le vol de son ambition s'était subitement arrêté ; maintenant son ambition se bornait à la conquête d'une femme ; il est vrai que cette femme était peut-être la plus adorable créature qui fût née en Hindoustan. Il sentait que sans Lucy le bonheur n'était plus possible pour lui. La jeune fille était son idole, sa religion ; il adorait avec l'enthousiasme d'un fanatique cette nouvelle divinité d'un culte nouveau.

Cependant il eut la force de cacher son amour pendant un an. Il avait voulu laisser à Lucy tout le temps de pleurer son père.

La jeune fille savait-elle qu'elle était aimée ? Nous

pouvons admettre qu'elle avait depuis longtemps surpris le secret de Paul.

M. de Villiers, lui aussi, s'était certainement aperçu de quelque chose, car il ne parut nullement étonné lorsque le jeune homme lui dit un jour :

— J'aime Lucy ; elle est votre pupille, je vous demande sa main, en vous jurant que je la rendrai heureuse.

Le négociant serra la main de Paul et répondit :

— Le jour même où j'ai appris la mort de William Glandas, en pensant à Lucy, j'ai pensé à toi. Ils se conviennent, me suis-je dit ; s'ils peuvent s'aimer, ils seront l'un à l'autre. Ta demande, mon cher Paul, me comble de joie. As-tu parlé de ton amour à Lucy ?

— Par respect pour elle et pour vous, mon cousin, j'ai gardé le silence.

— Alors tu ignores si tu es aimé ?

— Hélas ! oui.

— En ce cas, mon ami, je dois consulter Lucy avant de te rien promettre. Retire-toi, tu reviendras dans un instant.

Paul s'étant éloigné, le vieillard fit appeler Lucy.

— Ma chère enfant, lui dit-il, je suis vieux, et d'un moment à l'autre, la mort peut me frapper comme elle a frappé votre père, qui était beaucoup plus jeune que moi ; en vous confiant à moi, son meilleur ami, William Glandas m'a imposé le devoir d'assurer votre bonheur, votre avenir. Je puis faire cela en vous mariant, c'est à dire en remettant entre les mains d'un honnête homme le soin de vous rendre heureuse.

La jeune fille ne put s'empêcher de tressaillir. Elle devint toute tremblante.

— Aujourd'hui même, continua M. de Villiers, un de mes associés m'a demandé votre main.

— Lequel, monsieur ? demanda Lucy.

— Le plus jeune, celui qui partage avec vous toute mon affection.

— Paul !

— Oui, Paul de Chamarande.

— Vous êtes mon tuteur, vous êtes devenu mon père ; je dois vous obéir comme une fille respectueuse.

— Nullement, Lucy, nullement, mon enfant, vous êtes entièrement libre ; vous devez avant tout consulter votre cœur ; si vous n'aimez pas mon jeune cousin, si rien ne vous attire vers lui, il ne faut pas l'épouser ; nous attendrons qu'il se présente un autre mari.

Les yeux de la jeune fille rayonnèrent et elle eut un délicieux sourire.

Elle se rapprocha de M. de Villiers et lui dit d'une voix vibrante d'émotion :

— J'aime Paul !

Le vieillard l'attira contre son cœur et lui mit un baiser sur le front.

Le jeune homme fut rappelé.

Paul lut son bonheur dans les yeux limpides de Lucy.

— Vous êtes les enfants chéris de mon cœur, dit le vieillard en unissant leurs mains !... Ce jour est un des plus beaux de ma vie, car je fais deux heureux.

Quatre mois après eut lieu le mariage du marquis Paul de Chamarande et de miss Lucy Glandas.

Il avait fallu tout ce temps pour faire venir de France et de Calcutta les papiers nécessaires.

A cette occasion, Paul avait écrit plusieurs lettres à sa mère et à son frère. Léon lui repondit très-affectueusement, comme toujours, et avec une habileté machiavélique qui aurait rendu des points au célèbre Machiavel lui-même. Le jeune homme savait que Paul reviendrait en France avec une grande fortune, et déjà, connaissant le caractère, la nature confiante et l'excellent cœur du marquis, il prenait ses dispositions pour pouvoir abuser de sa générosité.

Paul, croyant à l'affection sincère de l'hypocrite, s'attendrissait en lisant ses lettres où s'exaltait la fausse tendresse du fourbe. Certes, s'il eût su comment Léon se conduisait, il aurait été frappé de stupeur et son cœur se serait soulevé de dégoût.

La baronne seule aurait pu lui apprendre la vérité, mais la pauvre mère n'avait garde de se plaindre ; elle cachait, au contraire, les chagrins que son indigne fils lui causait.

Un matin, il y eut entre M. de Villiers et Paul une longue conversation.

— Mon cher Paul, dit le vieillard, le jour où j'ai demandé à la baronne de Simaise de me confier son fils aîné, je lui ai promis que tu reviendrais près d'elle heureux et riche. Aujourd'hui ta fortune est faite et tu as trouvé le bonheur en épousant Lucy. Le moment de nous séparer est venu ; je te rends ta liberté. Tu vas retourner en France, où ton excellente mère t'attend depuis des années. Dans un an, si je vis encore, j'irai probablement te rejoindre ; il me serait doux de finir mes jours entre toi et Lucy, mes deux enfants. Nous verrons. Avant tout, il faut procéder à une liquidation et cela demandera du temps.

J'ai tout préparé pour ton départ ; sachant combien tu aimes peu les discussions d'intérêts, je t'ai évité cet ennui en réglant tes comptes moi-même avec nos associés. Dans ce portefeuille, que je te remets, il y a quatre millions en lettres de change, moitié sur Paris, moitié sur la maison Van Ossen, d'Amsterdam.

— Quatre millions ! exclama le jeune homme.

— Oui, répondit le vieillard en souriant.

— Mais ma part dans les bénéfices n'a pu atteindre ce chiffre.

— Depuis ton entrée dans la société ; mais, à partir du jour où tu as quitté ta mère pour me suivre, je t'ai considéré comme mon associé.

— Dites plutôt, mon généreux cousin, répliqua Paul très-ému, que c'est un don que vous me faites.

— Qu'importe ! Ce qui est dans ce portefeuille, mon ami, est à toi, bien à toi. D'ailleurs, n'es-tu pas mon héritier ? Aujourd'hui, nous partageons, car j'espère bien avoir encore quatre millions le jour où je laisserai la maison à mes associés.

J'aurai aussi à rendre mes comptes à Lucy avant votre départ ; je lui remettrai l'héritage de son père, tout près de cinq cent mille francs.

Paul se jeta dans les bras du vieillard et ils s'embrassèrent, serrés dans les bras l'un de l'autre.

Le jour même, tout le monde sut dans la maison et le quartier commerçant de la ville que Paul et Lucy allaient bientôt partir.

Parmi les employés de la maison Philippe de Villiers et Cie, il s'en trouvait un que Paul affectionnait particulièrement. C'était un Français ; il se nommait Charles Chevry. Celui-ci avait pour le marquis une amitié profonde et lui était entièrement dévoué.

Quand il apprit, comme les autres, que Paul était à la veille de quitter Batavia, il l'alla trouver et lui dit :

— Grâce à vous, monsieur Paul, j'ai ici une position très-belle ; mais je me vois forcé d'y renoncer.

— En avez-vous donc trouvé une meilleure ?

— Non, mais vous partez.

— Eh bien ?

— Je veux retourner aussi en France.

— Vous n'y avez plus aucun parent.

— C'est vrai.

— Alors, pourquoi ne pas rester à Batavia où, d'ici à quelques années, vous aurez gagné une petite fortune ?

— Parce que vous parti, je le sens, je ne pourrais plus vivre ici ; j'y serais malheureux.

Paul le regarda fixement, en souriant.

— Et si nous n'emmenions pas Zélima ? dit-il.

Charles Chevry eut un mouvement de surprise.

— Ah ! balbutia-t-il, vous avez deviné...

— Oui, mon brave Chevry, j'ai deviné ton secret ; tu aimes Zélima.

— Oh ! oui, je l'aime ! mais elle ne restera pas, elle voudra suivre sa maîtresse.

— Bien que Zélima ait une grande amitié pour Lucy, Zélima restera à Batavia, parce qu'elle aime Charles Chevry.

— Elle m'aime, dites-vous, elle m'aime ?

— Oui.

— Est-ce possible ?

— Zélima n'a rien de caché pour Lucy. Maintenant, mon cher Chevry, écoutez-moi : M. de Villiers a pour vous beaucoup d'estime, car il a pu apprécier comme moi votre grande loyauté ; il sait qu'on peut compter sur votre dévouement. En récompense des services que vous avez déjà rendus à la maison et de ceux que vous êtes appelé à lui rendre encore, vous allez être intéressé dans les affaires. M. de Villiers vous mariera, comme il nous a mariés, Lucy et moi, et dans quelques années, quand vous aussi vous aurez fait votre fortune, vous viendrez nous retrouver en France. Alors nous serons de nouveau et pour toujours réunis.

Quelques jours après, Paul et Lucy s'embarquèrent sur un navire français qui allait faire voile vers la France.

Zélima pleura. Mais Charles Chevry était là pour la consoler.

XXV

RETOUR EN FRANCE

La traversée fut longue, difficile, périlleuse même. Il y avait quatre mois que le navire était en mer lorsque la vigie signala enfin les côtes de France.

Paul et Lucy avaient quitté Batavia le 8 février ; ils arrivèrent au Hâvre le 12 juin.

En ce temps-là on ne faisait pas encore le tour du monde en quatre-vingts jours. Notre marine se transformait lentement. L'isthme de Suez, percé et canalisé, n'avait pas encore ouvert entre l'Europe, l'Inde et la Chine, une voie nouvelle à la navigation, et nous n'avions pas le service régulier des paquebots, qui existe aujourd'hui, principalement au Hâvre.

Un jeune homme attendait sur le port. Il vit jeter l'ancre, tourner le cabestan, amarrer le navire, puis placer la passerelle du débarquement. Mais, déjà, il avait remarqué sur le pont un grand et beau jeune homme de haute mine, de manières distinguées, très-empressé auprès d'une jeune femme d'une beauté merveilleuse.

Le jeune homme qui attendait cherchait vainement à retrouver dans sa mémoire une image effacée. Il ne reconnaissait pas le passager ; mais qu'importe, il ne doutait pas que ce ne fût le marquis de Chamarande.

Quand Paul et Lucy furent à terre, le jeune homme s'avança vers eux, tenant respectueusement son chapeau à la main.

— Mes yeux ne vous reconnaissent point, dit-il, s'adressant au marquis, mais je sens aux battements de mon cœur que vous êtes mon bien-aimé frère, Paul de Chamarande.

— Léon ! mon cher frère ! s'écria Paul, ouvrant ses bras.

Ils s'embrassèrent dans une chaleureuse étreinte.

— Lucy, reprit Paul, parlant en anglais à la jeune femme, c'est mon frère, Léon de Simaise, dont je t'ai souvent parlé.

La belle créole sourit gracieusement et tendit ses joues sur lesquelles Léon mit deux gros baisers.

— Lucy ne connaît pas encore la langue française, dit le marquis, elle ne parle bien que l'anglais et l'indou.

— Je ne connais pas la langue indoue, mon frère, répondit Léon, mais j'ai appris l'anglais, et si vous le voulez bien, nous parlerons dans cette langue.

Paul serra la main de Léon pour le remercier.

— Comment va notre bonne mère? demanda-t-il.

Léon baissa tristement la tête et laissa échapper un soupir, qui semblait venir du fond de son cœur.

— Ah ! s'écria le marquis, ton silence m'annonce un malheur ! Notre mère, Léon, notre excellente mère...

— Morte !

— Le marquis pâlit, chancela et des larmes jaillirent de ses yeux.

Lucy soupira.

— Paul, mon Paul, dit-elle de sa douce voix, moi aussi j'ai perdu ma mère et mon père ; tu m'as consolée, à mon tour je te consolerai.

Elle prit une des mains de son mari pendant que Léon s'emparait de l'autre.

— Frère, dit le baron avec des larmes dans la voix, nous la pleurerons ensemble.

Le fourbe se garda bien de dire à son frère que la baronne de Simaise était morte de chagrin.

— Oui, répondit Paul, nous la pleurerons, elle mérite d'être pleurée, car elle nous a bien aimés.

Il se redressa et passa à plusieurs reprises sa main sur son front.

— Où allons-nous ? demanda-t-il.

— A l'hôtel Frascati, où je vous ai retenu un appartement. J'ai aussi commandé à dîner ; nous pourrons nous mettre à table en arrivant.

— Nous avons nos bagages.

— Ne vous en préoccupez point, mon frère : je me suis chargé du soin de les faire transporter à l'hôtel.

— Merci, Léon, merci. Comment te trouves-tu si heureusement ici à notre arrivée ?

— Depuis trois semaines je suis au Hâvre, vous attendant.

— Oh ! cher frère !

— Jugez de mon bonheur quand, ce matin, le bâtiment venant de Batavia a été reconnu en mer. Aussitôt, j'ai pris vite mes dispositions pour vous recevoir.

— Bien, très bien.

— Dans la dernière lettre que vous lui avez écrite, vous chargiez notre mère de trouver pour Mme la marquise...

— Dis, ma sœur, Léon, Lucy veut que tu lui donnes ce nom.

— Oui, appelez-moi votre sœur, dit Lucy.

— De trouver pour ma sœur une femme de chambre anglaise connaissant parfaitement le français, et ayant déjà servi à Paris.

— En effet.

— La mort n'a pas permis à notre mère de répondre à votre désir ; j'ai dû me charger moi-même de ce soin. J'espère que ma sœur sera contente de sa femme de chambre anglaise. Et puis, continua-t-il, sachant quelles étaient vos intentions, je me suis occupé de votre première installation. Mais je vous dirai dans un autre moment ce que j'ai fait.

On arrivait à l'hôtel.

Paul et Lucy prirent possession de leur appartement, pendant que le jeune baron, déployant une activité merveilleuse, hâtait le transport des bagages. Les voyageurs eurent leurs malles assez à temps pour pouvoir changer de costume avant de se mettre à table.

— Madame la marquise est servie, vint dire en anglais un garçon de l'hôtel, qu'il était facile de reconnaître pour un fils d'Albion.

C'était une nouvelle attention de Léon.

Le marquis sourit d'un air satisfait. La marquise gratifia son beau-frère d'un doux regard de gratitude.

— Comme elle est belle ! pensait le baron, que la radieuse beauté de la créole éblouissait.

On passa dans la salle à manger. Le repas fut silencieux. Paul était triste ; il pensait à sa mère. Quand on eut servi le café, voulant faire diversion à ses douloureuses pensées, le marquis dit à son frère :

— Tu t'es occupé de notre installation, m'as-tu dit ;

te plait-il de nous apprendre comment tu as arrangé notre existence ?

— Mon frère, je n'ai fait quelque chose que si j'ai votre approbation.

— Tout ce que tu as fait, Léon, je l'approuve d'avance. Je reviens en France tout à fait dépaysé, dans l'ignorance absolue des habitudes et des usages du monde. Toi, Léon, vrai Parisien, appartenant à la haute société, tu sais certainement mieux que moi ce qu'il faut, ce qui est nécessaire, ce qui est bien. Je possède une fortune qui me permet de faire beaucoup ; néanmoins je ne tiens pas à me faire remarquer par mon luxe, à faire grand bruit par mon train de maison. Je tiens, au contraire, au moins pendant quelque temps, à ne pas attirer l'attention sur nous. Il faut d'abord nous reconnaître, prendre pied. Il faut que ma Lucy apprenne la langue française, et se familiarise peu à peu avec les usages d'un monde qu'elle ne connaît point. Toutefois, je sais ce que je dois à la mémoire de mes aïeux, à mon nom, que je veux porter dignement.

— Ceci me rassure, mon frère, et je suis heureux d'avoir bien compris ce que vous désirez. Avant tout, cher frère, je dois vous apprendre que nous sommes, en France, en pleine révolution. Comme Charles X, Louis-Philippe a été détrôné.

— En vérité !

— Paris révolté a chassé des Tuileries la famille royale, qui s'est réfugiée un peu partout. Le roi, la reine et les princesses ont trouvé un asile en Angleterre. Pour la seconde fois la France est en République. Mais nous n'avons pas pour cela la tranquillité. De même qu'autrefois, les républicains qui nous gouvernent sont toujours prêts à se dévorer entre eux. Le commerce est mort, les grands travaux de l'industrie se sont subitement arrêtés ; Paris est en état de révolte continuelle. Que veut-on ? On ne le sait pas.

Partout la misère est grande. Le peuple réclame du travail, les mères demandent du pain pour leurs enfants. Enfin, personne n'est satisfait, tout le monde se plaint. Paris est devenu inhabitable ; les gens riches l'ont déserté ; on a peur. Il y a dans l'air des menaces d'orage, des grondements de tonnerre. On s'attend d'un moment à l'autre à voir les horreurs d'une guerre civile.

— Nous arrivons mal, dit le marquis en hochant la tête.

— Vu la situation, mon frère, vous devez comprendre que je n'ai pas songé à vous préparer une demeure à Paris.

En cherchant, j'ai découvert à Port-Marly, dans un endroit ravissant, au bord de la Seine, une charmante villa, presque un petit château. La propriété est suffisamment grande. Il y a des massifs épais où nichent les merles, des ormes séculaires, une magnifique futaie, de belles pelouses à travers lesquelles serpente une jolie petite rivière anglaise alimentée par des eaux vives. Les fleurs ne manquent pas. Ma sœur Lucy aura là, à volonté, du soleil et de l'ombre. Elle respirera les parfums des roses pendant que, accompagnés par le doux murmure de la source, les oiseaux chanteront pour charmer ses oreilles.

— Mais voilà un séjour délicieux, dit Lucy.

— Un nouveau paradis terrestre, ajouta Paul en souriant.

— C'est un nid de verdure et de fleurs où il vous sera facile de vous isoler, continua Léon ; Port-Marly n'est qu'à quinze kilomètres de Paris, vous serez donc là en même temps à la campagne et à la ville. Pas de bruit autour de vous, mais le calme, la tranquillité, le silence.

J'ai pensé, mon frère, qu'il vous conviendrait de vivre dans la solitude pendant quelque temps.

— Mon cher Léon, tu es allé au-devant de tous mes désirs.

— Nés de la même mère, j'ai pensé que vos goûts ressemblaient aux miens, répondit hypocritement le baron.

Le marquis lui tendit la main.

— La propriété est entourée de murs, poursuivit Léon, de sorte qu'on peut se promener partout, dans les larges allées, sans être importuné par des regards curieux. L'habitation avait besoin de certaines réparations peu importantes ; je les ai fait faire ; j'ai fait également décorer l'intérieur de l'appartement destiné à ma sœur, en m'inspirant, le mieux que j'ai pu, du goût oriental.

La jeune femme témoigna sa satisfaction par un gracieux mouvement de tête.

— Enfin, je me suis adressé à un tapissier en renom de Paris, qui a meublé et arrangé les appartements d'une façon convenable, sans grand luxe, mais avec tout le confortable qui convient.

La femme de chambre anglaise est là depuis un mois attendant sa maîtresse, en compagnie d'un maître d'hôtel et d'une autre femme, une cuisinière. J'ai également arrêté un cocher. J'ai acheté une calèche et un coupé, dont je n'ai pas encore pris livraison : de même pour les chevaux, qui seront conduits à Port-Marly aussitôt que vous le voudrez, mon frère.

— Enfin, mon cher Léon, je vois que tu n'as rien oublié ; tu as pensé à tout.

— J'ai tâché de faire de mon mieux pour vous être agréable, répondit modestement le baron.

— Et moi je te dis : Merci, Léon, merci, mon bon frère !

— Tu as le compte de ce que tu as dépensé ?

— Sans doute, mon frère.

— Je te réglerai cela, Léon, dès que j'aurai de l'argent de France. Je sais que tu n'es pas riche.

— C'est vrai. Mon père n'a pas ménagé sa fortune ; mais il n'appartient pas à son fils de le juger. Je veux fermer les yeux sur les fautes qu'il a pu commettre et n'oublier jamais le respect que je dois à sa mémoire.

— C'est bien, cela, Léon.

— D'ailleurs, grâce à notre excellente mère, qui veillait, tout n'a pas été englouti ; j'ai pu recueillir les épaves du naufrage. J'ai juste assez pour ne pas mourir de faim ; mais, Dieu merci, je suis jeune, j'ai du courage, de la volonté, je travaillerai !

— Oh !

— Quant à nos comptes, mon frère, ils ne seront pas, je crois, difficiles à régler. Vous ne me devez rien, puisque c'est moi, au contraire, qui vous dois.

— Comment cela ?

— Quand la marquise de Chamarande a épousé le baron de Simaise, elle possédait cent mille francs, votre héritage, mon frère ; je vous dois cette somme.

— Généreux, désintéressé, pensa le marquis.

Tu es un bon et brave garçon, répliqua-t-il avec une émotion profonde. Ah ! tu ne sais pas combien je suis heureux de t'entendre parler ainsi. Mon frère est tel que le voulait mon cœur ! Tu crois être mon débiteur, soit ; mais je te donne quittance de ce que tu me dois. Je ne parle plus de te rembourser ce que tu as dépensé pour moi ; c'est autrement que j'entends m'acquitter envers mon frère. Je reviens en France avec quatre millions et demi.

— Quatre millions ! exclama le baron, qui voyait miroiter ce pactole à travers un éblouissement.

— Ce que je voulais faire pour notre mère et pour toi, continua le marquis, je le ferai pour toi seul ; tu es presque pauvre, je te donnerai une fortune.

— Oh! mon frère!

— Est-ce que le marquis de Chamarande pourrait vivre dans l'opulence et sentir le baron de Simaise dans la gêne? Non, non. Ce serait l'amertume dans notre bonheur, n'est-ce pas, Lucy?

— Oui, mon Paul.

— Quand tu te marieras, Léon, tu sauras ce que j'ai l'intention de faire pour toi. En attendant, tu resteras près de nous, nous vivrons en famille et ma bourse sera la tienne. Ecoute, j'aurai souvent besoin de tes conseils et aussi de tes services dans une infinité de circonstances. Je serais fort embarrassé, je t'assure, si je ne t'avais pas près de moi, pour procéder au placement de mon capital. Tu dois connaître les choses de la finance?

— Un peu, mon frère.

— Ce qui veut dire, — ta modestie étant connue, — que tu t'y entends très-bien. Moi, je n'ai guère appris autre chose qu'à échanger les produits coloniaux de l'archipel Indien contre les marchandises diverses de l'ancien continent. Je suis un commerçant. Tu m'aideras, Léon, tu seras mon guide.

— Tout ce que je pourrai faire pour vous, mon frère, je le ferai.

— J'en suis convaincu. J'ai certains projets, nous les examinerons ensemble. On commence à exécuter en France de grands travaux : dans ces dernières années, l'industrie nationale a pris un nouvel essor extraordinaire. Les journaux français qu'on reçoit à Batavia m'ont appris cela. Le mouvement en avant s'est arrêté, viens-tu de me dire ; mais ce n'est qu'un moment de crise dans quelques mois, sans doute, nous verrons la reprise des affaires. Les travaux commencés s'achèveront et on mettra la main à ceux qui sont à l'étude. Eh bien, Léon, je ne resterai pas inactif ; à défaut de connaissances spéciales, je pourrai, grâce à mon capital, être utile à notre pays ; j'apporterai, dans la mesure de mes moyens, mon concours aux grandes conceptions ayant pour but la prospérité et la grandeur de la France.

XXVI

L'OISEAU NOIR

Le marquis et la marquise sont installés à Port-Marly.

Léon n'a rien exagéré. La propriété est ravissante. Ce petit coin de terre où l'air est embaumé, où des fleurs magnifiques s'épanouissent sous les rayons caressants du soleil, semble avoir été créé exprès pour deux jeunes époux qui s'adorent.

Lucy est enchantée, et elle dit souvent, pour exprimer sa satisfaction :

— Je crois me retrouver au Bengale.

L'habitation est charmante, c'est un petit palais. Un goût parfait a présidé à sa décoration intérieure et à son ameublement. Tout est délicieux. La chambre et le boudoir de la jeune femme sont deux merveilles.

Habitué à l'élégance et aux raffinements de la vie parisienne, Léon a bien fait les choses. C'est avec un accent plein de gratitude que Lucy l'a remercié et complimenté.

Deux voitures sont sous la remise et il y a trois beaux chevaux dans l'écurie.

Presque chaque jour, quand la grande chaleur est passée, on attelle, et les deux frères et Lucy font de ravissantes promenades dans les environs ; ils visitent les sites pittoresques, partout ils admirent les magnifiques points de vue, les paysages splendides.

— C'est beau, c'est beau ! ne se lasse point de répéter Lucy. Ah ! c'est avec raison qu'on entend dire dans tous les pays du monde : La belle France !

Des promenades aux environs de Versailles, de Saint-Germain, de Saint-Cloud, sont les seules sorties du marquis et de la marquise. Ne connaissant personne, ils vivent dans la solitude. Ils s'y plaisent. Ils se trouvent si bien dans leur nid d'amoureux ! Ils n'ont pas un instant d'ennui. Est-ce qu'on peut jamais s'ennuyer quand on s'aime ?

Pour le moment, ils ne voient et ne reçoivent personne. Dans quelques mois, on ne pensera plus à Paris aux mauvaises journées de juin, la tranquillité sera complètement rétablie. Ceux que la crainte a éloignés de Paris y reviendront. Alors on verra. Léon a des relations, il présentera le marquis et la marquise dans quelques maisons ; mais on a le temps, on ne se pressera pas de faire des connaissances ; car le monde est exigeant : quand il s'empare de vous, vous ne vous appartenez plus.

Près de son frère et de sa belle-sœur, le baron de Simaise continue à jouer son rôle en parfait comédien. Certes, ce n'est pas lui qui poussera le marquis à voir du monde ; il le tiendra, au contraire, éloigné de Paris le plus longtemps qu'il pourra.

Il a réussi à gagner l'affection de son frère, à capter sa confiance, c'est bien ; mais, pour que cela dure il y a des choses que le marquis ne doit pas savoir. Si on lui

LE MYSTÈRE

ouvrait les yeux, s'il découvrait qu'il est la dupe d'un abominable hypocrite, toutes ses combinaisons seraient déjouées, il aurait pris une peine inutile ; l'échafaudage de sa fortune s'écroulerait d'un seul coup, comme un château de cartes.

Tromper son frère, l'enlacer dans les réseaux invisibles de son machiavélisme, voilà ce qu'il fallait ; et ce résultat était d'autant plus facile à obtenir, que la confiance du marquis était plus grande, plus entière.

Paul jugeait les autres, son frère particulièrement, d'après lui-même ; il croyait Léon bon, dévoué, sincère en tout. Comment aurait-il pu soupçonner seulement sa précoce perversité ? C'est toujours parce qu'ils sont confiants et qu'ils ne peuvent croire au mal, que les hommes d'une nature loyale et généreuse sont victimes des méchants.

Léon était trop adroit, trop rusé pour se laisser deviner. Il avait changé son caractère, l'expression de sa physionomie, celle de son regard, jusqu'au timbre de sa voix. Sa volonté avait mis un masque sur son visage, il le gardait.

Il calculait ce que son jeu devait lui rapporter. L'amitié et la reconnaissance de son frère lui vaudraient tant, il aurait tant pour son dévouement et les services qu'il rendait au marquis; il comptait bien se faire payer aussi la contrainte qu'il s'imposait, le mal qu'il se donnait pour ne pas se montrer tel qu'il était. Dame, toute peine mérite salaire, et quand on calcule, il faut surtout, pour obtenir un calcul juste, ne rien oublier.

Le marquis possédant plus de quatre millions, sans compter la fortune de M. Philippe de Villiers, qui lui viendrait un jour, il ne pouvait pas donner à son frère chéri moins d'un joli petit million. Mais qui sait, en s'y prenant bien, s'il était tout à fait adroit, Paul irait peut-être de deux millions. Mon Dieu, oui, deux millions ! Cela n'aurait rien d'extraordinaire.

Et déjà le baron se sentait lesté de deux millions ; il se lançait dans le tourbillon de la vie parisienne ; il éclipsait ses amis, il brillait, il éblouissait, il était superbe ; il avait pour maîtresses les plus belles femmes de Paris ; il était l'homme du jour, on ne parlait que de lui dans tout Paris.

Tel était le rêve du baron. En attendant que tout cela devînt une réalité, l'activité de Léon était admirable. Il se multipliait. Pour être agréable aux deux époux, il aurait fait tout au monde. Aucune peine ne paraissait lui coûter. Il se montrait aimable, gracieux, empressé, attentif, respectueux.

— C'est un cœur d'or ! disait Paul à Lucy.

Devenu commerçant par circonstance, le marquis était resté un véritable gentilhomme et, comme tel, il avait le dédain des affaires d'argent : il n'aimait pas compter. Aussi s'était-il empressé, courant ainsi au-devant des secrets désirs du baron, de lui confier le soin de ses intérêts. De ce côté, Léon suppléait son frère en tout.

Tout entier à son amour pour Lucy, Paul se trouvait heureux de n'avoir à s'occuper que d'elle, à ne penser qu'à elle.

Les lettres de change avaient été converties en espèces. Deux millions étaient en dépôt à la Banque de France, en attendant qu'on eût décidé qu'il serait fait de ce capital tel ou tel emploi. Les affaires étaient toujours languissantes ; mais leur reprise ne pouvait tarder longtemps. Léon attendait le moment propice pour prendre part à une grande entreprise.

Profitant de la baisse des fonds publics et de toutes les valeurs mobilières, le baron avait successivement acheté, et toujours dans d'excellentes conditions, des titres de rente sur l'Etat, des actions et des obligations au porteur. Les deux autres millions avaient ainsi trouvé leur placement.

Certaines opérations, celles principalement de la conversion des lettres de change en espèces, avaient exigé que le baron eût en main une procuration ; le marquis la lui avait donnée aussi étendue que possible. Mais ayant le maniement des fonds sans contrôle, la liberté entière d'opérer comme il l'entendait, Léon, par suite d'un autre calcul, sans aucun doute, se servait le moins possible de sa procuration et agissait en son propre nom. De cette façon, le marquis n'était plus le maître de sa fortune et se trouvait sous la dépendance de son frère.

— Je tiens l'argent, pensait le mandataire, attendons et laissons venir.

Un événement imprévu, qui devait être suivi bientôt d'un épouvantable malheur, allait changer la face des choses et forcer le baron à se livrer à de nouvelles combinaisons.

Un jour le marquis reçut, venant de Batavia, un paquet cacheté de cire noire. Il y avait sous l'enveloppe, que Paul déchira d'une main tremblante, plusieurs lettres. La première qu'il ouvrit et lut était de Charles Chevry.

Le marquis était très-pâle, de grosses larmes roulaient dans ses yeux.

— Mon pauvre cousin, mon cher bienfaiteur ! murmura-t-il.

La lettre de Charles Chevry lui annonçait la mort de M. de Villiers. Le vieillard avait été foudroyé par une attaque d'apoplexie, dans sa chambre, au moment où il allait se mettre au lit. Il n'avait pas eu le temps d'appeler à son secours ; c'est le lendemain matin seulement qu'on l'avait trouvé étendu sans vie, roide, sur le parquet.

La lettre disait encore :

« M. de Villiers a fait son testament en votre faveur ;
» à l'exception de quelques legs, qui ne s'élèvent pas,
» réunis, à plus de cinq cent mille francs, vous êtes son
» unique héritier. On ne sait pas encore exactement quel
» est le chiffre de sa fortune, mais on parle de cinq à
» six millions.

» Pour régler les affaires de succession et celles de la
» liquidation, qui est commencée, votre présence à Batavia est indispensable. Il faut absolument que vous
» veniez.

» L'officier ministériel entre les mains duquel a été
» déposé le testament vous écrit ; il vous dit qu'il vous
» attend. Les lettres des deux associés de la maison Philippe de Villiers et Cie vous prient également de venir
» sans retard à Batavia.

» J'aime toujours Zélima ; je l'aime comme vous ai» mez votre chère Lucy. Aimer et être aimé, voilà le
» suprême bonheur ! Je ne puis douter de l'amour de ma
» Zélima adorée, car c'est un grand, un bien grand sa» crifice qu'elle a fait en restant à Batavia. Elle a été la
» consolatrice de M. de Villiers, qui a été longtemps
» bien triste et comme une âme en peine après votre dé» part.

» En attendant l'heureux jour où nous serons unis,
» Zélima m'apprend la langue indoue ; quand je con» naîtrai suffisamment l'indou, j'entreprendrai, à mon
» tour, d'apprendre le français à Zélima. Mais, quand ?
» Je suis furieux contre moi, en voyant comme je fais
» peu de progrès ; il paraît que quand le cœur est tendre
» la tête est dure. Je suis toujours distrait près de Zélima ;

» je ne pense qu'à l'admirer, je suis en extase. Jugez
» comme je suis disposé à apprendre la langue passa-
» blement mystique des brahmanes et des rajahs.

» M. de Villiers devait nous marier ; quelques jours
» avant sa mort il avait fixé l'époque du mariage. Notre
» bonheur est retardé ; nous nous résignons ; nous ne
» pouvons penser à la joie sur le bord de la tombe à
» peine fermée de notre bienfaiteur. Heureusement, un
» sourire et un doux regard de ma Zélima suffisent
» pour me faire prendre patience. »

Les autres lettres n'étaient que de quelque lignes, mais toutes se terminaient par ces mots :

« Votre présence ici est absolument necessaire ; venez
» vite, nous vous attendons. »

Ainsi, il fallait partir.
— Paul, mon Paul, s'écria Lucy en pleurant, je veux t'accompagner !
Le marquis secoua tristement la tête.
— C'est impossible, dit-il.
Lucy était enceinte.
Mais la jeune femme ne voulait rien entendre. La séparation l'effrayait. On aurait dit qu'elle avait le pressentiment des malheurs qui allaient fondre sur elle.

Il fallut toute l'autorité du marquis pour qu'elle se rendît à ses bonnes raisons. Elle finit par comprendre que, dans la position où elle se trouvait, il serait imprudent et même dangereux de faire ce long voyage en mer. Cette séparation forcée de cinq à six mois était un sacrifice qu'il fallait faire. Déjà Lucy se devait au cher petit être qu'elle portait dans son sein.

La jeune femme ne cessa pas de pleurer, elle avait toujours le cœur gros, mais elle était résignée. Plus encore que les raisonnements du marquis, le sentiment maternel, qui commençait à parler en elle, lui faisait comprendre qu'elle ne pouvait pas accompagner son mari.

Un bâtiment de la marine hollandaise, chargé de marchandises pour les îles de la Sonde, était en partance dans le port de Marseille.

C'est à Marseille que le marquis s'était embarqué la première fois. Il résolut, pour ne pas perdre de temps, de prendre passage à bord du navire étranger.

— Allons, ma Lucy, dit-il à la jeune femme en l'embrassant tendrement au moment de partir, sèche tes larmes et pense que bientôt tu seras mère ; je hâterai mon retour près de toi, je te le promets.

— Oh ! oui, mon Paul bien-aimé, reviens vite ; je compterai les longues heures de ton absence.

Et, manquant de force, la pauvre Lucy se mit à sangloter.

— Léon, mon frère, reprit le marquis, Lucy est ce que j'ai de plus précieux au monde ; je te confie mon cher trésor.

Le baron, ayant la mine piteuse commandée par la circonstance, forçait des larmes rebelles à mouiller ses yeux.

— Mon frère, répondit-il d'un ton pénétré, vous pouvez partir tranquille : je veillerai sur ma sœur comme une tendre mère veille sur son enfant, et je lui obéirai ainsi qu'un serviteur fidèle et dévoué obéit à son maître.

L'heure de partir était venue. Les pieds des chevaux impatients, attelés au coupé, frappaient le sol. Le marquis s'arracha des bras de Lucy et se jeta dans la voiture, qui partit aussitôt comme un trait.

A ce moment une corneille vint se percher à la cime d'un orme et fit entendre son cri sinistre.

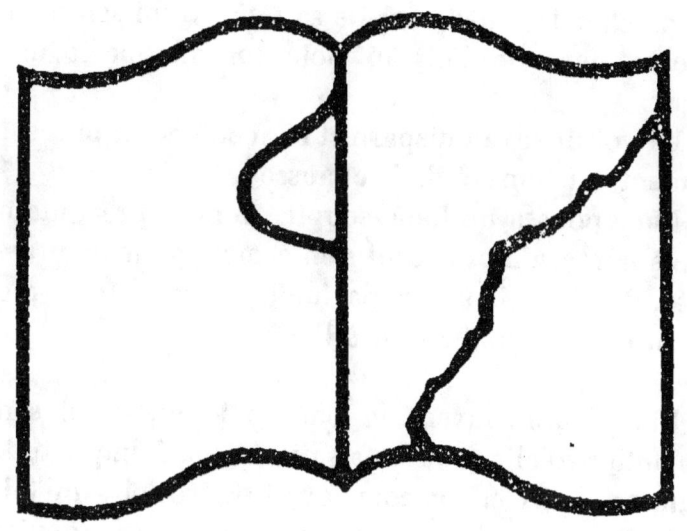

Texte détérioré
Marge(s) coupée(s)

DE LA PAGE 261
A LA PAGE 267

La jeune femme tressaillit et éprouva un malaise indéfinissable, comme si quelque chose se déchirait en elle.

Lucy était superstitieuse, comme le sont généralement les créoles.

Pourquoi cet oiseau de mauvais augure était-il venu se percher là, au-dessus de sa tête ? Il lui sembla que le croassement de l'oiseau noir lui annonçait un malheur.

La voiture avait disparu et on n'entendait plus son roulement sur le pavé de la chaussée.

Lucy poussa un long soupir, rentra précipitamment dans la maison et courut s'enfermer, pour pleurer à son aise, dans son boudoir parfumé, encore tout plein du bruit des baisers de tout à l'heure.

. . . .

Elle pleura souvent, la pauvre Lucy, il lui semblait qu'autour d'elle tout se faisait ombre. L'inquiétude était dans ses yeux et son cœur avait des soupirs qui faisaient s'envoler le sourire de ses lèvres. Étendue, languissante, sur son ottomane moelleusement capitonnée, elle regardait tristement, à travers les vitres, tomber les feuilles d'automne. Ainsi qu'elle l'avait dit, elle comptait les heures. Ah ! comme les jours et les nuits étaient longs !

Et puis, malgré elle, en dépit de tous ses raisonnements, elle pensait constamment à l'oiseau noir qui s'était perché sur la plus haute branche de l'orme. Sans cesse elle croyait entendre le cri guttural qui l'avait si étrangement impressionnée. Vainement elle se raillait de sa faiblesse et avait beau se dire : c'est absurde, je suis ridicule ! rien ne pouvait lui ôter de l'idée qu'un malheur inconnu la menaçait.

Lucy était frappée. Et voilà pourquoi, quoi qu'elle fît, elle pensait toujours à l'oiseau noir.

Le baron était parfait. Il s'absentait rarement. Certes, cela lui coûtait beaucoup de partager la solitude de sa belle-sœur ; mais il tenait à jouer sa comédie jusqu'au bout. Après tout, s'il se privait maintenant de quelques plaisirs, il saurait se dédommager le moment venu.

Plein d'attentions charmantes, toujours aux petits soins auprès de Lucy, lui tenant compagnie, cherchant à la distraire, à l'égayer, il avait pour elle une sollicitude d'amant respectueux.

Quand la jeune femme, à bout de forces, laissait voir son chagrin, il la consolait avec de douces paroles ; quand elle lui disait ses craintes, il la grondait doucement et s'efforçait de la rassurer.

Malgré tout, Lucy restait triste et inquiète.

Ce n'est qu'au bout de quatre longs mois, en recevant une lettre de son mari, qu'elle se sentit moins tourmentée.

Après une heureuse traversée, le marquis était arrivé à Batavia.

« En moins de quinze jours, disait-il, j'espère que les « affaires pour lesquelles ma présence est nécessaire se- « ront terminées ; alors je reprendrai la mer. »

Or, la lettre avait mis deux mois pour venir en France.

Si le marquis avait pu quitter Batavia au bout de quinze jours, comme il l'espérait, il était en mer depuis six semaines, il arriverait bientôt ; sans doute, on ne tarderait pas à recevoir une nouvelle lettre du marquis, annonçant son départ de Batavia.

— Allons, tout va bien, dit le baron à la jeune femme ; maintenant vous allez redevenir gaie.

Un sourire effleura les lèvres de la marquise.

— Pas encore, répondit-elle.

Lucy n'était pas complétement rassurée.

Lucy pensait toujours à l'oiseau noir.

XXVII

LE NAUFRAGE

En quinze jours, quand on ne veut pas perdre de temps, et quand, surtout, on se sait attendu par une personne aimée, en quinze jours on fait bien des choses.

Le marquis de Chamarande avait donné les signatures nécessaires et répondu à toutes les exigences du notaire, d'abord, et ensuite des associés de la maison Philippe de Villiers et Cie.

Mis en possession de l'héritage, on lui avait délivré, à la banque de Batavia, deux lettres de change, représentant la somme déposée à cette banque par M. de Villiers.

D'après l'inventaire qui avait été fait immédiatement après le décès du vieux négociant, les deux associés reconnaissaient devoir trois millions à l'héritier de Philippe de Villiers.

Pour n'entraver en rien la marche toujours ascendante des affaires de la maison, et ne pas procéder, hâtivement, à une liquidation, qui pourrait être désastreuse pour eux, les associés demandèrent à ne payer cette somme de trois millions, augmentée des intérêts capitalisés à dix pour cent qu'au bout de quatre années. Cela leur fut gracieusement accordé.

Pour le représenter à Batavia, il était nécessaire que le marquis eût un mandataire. Il choisit Charles Chevry, auquel il fit accepter, non sans peine, toutefois, la moitié des intérêts de la somme laissée entre les mains des associés, soit cinq pour cent par an.

Toujours généreux, le marquis avait trouvé ce moyen facile d'enrichir son fondé de pouvoir sans froisser sa susceptibilité.

En onze jours seulement, tout avait été arrangé, terminé. Comme on le voit, le marquis avait bien employé son temps.

Presque chaque jour, un et même plusieurs navires européens, ayant pris leur cargaison, quittaient le port de Batavia. Le marquis aurait pu reprendre immédiatement le chemin de la France; mais, avant de partir, il voulait assister au mariage de Charles Chevry et de Zélima. D'ailleurs son départ ne serait retardé que de cinq jours.

Tout en s'occupant fiévreusement de ses affaires, le marquis avait pensé aux deux jeunes gens qui s'adoraient, et il s'était dit :

— Je ne quitterai pas Batavia sans avoir fait deux heureux. Mon cousin de Villiers devait les marier, eh bien, c'est moi qui ferai ce que mon cousin n'a pu faire.

La veille du mariage, il écrivit deux lettres, une à la marquise, l'autre au baron de Simaise.

Ces deux lettres arrivèrent à Port-Marly dix-sept jours après la première.

La lettre adressée au baron renfermait les deux lettres de change de la banque de Batavia. Acquittées par le marquis, et d'un million chacune, elles étaient payables, après présentation, à la maison de banque Rothschild. de Paris, à un mois de distance.

— Deux nouveaux millions ; mon frère s'est donc embarqué avec au moins trois millions encore. Quelle merveilleuse fortune ! Si j'en avais seulement la moitié ! Nous verrons, nous verrons !

Et ses yeux gris étincelaient. Et il sentait sur tout son corps un frémissement étrange.

Paul écrivait à Lucy :

« Je pense, mon cher trésor, que tu as reçu ma pre-
» mière lettre; je l'ai écrite le jour même de mon arrivée
» à Batavia, ne voulant pas remettre au lendemain pour
» t'apprendre que j'avais fait une heureuse traversée, et
» pour te dire que je n'ai pas cessé un instant de penser
» à ma bien-aimée Lucy.

» Les grosses affaires qui m'ont amené ici sont main-
» tenant terminées, et, enfin, je respire. Grâce à la bonne
» volonté de tous autour de moi, j'ai mené tout cela
» rondement. Il est vrai que le bon Charles Chevry, qui
» s'entend bien mieux que moi à ces sortes d'affaires,
» m'a beaucoup aidé.

» Demain, il épouse Zélima ; oui, ma chérie, demain
» Zélima sera la femme de Charles Chevry. C'est moi
» qui ai hâté le mariage. J'ai voulu, avant de partir
» pour revenir vers toi, être témoin de leur bonheur.

» Charles et Zélima s'aiment comme nous nous aimons
» et ils seront heureux comme nous le sommes.

» Un navire de la grande compagnie hollandaise va
» quitter le port dans une heure ; il emportera cette
» lettre et une autre que j'écris à mon frère.

» Je m'embarquerai dans trois jours ; j'ai déjà assuré

» mon passage à bord du bâtiment français le *Téméraire*,
» du port du Havre.

» Quand tu recevras ma première lettre, ma bien-aimée
» Lucy, je serai loin déjà de Batavia, et quand celle-ci
» te parviendra, je serai bien près de la France. Il n'y
» aura plus entre nous, j'espère, que quatre ou cinq jours
» de distance. Ah ! retourner près de toi, te tenir dans
» mes bras, contre mon cœur, quelle joie, quelle ivresse !

» Soigne-toi bien, ma Lucy, ménage-toi et prends les
» plus grandes précautions ; il faut que tu conserves ta
» chère santé. Tu ne dois pas oublier que, bientôt, tu se-
» ras mère. Notre enfant sera notre joie ; ah ! comme
» nous allons l'aimer !

» A bientôt, ma chérie ! Je voudrais être déjà près de
» toi pour mettre un long baiser d'amour sur tes lèvres
» roses et m'enivrer de la douceur de ton regard.

» Ton mari qui t'adore.

» PAUL DE CHAMARANDE. »

Avec un attendrissement facile à comprendre, la marquise relut plusieurs fois cette lettre qu'elle mouilla de ses larmes.

Quelques jours encore à attendre et elle le reverrait, et il serait près d'elle, pour ne plus la quitter, cette fois !

Il lui sembla qu'elle était enfin délivrée de ses noires appréhensions ; elle sentait que son cœur s'ouvrait aux douces émotions de la joie.

Pour la première fois depuis des mois elle accueillit son beau-frère avec un air souriant. Léon parut enchanté de l'heureux changement qui venait de s'opérer en elle. Ils parlèrent longuement du prochain retour de Paul. La marquise s'animait ; peu à peu ses yeux fatigués par les larmes reprenaient leur éclat ; le nuage qui naguère obscurcissait son front avait disparu.

Ce ne fut qu'un rapide éclair de gaieté, une éclaircie momentanée dans un ciel orageux.

Cinq jours s'écoulèrent, puis cinq autres, puis une semaine encore.

Lucy avait senti renaître ses craintes et était retombée dans ses sombres pensées. D'abord elle avait versé de nouvelles larmes ; puis, brisée par d'horribles angoisses, anéantie, elle n'avait même plus eu la force de pleurer. Elle allait et venait machinalement, n'ayant conscience de rien, comme si la pensée eût été absente ; ou bien, affaissée sur un siège, dans un état de prostration complet, elle restait des journées entières pâle, sans voix, les yeux fixes, immobile comme un corps paralysé. Cette douleur muette, concentrée, avait quelque chose de lugubre. C'était navrant.

Vainement son beau-frère essayait encore de la rassurer ; il ne parvenait même pas à la tirer de sa torpeur.

— Vous ne devez pas vous désespérer ainsi, lui disait-il ; Paul n'a pu nous dire exactement le jour de son arrivée ; le bâtiment a très-certainement fait escale quelque part, dans un port de la mer des Indes ou de l'océan Atlantique.

Et il lui expliquait de son mieux les différentes causes qui pouvaient retarder la marche d'un navire. Mais il lui disait tout cela sans conviction, car lui-même commençait à croire que le *Téméraire* avait fait naufrage.

Il y avait eu quatre ou cinq jours de violentes tempêtes, et déjà on parlait de nombreux sinistres en mer. Mais on ne savait rien encore de précis, on attendait des nouvelles.

Le baron se gardait bien d'entretenir sa belle-sœur de tous les bruits qui couraient. Du reste, la jeune femme restait insensible à tout ce qu'il pouvait lui dire ; elle ne l'écoutait pas. Le corps de Lucy seul était à Port-Marly, son âme et sa pensée s'en allaient bien loin, à travers les flots de l'Océan, à la recherche du bien-aimé ; et quand ses yeux mornes semblaient errants dans le vague de l'infini, peut-être essayaient-ils de sonder la profondeur des eaux mugissantes où se cachent les effroyables abîmes sous-marins.

Tous les matins, Léon lisait avidement les journaux qui venaient à Port-Marly, s'attendant toujours à y trouver le récit du naufrage du *Téméraire*. Dans l'après-midi, il faisait atteler et se rendait à Paris pour se mettre en quête de renseignements.

On enregistrait successivement les sinistres, on en comptait déjà plus de vingt. Toutes les nations avaient été plus ou moins éprouvées. Tel bâtiment avait péri corps et biens ; d'un autre, l'équipage avait été sauvé. Mais on était loin encore de connaître toutes les pertes ; chaque jour on signalait de nouveaux sinistres. On était sans aucune nouvelle de plusieurs navires ; au nombre de ces derniers se trouvait le *Téméraire*, bâtiment appartenant à M. Desprez, un des plus riches armateurs du Hâvre.

— Attendons, attendons, se disait le baron de Simaise.

Le *Téméraire* s'était-il perdu ? Le marquis avait-il trouvé la mort au milieu des flots de la mer furieuse ? Le baron osait à peine penser à cela, non parce que la mort de son frère lui causerait un grand chagrin, mais parce que cela lui donnait des idées singulières, lui faisait entrevoir un avenir trop éblouissant, la réalisation d'un rêve ténébreux.

Déjà il songeait à trouver le moyen d'être le maître absolu de l'immense fortune du marquis de Chamarande. Etait-ce possible? Pourquoi non? Il se sentait capable de tout, assez fort, assez audacieux pour ne reculer devant rien. Un autre que Léon aurait été épouvanté d'avoir une pareille pensée ; mais lui ne s'effrayait pas pour si peu ; s'il ne s'abandonnait pas à cette pensée, si même il l'éloignait de lui, c'est qu'il ne savait pas encore si son frère ne reviendrait plus. Il craignait une déception.

— Attendons, attendons, répétait-il.

Quelques jours s'écoulèrent encore.

Un matin, à la troisième page du premier journal qu'il ouvrit, ces mots: « naufrage du *Téméraire* » lui sautèrent aux yeux. Il laissa échapper une exclamation et éprouva un tel saisissement, que ses yeux se voilèrent et que la feuille trembla entre ses doigts. Mais il se remit promptement.

— Enfin ! murmura-t-il.

Et les yeux brillants, haletant d'émotion, il lut avidement.

Deux matelots du *Téméraire* avaient été recueillis en mer par un bâtiment de la compagnie des Indes, lequel avait lui-même beaucoup souffert de la tempête, ainsi que l'attestait le piteux état de ses agrès.

Après avoir été conduits à Plymouth, d'abord, les deux matelots, seuls survivants de l'équipage du *Téméraire*, s'étaient embarqués sur un navire marchand, qui les avait ramenés au Hâvre où ils venaient d'arriver. Ce sont eux qui avaient raconté le naufrage du *Téméraire*.

Le navire voguait à pleines voiles dans les eaux du golfe de Guinée et n'allait pas tarder à passer la ligne de l'équateur, lorsqu'on vit tout à coup de gros nuages noirs se former à l'horizon, puis monter, s'étendre et couvrir le ciel tout entier. Le vent se mit à souffler avec une extrême violence. De larges éclairs, fendant la nuée, jetaient à travers l'immensité de grandes lueurs d'incendie ; le tonnerre grondait, mêlant les bruits terribles de ses roulements lointains aux mugissements des vagues monstrueuses, qui sautaient en croupe les unes sur les autres. Ce n'était pas encore l'ouragan.

Il ne tarda pas à se déchaîner avec une telle fureur et si épouvantable qu'on n'en voit pas un semblable en vingt ans dans ces parages.

En un instant, le navire eut ses vergues, ses haubans, sa dunette, ses voiles carguées, tous ses cordages emportés, son gouvernail brisé, ses mâts tordus, rompus. Enveloppé soudain dans une trombe, il tournoyait, bondissait sur les crêtes des plus hautes vagues, dans une course vertigineuse.

A bord, c'était une scène de désolation indescriptible ; on sentait qu'on était perdu. On s'appelait sans s'entendre, on hurlait. Aux lamentations, aux cris de terreur et de désespoir des uns, se mêlaient les imprécations, les exclamations, les cris de fureur des autres. On s'était précipité par les écoutilles pour ne pas être balayé sur le pont. C'était un effarement, un affolement général. La voix des chefs recommandant le calme se perdait dans les sifflements de la tempête. La mer, battant les flancs du vaisseau, faisait craquer sa carène jusqu'à la cale. Aucun ordre ne pouvait être donné puisqu'il était impossible de l'exécuter. Le malheureux navire s'abandonnait à la fureur du vent et des flots, sans pouvoir même essayer de lutter contre eux. C'était l'épouvantable dans ce qu'il y a de plus horrible.

Tout à coup, un effroyable craquement se fit entendre de l'avant à l'arrière. Le *Téméraire* venait d'être jeté sur des récifs. Soulevé aussitôt par une lame énorme, il retomba de nouveau sur la chaîne de rochers. Cette fois, au milieu du craquement de la carène dans toutes ses jointures, il se fit à l'intérieur du bâtiment comme une explosion formidable. C'était fini. Le *Téméraire* venait de s'ouvrir dans toute sa longueur. Une seconde lame, plus forte que la première, le souleva encore ; mais il s'en alla de travers, couché sur bâbord, comme un albatros qui vient d'avoir l'aile gauche cassée.

Des voix étranglées crièrent : « Nous coulons !... »

En un clin d'œil l'eau avait rempli la carène. On s'était élancé vers les chaloupes de sauvetage : mais on n'eut pas même le temps de les détacher des flancs du navire. Le *Téméraire* s'enfonça et disparut sous les vagues écumantes.

Pendant un instant, on avait vu des têtes se dresser, des bras s'agiter, puis plus rien. L'Océan roulait des cadavres dans ses sombres profondeurs.

En nageant, en se débattant au milieu des flots, les deux matelots sauvés avaient eu le bonheur inespéré de rencontrer la bouée de sauvetage ; ils s'y étaient accrochés avec l'énergie du désespoir et ils lui avaient dû leur salut.

Ce n'est qu'au bout de cinquante-quatre heures que les pauvres naufragés avaient été recueillis par l'équipage du navire anglais. Il était temps. Épuisés, à bout de forces, mourant de faim et de soif, les deux malheureux n'avaient probablement plus que quelques heures à vivre.

— Le doute n'est plus possible, murmura le baron, quand il eut lu jusqu'à la fin le récit du naufrage, mon frère est mort ! Son corps gît au fond de l'Océan, à moins qu'il n'ait trouvé un cercueil dans le ventre d'un requin ou d'une baleine.

Un sourire atroce crispa ses lèvres.

Il se dressa, les yeux pleins de lueurs fauves, et se mit à marcher à grands pas. Le sang lui montait à la tête, il se sentait comme pris de vertige, il avait besoin de mouvement.

— A moi les millions, à moi les millions ! disait-il.

Et il riait, le misérable, il riait comme un démon qui grince des dents.

Mais, dans le tumulte de ses abominables pensées, il lui en vint une qui calma subitement son ignoble joie. Il pâlit, son front s'assombrit, la flamme de son regard s'éteignit.

Si le marquis n'était pas mort ! N'avait-il pas pu être sauvé, lui aussi, par miracle, comme les deux matelots ? Et puis, qui sait, il s'était peut-être embarqué sur un autre navire que le *Téméraire ?* D'un moment à l'autre il pouvait arriver. Il fallait ne pas aller trop vite, il devait se contenir encore. Après avoir tant fait, si bien joué son rôle, ce serait trop bête, vraiment, de se perdre par une imprudence. Il ne fallait rien risquer. Il était patient, il l'avait prouvé. Eh bien, il patienterait. Après tout, il pouvait bien attendre, mettre pour un temps encore un frein à toutes ses convoitises ; plus tard, il n'en savourerait que mieux toutes les jouissances. Oui, oui, pour mettre bas le masque, il attendrait que le moment fût venu, qu'il n'eût plus rien à redouter.

En pensant à tous les plaisirs qu'il se promettait, aux nuits joyeuses, aux débauches fiévreuses, aux folles ivresses, le baron sentait un frémissement dans tout son être, il éprouvait toutes sortes de sensations voluptueuses.

Il s'arrêta au milieu de la chambre, brusquement, et resta immobile pendant un instant, la main appuyée sur son front brûlant. Il réfléchissait :

— Vivre ainsi longtemps encore serait intolérable, prononça-t-il d'une voix sourde, en rejetant sa tête en arrière ; il faut faire cesser toute incertitude, il faut que je sache à quoi m'en tenir.

Aussitôt sa physionomie changea d'expression. Il se regarda dans une glace et parut satisfait.

Ses traits, tout à l'heure tourmentés, ne révélaient plus, maintenant, l'agitation de son âme ; ses prunelles luisantes ne reflétaient plus ses hideuses pensées ; en lui, pourtant, les passions enchaînées par sa volonté étaient en pleine révolte.

Tenant à ce que la marquise ne fût pas instruite encore du naufrage du *Téméraire*, non certes point par pitié pour la malheureuse, mais par calcul, il fit rapidement disparaître les journaux. Il jeta un nouveau regard sur la glace et, prenant un air contrit, il se rendit près de sa belle-sœur.

XXVIII

LE MATELOT DU TÉMÉRAIRE

Lucy, très-pâle, était assise sur son ottomane, dans son attitude habituelle, languissante, immobile, les mains jointes sur ses genoux, le regard fixe, égaré dans le noir, la pensée envolée, errante.

Au bruit que fit la porte en s'ouvrant, elle tressaillit comme arrachée à un rêve, et, lentement, se retourna.

— Bonjour, ma sœur, dit le baron de sa voix mielleuse.

Elle répondit par un léger mouvement de tête. Puis ses yeux, qu'une lueur subite éclaira, se fixèrent anxieusement interrogateurs, sur ceux de son beau-frère.

Le baron secoua tristement la tête.

Lucy laissa échapper une plainte sourde.

— Toujours pas de nouvelles ! dit Léon.

— Rien, rien, toujours rien ! gémit la jeune femme.

Et son visage, peut-être encore plus beau avec sa pâleur, prit une expression de douleur intraduisible.

— Ma sœur, reprit le baron, cherchant à paraître trèsattristé, je n'ose plus essayer de vous rassurer, après vous avoir dit tant de fois : Il ne lui est rien arrivé, prenez patience, attendons... Hélas ! les jours se succèdent et rien. A mon tour, je ne peux plus rester calme, des pensées tristes m'assiégent, et, en dépit de mes efforts pour la repousser, l'inquiétude commence à pénétrer en moi.

Lucy fit entendre une nouvelle plainte.

— Pourtant, ma sœur, croyez-le, je ne cesse pas d'espérer.

— Je n'espère plus, moi ! murmura la pauvre désolée.

— Ah ! je vous en prie, répliqua vivement Léon, espérez encore ; jusqu'à la dernière minute nous devons conserver l'espoir : dans notre cruelle attente, l'espoir est notre unique refuge.

Lucy secoua la tête avec découragement.

Il y eut un assez long silence.

— Ma sœur, reprit le baron, je viens prendre congé de vous ; je vais m'absenter pour trois ou quatre jours.

Le regard de la jeune femme redevint interrogateur.

— Chaque jour, vous le savez, continua le baron, je me rends à Paris, comptant toujours apprendre quelque chose ; mais c'est en vain que je passe mon temps dans les bureaux des compagnies d'assurances maritimes, en vain que je lis tous les journaux de la première à la dernière ligne ; je reviens ici le soir sans être mieux instruit que le matin, et chaque jour de plus en plus perplexe. Les journaux ne me renseignent point. Les gens que j'interroge restent muets; ou ils ne savent rien, ou ils ne veulent rien me dire.

Eh bien, ma sœur, malgré ce qu'il m'en coûte de m'éloigner de vous, j'ai pris la résolution de me rendre au Havre ; là, sûrement, je saurai quelque chose. Le

Téméraire, sur lequel s'est embarqué mon frère, est un navire marchand, qui appartient à un armateur du Havre. Or, j'ai pensé que le meilleur et le plus sûr moyen d'être vite renseigné était de m'adresser directement à l'armateur propriétaire du *Téméraire*. J'aurais pu lui écrire, car je sais qu'il se nomme Desprez, mais je préfère me rendre au Havre et le voir moi-même. Nul mieux que lui ne peut me renseigner, car il sait, certainement, où se trouve en ce moment son navire et pour quelle cause il n'est pas encore rentré dans le port du Havre. Approuvez-vous mon idée d'aller au Havre, ma sœur ?

La jeune femme se dressa sur ses jambes, une lueur dans le regard.

— Oui, oui, répondit-elle avec une certaine force dans la voix, allez au Havre, mon frère, et sachez la vérité ! Ah ! depuis quinze jours je ne vis plus, je me sens mourir ! Chaque heure qui s'écoule me paraît longue comme un siècle ! Je veux savoir, je veux savoir... Allez, allez, mon frère, courez au Havre et revenez vite. Quelle qu'elle soit, bonne ou mauvaise, apportez-moi la nouvelle... Si je dois encore espérer, je rouvrirai mon cœur à l'espérance, en remerciant le ciel !... Si tout est fini pour moi, si je ne dois plus revoir mon Paul bien-aimé, ne me le cachez point, non, ne me le cachez point. Le coup sera terrible, foudroyant, il me tuera... Qu'importe ! n'en ayez ni effroi, ni chagrin, mon frère... La mort me sera douce. La mort est le repos pour toujours. S'il n'existe plus, lui, mon Paul, il faut bien que je meure pour que mon âme puisse aller retrouver la sienne

Déjà épuisée par l'effort qu'elle avait fait pour parler, Lucy retomba lourdement sur l'ottomane.

— Courage, ma sœur, courage ! s'écria le baron, je vous apporterai une bonne nouvelle.

Elle tourna vers lui ses yeux alanguis et ébaucha un pâle sourire.

— Ma sœur, reprit le fourbe, vous croyez à ma sincère affection, n'est-ce pas ?

— Oui.

— A mon dévouement ?

— Oui.

— Ayez donc confiance en moi ; à mon retour vous saurez la vérité, quelle qu'elle soit. Si la mort nous a pris, à vous votre mari, à moi mon frère, nous le pleurerons ensemble... Mais non, mais non, le marquis de Chamarande n'est pas mort, espérez encore ; il y a en moi quelque chose qui me dit que je reviendrai avec une nouvelle rassurante, que je vous annoncerai la prochaine arrivée de mon frère.

Les yeux de la jeune femme reprirent un peu de l'éclat qu'ils avaient perdu.

— Vous ne serez absent que quatre jours ? dit-elle.

— Oui, quatre jours au plus, je vous le promets.

— Eh bien, pour échapper à mes douloureuses pensées, pendant quatre jours je veux espérer encore. Vous voyez, mon frère, combien est grande ma confiance en vous, ajouta-t-elle en tendant à Léon sa petite main blanche.

Le baron prit la main et la porta à ses lèvres, en s'inclinant.

— Vous partez aujourd'hui ? demanda Lucy.

— Dans une heure. Je vous dis à revoir.

— A bientôt, mon frère !

— A bientôt !

— N'oubliez pas, là-bas, que Lucy attend votre retour avec impatience, afin de savoir si elle doit vivre ou mourir.

— Je ne perdrai pas une minute.

La jeune femme fit de la main et de la tête un signe d'adieu.

Le baron sortit du boudoir.

Il donna l'ordre au cocher d'atteler immédiatement un cheval au coupé afin de le conduire à Paris. Ensuite il se fit servir à déjeuner. Il mangea rapidement, en homme très-pressé, puis il passa dans sa chambre pour se vêtir à la hâte d'un costume de voyage. Il mit du linge dans une valise de cuir de Russie, facile à porter à la main. Cela fait, il s'assura que sa porte était bien fermée, que nul ne pouvait le voir, ni l'entendre, et il ouvrit un vieux meuble de Boule, en faisant jouer des ressorts secrets, invisibles. Ses yeux étincelèrent et son front s'irradia.

Sur une des tablettes du meuble, des liasses de billets de banque étaient entassées, billets de mille francs, de cinq cents, de deux cents, de cent francs. Le deuxième rayon ployait sous un amoncellement de rouleaux d'or. Sur les autres étaient placés, empilés, serrés, mais en ordre parfait, de nombreux titres de rente sur l'État, des actions de la Banque de France, de la compagnie du Gaz, toutes sortes d'autres valeurs mobilières de premier ordre. Tous ces titres divers étaient au porteur et représentaient plus de deux millions. L'or et les billets de banque, formant ensemble une somme d'au moins un million, il y avait là, dans ce meuble, plus de trois millions.

L'autre partie de la fortune du marquis de Chamarande, près de trois millions encore en excellentes valeurs au porteur, était toujours en dépôt à la banque de France.

C'est cette fortune merveilleuse du marquis de Chamarande que convoitait le baron de Simaise ; c'est de ce trésor confié à sa loyauté, à son honneur, qui, son frère mort, appartenait à la marquise, c'est de cette richesse qu'il songeait maintenant à devenir le possesseur, le maître absolu.

Il méditait froidement l'acte de spoliation, cherchant dans s tête ouverte à toutes les pensées mauvaises, le moyen d'accomplir le crime. Dénué de sens moral, le misérable avait su si bien assouplir sa conscience, qu'aucune voix intérieure ne lui criait : voleur !

Six millions ! six millions ! Avec une pareille fortune, ce n'était pas seulement Paris, c'est le monde entier qui serait à lui ! On comprend qu'il avait hâte de s'assurer, d'être convaincu que son frère avait trouvé la mort au milieu des vagues furieuses de l'Océan.

Il restait debout devant le meuble, immobile, frémissant, ne se lassant point de contempler les rouleaux d'or, les billets de banque, les valeurs, les caressant d'un regard où éclatait la tendresse folle d'un avare.

— Heureusement, pensait-il, nul ne sait que j'ai ici cette fortune ; je n'ai pas à redouter les voleurs ; d'ailleurs la propriété est bien gardée. Quant aux domestiques, bien que je ne sois sûr d'aucun d'eux, en supposant qu'ils soupçonnent ce que contient ce meuble, il leur serait impossible de l'ouvrir. Le bois est muet ; ce n'est pas lui qui dira comment il faut appuyer là, es cinq doigts de la main, pour mettre en mouvement le mécanisme qui ouvre cette porte bardée de fer. Non, je n'ai rien, absolument rien à craindre ; je peux partir tranquille. Il n'y a que le feu...

Il ne put s'empêcher de frissonner.

— Ah ! oui, grommela-t-il avec un rictus grimaçant, ce serait une belle proie pour un incendie. Des flammes jaunes, rouges, bleues, de toutes les couleurs, un magnifique feu de bengale... Des millions en l'air, en cendres, en fumée !

Ah ! ça, voyons, est-ce que je suis fou pour avoir une idée pareille ? Suis-je bête ! Le feu ! pourquoi prendrait-il ici ? C'est ridicule, c'est insensé. Je vois constamment des dangers où il n'en existe aucun.

Et il se remit à rire comme pour se moquer de lui-même.

Depuis un instant on entendait le cheval piaffer au bas du perron de la maison.

— Le cheval s'impatiente, se dit-il. Allons, dépêchons-nous et ne perdons pas de temps, car je ne veux pas, à Paris, manquer l'heure du départ.

Il glissa un rouleau d'or dans sa poche, mit une liasse de billets de banque dans son portefeuille, jeta un dernier et long regard sur les rayons du meuble de sûreté transformé en contre-fort et poussa la porte, qui tourna sans bruit sur ses pivots d'acier poli et s'enfonça elle-même dans son encadrement.

Aussitôt une sorte de craquement se fit entendre.

— Fermée ! murmura le baron.

Il mit son chapeau sur sa tête, son pardessus sur son bras et prit sa canne de gandin. Il n'oublia pas, en sortant, de fermer la porte de sa chambre à double tour et de mettre la clef dans sa poche.

M. le baron de Simaise ne croyait à l'honnêteté de personne et il savait que les domestiques sont généralement curieux et indiscrets. Et puis il était de ceux qui pensent qu'on ne prend jamais trop de précautions.

Le cocher, ayant peine à tenir en place le pur sang anglais, attendait son maître, installé sur son siége. Le valet de pied se tenait debout, immobile, comme en faction, à côté de la grille ouverte, prêt à la refermer.

— Me voici, partons, dit le baron, paraissant sur le perron, suivi du valet de chambre portant sa valise.

Le cheval, fatigué par le mors, manifesta sa joie par un petit hennissement.

Le baron se jeta dans le coupé et un instant après l'attelage disparaissait sur la route dans un nuage de poussière.

Le baron ne s'arrêta à Paris que le temps nécessaire pour faire une visite à un de ses amis, le marquis de Presle, nouvellement marié. Léon avait résolu, voulant faire peau neuve, de ne plus fréquenter, ni même revoir aucun de ses anciens amis ; mais il faisait exception pour le marquis de Presle ; il tenait, au contraire, à entretenir avec lui des relations d'amitié plus intimes encore.

C'était un autre calcul, car chez le baron de Simaise tout était calcul. Le marquis avait une grande fortune, qui venait d'être triplée par la magnifique dot de sa femme. Homme du monde, spirituel, distingué, très-répandu, très-recherché, toutes les maisons, tous les salons lui étaient ouverts. Or, le baron comptait, le moment venu, sur l'amitié du marquis pour lui ouvrir les portes des salons à la mode, l'introduire dans le grand monde où il était inconnu et qui devait être, — il l'avait décidé, — le théâtre de ses exploits.

Il arriva au Havre à une heure avancée de la nuit. Au lieu de se rendre à l'hôtel Frascati où il était connu, il préféra aller se loger à l'hôtel des Voyageurs, se disant le fils d'un négociant de Paris, venant au Havre pour traiter d'importants achats de produits des deux Amériques.

Bien qu'il fût très-agité, il dormit jusqu'à huit heures du matin. Ce fut le bruit des lourds camions chargés, passant dans la rue et faisant résonner les vitres, qui le réveilla. Il y avait du soleil plein la chambre.

— Diable, diable, se dit-il en regardant sa montre et

en constatant qu'il était huit heures et quelques minutes, j'ai dormi longtemps ; il est vrai que je suis arrivé ici harassé.

Il se tourna, se retourna sur les matelas un peu durs, peu épais, s'étira les bras, bâilla, se frotta les yeux et, finalement, sauta à bas du lit.

Il s'habilla, sonna le garçon, se fit apporter un bol de café au lait, déjeuna debout devant la croisée, regardant dans la rue, puis il prit sa canne et sortit.

Il se rendit aussitôt sur le quai du port où tout était en mouvement, de même que sur les navires alignés les uns contre les autres.

On déchargeait des caisses énormes, de nombreuses balles de coton, de la canne à sucre, des bois des îles, de l'étain et du cuivre en lingots, etc., etc... Les voitures emportant tout cela roulaient sur le pavé sec, faisant grand bruit.

Au milieu de cette animation, de cette foule d'hommes à l'ouvrage, de ce brouhaha, de ce va-et-vient continuel, qui montraient l'activité et révélaient la richesse et la vie puissante de la ville maritime, le baron cherchait un homme, de préférence un marin, avec lequel il pût entamer une conversation.

Au bout d'un instant il avisa un vieux matelot, qui mâchait mélancoliquement sa chique, assis sur des câbles enroulés, tout en ayant l'air de surveiller le travail de nettoyage à grande eau, qui se faisait à bord d'un trois-mâts.

— Joli, élégant, très-coquet ce navire, n'est-ce pas, monsieur ? dit le baron, interpelant le matelot.

Celui-ci regarda l'inconnu qui lui adressait la parole et sourit.

— Oui, pas mal, répondit-il en faisant rouler sa chique de gauche à droite ; c'est léger, ça file bien par bon vent ; mais que vienne une bourrasque, va-t'en voir : ça saute, ça danse, ça tourne, ça ne tient plus. Cabotage oui, long cours non.

— A qui appartient-il, ce navire ?

— A monsieur Desprez.

— Ah ! monsieur Desprez, l'armateur du *Téméraire ?*

— Oui, le *Téméraire* était à lui. Vous êtes du Havre, monsieur ?

— Non, je suis de Paris.

— On parle donc à Paris du *Téméraire !*

— Dans toute la France, mon brave, dans le monde entier.

— Ah !

— Le récit du naufrage du *Téméraire,* tel qu'il a été fait par les deux braves marins de l'équipage, qui ont échappé à la mort, a été lu déjà dans tous les journaux.

— Vraiment ? fit le marin dont les yeux parurent s'enflammer. Alors c'est en lisant les gazettes que vous avez appris la perte du pauvre *Téméraire ?*

— Oui.

— Moi, monsieur, je ne sais pas lire, reprit le matelot en hochant la tête ; malgré cela, je sais mieux que personne ce qui s'est passé à bord du *Téméraire* avant la catastrophe finale.

— Je comprends, on vous a raconté les péripéties du naufrage.

— On ne m'a rien raconté, répliqua le marin en secouant tristement la tête, j'ai vu, j'étais là.

— Quoi ! s'écria le baron en tressaillant, vous seriez...

— Je suis Gendron, l'un des deux marins recueillis en mer par les Anglais.

— Ah ! mon brave, que je vous serre la main !

— Vous me faites trop d'honneur, monsieur.

— L'honneur ! mais c'est moi, mon brave, c'est moi

qui suis honoré de serrer votre main dans la mienne.

Le matelot se leva.

— Vous voyez tous ces bâtiments, dit-il, eh bien ! il n'y en a pas un seul parmi eux qui aurait pu rivaliser avec le *Téméraire*. C'était le meilleur, le plus fin voilier du port du Havre. Quand nous revenions après des mois d'absence, et que nous entrions dans le port avec nos mâts pavoisés comme aux jours de grandes fêtes, la ville entière accourait pour nous saluer et nous souhaiter la bienvenue. On criait : C'est le *Téméraire !* Les mouchoirs s'agitaient en l'air, on battait des mains. Bravo ! bravo ! Vive le *Téméraire !* vive l'équipage ! Ah ! on l'aimait le *Téméraire !* C'est que, voyez-vous, c'était un fier navire ! Aujourd'hui, il n'existe plus ; éventré, ouvert, broyé, brisé, il est en train de pourrir au fond de l'Océan. Là, où naguère encore les joyeux matelots chantaient, les crabes noirs se promènent comme chez eux ; là, les troupes de harengs se réfugient pour échapper aux dents des requins voraces. Pauvre *Téméraire !* Le capitaine, son second, le comptable, morts ! Et les camarades, morts aussi tous, tous ! Nous étions trente hommes d'équipage, nous sommes revenus deux, rien que deux, mon camarade Baudry et moi, Prosper Gendron. Voilà ce qui reste du *Téméraire* et de son équipage. Un souvenir, puis rien, rien !

Le brave homme était vivement ému. Il essuya deux grosses larmes avec la manche de sa vareuse.

— C'est triste, bien triste ! murmura le baron.

— Oh ! oui, allez, monsieur, c'est triste, épouvantable ! Mais ce n'est rien de dire, il faut avoir passé par là.

— Je suis heureux de vous avoir rencontré ; en cela le hasard m'a servi à souhait. Je suis venu au Havre pour affaires, mais je ne serais point parti sans vous avoir vu, vous ou votre camarade Baudry.

— Ah! Et pourquoi?

— Un renseignement à vous demander et que peut-être vous pourrez me donner.

— Ça ne se refuse jamais, un renseignement, je suis à vos ordres.

— Est-ce que vous êtes forcé de rester ici?

— Nullement. Bien que je sois toujours au service de M. Desprez, je suis libre de mon temps jusqu'à nouvel ordre, c'est-à-dire jusqu'à la formation de l'équipage de la *Vaillante*, une goëlette qui est encore sur les chantiers de construction. Baudry et moi nous en avons vu de dures, et je ne suis pas encore bien solide sur mes jambes. A la maison je m'ennuie, voyez-vous ; je viens ici pour passer le temps, voir les camarades qui s'en vont et ceux qui reviennent ; je cause avec l'un, avec l'autre, cela me distrait. Nous autres, monsieur, il faut toujours que nous sentions l'eau de la mer et l'odeur du goudron.

— Du moment que rien ne vous retient à cette place, nous entrerons, si vous le voulez, dans ce restaurant, et nous viderons ensemble, en trinquant à votre santé et à celle de votre camarade Baudry, une bouteille de vieux bordeaux.

— Comme il vous plaira, monsieur.

Le marin cracha sa chique et suivit le baron dans une salle du restaurant où ils s'assirent à une table de marbre en face l'un de l'autre.

Le garçon apporta la bouteille.

— C'est du vieux et du bon, fit le matelot en faisant claquer sa langue.

— Buvons-le, répondit le baron en riant.

XXIX

CERTITUDE

— Mon brave Gendron, dit le baron, entre le premier et le second verre, je ne suis pas personnellement intéressé à vous demander le renseignement en question ; je vous interroge pour répondre au désir d'une personne que je connais, une vieille dame amie de ma famille.

— Ça ne fait rien, monsieur, ça ne fait rien.

— Quand le vaisseau le *Téméraire* a été assailli par cette effroyable tempête qui l'a jeté sur les récifs, vous veniez d'Océanie, des îles de la Sonde ?

— Oui, monsieur, de Batavia, île de Java, en Malaisie.

— Directement ?

— Directement. Nous avions pris à Batavia notre chargement complet.

— Vous ne vous êtes arrêté nulle part dans la mer des Indes ?

— Nulle part. Nous étions en mer depuis huit mois et nous avions hâte de revenir au Havre. D'ailleurs nous avions de l'eau et des vivres autant et plus qu'il ne nous en fallait.

— N'y avait-il pas avec vous, sur le *Téméraire*, de passagers ?

— Un seul, monsieur.

— D'où venait-il ?

— De Batavia, je suppose, puisque c'est là qu'il s'est embarqué.

— Son nom, le savez-vous ?

— Non, monsieur ; je sais seulement que c'était un Français. Notre commandant avait pour lui les plus grands égards. Ah ! tenez, je me souviens maintenant que le capitaine l'appelait monsieur le marquis. Il avait bien, en effet, l'air d'un grand seigneur. Seulement il n'était pas fier du tout : il causait avec les matelots et leur serrait la main comme un bon camarade. Cela nous flattait, nous autres. Ça fait toujours plaisir, voyez-vous, monsieur, quand on voit un homme distingué, instruit, riche, faire des amitiés à de pauvres diables.

Comme nous tous, il avait hâte de revoir la France. Souvent il était triste, songeur. Debout sur le pont, appuyé au bastingage et tourné vers l'Occident, il restait des heures entières immobile comme un mât, le regard perdu dans les nuages. Alors, sans doute, il pensait à ceux qui l'attendaient, à sa femme s'il était marié, à ses enfants. Ils l'attendent et il ne reviendra plus !

— Ainsi, ce passager, que votre commandant appelait M. le marquis, a péri, lui aussi, au milieu des flots ? demanda le baron d'une voix vibrante d'émotion.

— Mort comme les autres, monsieur ; tous engloutis sous les vagues.

— Qui dit que ce passager n'a pas été comme vous, Prosper Gendron, miraculeusement sauvé ?

— Il est mort, répliqua le marin en secouant la tête.

— Vous en êtes donc bien sûr pour l'affirmer ainsi ?

— Oui.

— Écoutez, mon brave, c'est précisément au sujet de ce passager que je vous interroge ; ce sont des paroles sérieuses, un renseignement certain que je dois rapporter à la personne qui m'a chargé de prendre des informations. Si vous n'étiez pas sûr, absolument sûr...

— Le passager est mort comme sont morts les marins du *Téméraire*, répondit le vieux matelot avec assurance et d'une voix ferme.

— Hélas ! je vous crois, mon ami, je vous crois.

— Si la vieille dame est la mère, vous pouvez lui dire, de la part de Prosper Gendron, qu'elle peut porter le deuil de son fils.

— Pourtant elle espère toujours.

— Qu'elle cesse d'espérer !

— Oh ! la pauvre femme !

— Est-ce la mère ?

— Oui.

— Elle pleurera. Ici aussi il y a des mères qui pleurent leurs fils, des veuves qui pleurent un mari, des orphelins qui pleurent un père ! Quand je vais les voir je pleure avec eux. On est ce qu'on est, dur à cuire tant qu'on voudra ; mais, tonnerre de Brest ! on a tout de même le cœur sensible, et quand ça vous prend là, la larme vient vite à l'œil.

Tenez, si ça peut la consoler un peu, la vieille dame, la mère, vous lui direz que son fils ne l'a pas oubliée au moment de sa mort. A l'instant où le *Téméraire* s'est coulé, nous étions tous sur le pont ; je me trouvais près du passager.

— « Adieu ! adieu ! cria-t-il tombant à genoux : adieu, toi que j'aime ! Adieu, toi pour qui j'aurais voulu vivre ! »

L'eau montait, montait, faisait un bruit d'enfer dans l'intérieur du navire ; nous la sentions gronder sous nos pieds, comme bouillante, pendant que les lames déferlaient autour de nous, sur le pont. Nous étions tous silencieux; on ne jurait plus, on priait. Quelques-uns pleuraient, d'autres se frappaient à grands coups la poitrine, mais pas un ne tremblait : le vrai marin n'a pas peur de la mort !

Le passager se releva ; je le vis à plusieurs reprises appuyer ses doigts sur ses lèvres et envoyer des baisers aussitôt emportés par le vent.

Le *Téméraire* disparut; nous étions au milieu des flots. Une dizaine d'entre nous ne furent pas immédiatement engloutis ; le passager était de ce nombre ; nous nagions, luttant contre la fureur des vagues. Un, deux, trois, quatre furent roulés, tordus dans le brisement des lames, puis ce fut le tour des autres ; je les vis disparaître tous. Seuls, Baudry et moi, nous fûmes vainqueurs des flots, grâce à la bouée de sauvetage que nous eûmes le bonheur de saisir au passage.

Le baron remplit de nouveau les verres.

— Mon brave, dit-il, une fois encore à votre bonne santé et à celle de votre ami Baudry, les deux heureux survivants de l'épouvantable naufrage du *Téméraire*.

— Je le veux bien, monsieur ; moi, je bois à la mémoire de ceux qui sont morts.

Ces paroles étaient un reproche indirect, innocemment mais vertement adressé au frère du marquis. Léon pâlit légèrement et se mordit les lèvres.

La bouteille était vide.

Le baron appela le garçon.

— Combien la bouteille ?

— Trois francs.

— En voilà cinq, le reste est pour vous.

Il tira deux louis de sa poche et les mit dans la main du matelot.

Celui-ci ne voulait pas accepter.

— Si, prenez, prenez ; c'est pour boire, en compagnie de votre ami Baudry et de vos autres camarades, à la mémoire de ceux qui ne sont plus.

Il remercia le vieux marin, lui souhaita bonne chance et ils se séparèrent.

Léon rentra à l'hôtel, se fit servir dans sa chambre un excellent déjeuner et mangea avec un appétit superbe. Quand il eut pris son café et bu, à petit coups, un petit verre de vieux cognac, il alluma un cigare blond de la Havane et s'étendit sur le canapé afin de digérer tranquillement dans un doux farniente.

Mais le corps au repos donnait une activité plus grande à la pensée. Celle-ci n'était pas oisive ; elle se livrait à un travail laborieux dans un cerveau en ébullition.

Couché sur le dos, les yeux au plafond, que léchait la fumée du cigare, montant en spirales bleuâtres, Léon examinait ce qu'il y avait de bon et d'imparfait dans la trame de ses précédentes combinaisons.

— Maintenant, se disait-il, je n'ai plus un seul doute, mais la certitude la plus entière, la plus complète : mon frère est mort, bien mort. Allons, j'ai bien fait de venir au Havre. Je sais ce que je voulais savoir. Rien à redouter, plus de craintes chimériques, je puis agir. De-gens s'étonneront, sans doute. Mais à ceux qui seront assez hardis pour me questionner, je saurai quoi répondre. J'avais un frère, le marquis de Chamarande ; mon frère est mort après avoir fait fortune en Malaisie ; j'hérite de lui, rien de plus naturel. D'ailleurs, n'ai-je pas sa procuration, ses pouvoirs ? En admettant qu'on veuille me chicaner sur la prise de possession immédiate de la fortune de mon frère, j'en suis de droit l'administrateur pendant cinq ans, d'abord. Mais, bast, nul ne se permettra de regarder de trop près dans mes affaires. Je serai riche : avec de l'or on bouche les oreilles de ceux qui écoutent, on ferme la bouche de ceux qui parlent, on met un bandeau sur les yeux de ceux qui veulent voir ; avec de l'or, on rend aveugle la justice elle-même. Aujourd'hui avec de l'or, beaucoup d'or, on est un dieu... Il n'y a que l'or, l'or est tout ; il est le conquérant, le grand dominateur du monde !

Ainsi raisonnait le baron de Simaise.

Dans tout cela, cependant, il existait un point noir, à peine visible, d'abord, mais qui s'agrandissait peu à peu. En face de son audacieux et criminel projet, Léon voyait se dresser un obstacle, un seul, mais sérieux, la marquise.

Dans son aveugle confiance, le marquis avait livré sa fortune à son frère ; le baron tenait les millions entre ses mains ; oui, mais la marquise était là avec ses droits, prête à les faire valoir. La déposséder ! Etait-ce possible ? Cette interrogation tombait comme une douche d'eau glacée sur le crâne brûlant du baron et calmait pour un instant son effervescence, ses ardeurs.

Il pouvait laisser à Lucy la moitié de la fortune du marquis ; sa part, à lui, serait encore fort belle. Plus d'une fois déjà cette pensée lui était venue ; mais il l'avait repoussée avec une sorte de fureur. Il en était arrivé à ce point de ne pouvoir admettre le partage ; il voulait tout. Il s'était habitué à manier les millions et cela l'avait grisé comme un vin capiteux.

Il en voulait à son frère de l'avoir mis dans un pareil embarras. Qu'avait-il besoin de se marier, d'épouser cette Anglaise, qui, dans deux mois, allait mettre un enfant au monde ? Un enfant ! Un autre héritier, le vrai, celui-là ! Nouvel embarras ! Décidément, plus Léon songeait à tout cela, plus il trouvait sa situation difficile. Ses idées s'embrouillaient, le fil de ses machinations lui échappait et toutes ses savantes combinaisons, longuement méditées, roulaient, enchevêtrées, dans un chaos inextricable.

Oh! cette Lucy, cette Lucy!

Et pourtant, chose étrange, il n'éprouvait aucune haine pour sa belle-sœur; il sentait, au contraire, qu'il s'était glissé dans son cœur, peu à peu, une sorte d'affection pour la jeune femme. Et maintenant, en pensant à elle, il voyait son image gracieuse lui apparaître au milieu d'un nuage de fumée, son suave et doux visage, éclairé par un rayon de soleil, qui lui mettait sur le front comme une lumineuse auréole.

Etait-ce un rêve? Oui, sans doute, ou une hallucination. Lucy était devant lui; elle le regardait, ses grands beaux yeux caressants, plein de langueur, et lui souriait tristement. Il voyait remuer ses lèvres, et il lui semblait entendre le timbre mélodieux de sa voix fraîche et suave et doucement vibrante comme le son d'une lyre aérienne.

Il avait fermé les yeux.

Soudain, il sursauta, comme sortant brusquement d'un lourd sommeil, jeta son cigare, qui s'était éteint entre ses doigts, et bondit sur ses jambes. Sa figure s'était largement épanouie et ses yeux rayonnaient.

Une idée venait de jaillir de son cerveau.

Cette idée faisait disparaître l'obstacle dressé devant lui, tranchait d'un seul coup toutes les difficultés. Comment ne lui était-elle pas venue déjà? Il s'en étonnait, naïvement, ne comprenant pas que, si audacieuses que fussent ses pensées, elles avaient été maintenues jusqu'alors par le respect que lui inspirait et lui imposait la femme de son frère.

Enfin, il avait trouvé, il était hors d'embarras, la marquise ne le gênait plus.

Il n'avait plus rien à faire au Havre. Il partit le soir, arriva à Paris un peu avant minuit et alla coucher chez lui, ne voulant pas faire la nuit le trajet de Paris à Port-Marly.

D'ailleurs, avant de se présenter devant sa belle-sœur, il avait besoin de réfléchir encore, afin de bien arrêter ce qu'il devait lui dire. C'est une dernière scène de haute comédie qu'il allait jouer ; de son habileté, de son adresse dépendait le succès ; il fallait qu'il fût éloquent, persuasif.

Le lendemain, dans la matinée, il alla voir son agent de change et lui donna quelques ordres. Il déjeuna au café Anglais. A midi un quart, après avoir acheté les journaux du matin, il prit une voiture de remise, et, à deux heures, il arrivait à Port-Marly.

En entendant le bruit d'une voiture, la marquise s'était levée et approchée de la fenêtre. Elle vit le baron mettre pied à terre et entrer par la porte de service. Elle remarqua qu'il n'avait point la mine affligée d'un homme qui apporte une mauvaise nouvelle. Elle poussa un soupir de soulagement en levant ses yeux vers le ciel. Elle se sentait moins oppressée ; son cœur se dilatait. Mais elle n'osait pas encore trop espérer.

Elle resta debout, l'oreille tendue, attendant. Son cœur battait violemment, elle était haletante.

Des pas légers retentirent dans l'antichambre.

— Mon Dieu... mon Dieu !... murmura-t-elle.

Dans son impatience elle ouvrit la porte du boudoir.

C'était sa femme de chambre.

— Monsieur le baron vient d'arriver, dit la domestique.

— Je le sais, je l'ai vu entrer. Pourquoi n'est-il pas venu immédiatement ?

— Je ne sais pas. Il m'a donné l'ordre de prévenir madame.

— Où est-il ?
— Dans sa chambre ?
— C'est bien, je l'attends !

La femme de chambre se retira.

M. le baron avait cru devoir changer de vêtement. Il avait aussi pris le temps de jeter un coup d'œil sur les rayons du fameux meuble de Boule. Vingt minutes s'étaient écoulées lorsqu'il parut. La marquise était toujours debout, immobile comme une statue.

Léon entra dans le boudoir, la tête baissée, les yeux mornes, comme brisé, anéanti, son visage reflétant une douleur profonde. Quel changement ! Mais Lucy ne se souvenait déjà plus de la remarque qu'elle avait faite un instant auparavant. Elle comprit qu'elle devait renoncer à tout espoir.

Son pâle visage prit subitement une teinte terreuse et la lumière de son regard s'éteignit ; elle appuya fiévreusement ses deux mains sur son cœur, poussa un cri rauque et chancela.

Le baron n'eut que le temps de se précipiter. Il reçut la malheureuse dans ses bras et la porta jusque sur l'ottomane. La marquise n'avait pas perdu connaissance. C'était un coup terrible qu'elle venait de recevoir ; mais, en même temps que son cœur avait cessé de battre, elle avait senti tressaillir l'enfant qu'elle portait dans son sein, et la mère s'était aussitôt raidie contre la faiblesse de l'épouse. Des sanglots noués dans sa gorge s'échappèrent, sa poitrine se souleva avec violence ; maintenant elle respirait. Elle aurait voulu pleurer, elle ne pouvait pas. Ses yeux, brûlants comme du feu, restaient secs, comme si elle n'eût plus eu de larmes.

A genoux devant elle, Léon tenait ses mains glacées et les couvrait de baisers. Il pleurait, lui ; il le fallait ; c'était dans son rôle.

XXX

ELLE EST FOLLE

Au bout d'un instant, la marquise se sentit soulagée et presque forte. Le sang, après avoir un moment cessé de circuler, bouillonnait maintenant dans les artères ; il se précipitait vers la tête, battant les tempes, sonnant dans les oreilles.

Lucy s'aperçut enfin que son beau-frère était à ses pieds, qu'il tenait ses mains, les embrassait.

Elle éprouva une sensation étrange, comme un sentiment de répulsion.

— Que faites-vous donc ? lui dit-elle d'un ton sec, en retirant ses mains vivement.

Le baron se releva.

— Pourquoi gardez-vous le silence ? reprit-elle d'une voix saccadée ; est-ce que vous n'avez rien à m'apprendre ?

— Je vous ai promis de ne rien vous cacher, de vous dire la vérité.

— Dites, dites donc.

— Je crains...

— Qu'est-ce que vous craignez ? Ne voyez-vous pas que je suis forte, que je puis tout entendre? Ah! j'ai déjà lu dans vos yeux ce que vous avez à me dire.

— Hélas! je n'ai pas pu vous cacher ma douleur.

— Vous deviez ne me rien cacher.

— C'est vrai.

— Eh bien, parlez, parlez !

Sa parole était brève ; sa voix secouée, nerveuse, avait des intonations sourdes. Ses yeux grands ouverts s'injectaient de sang, avaient des lueurs rapides, farouches, et luisaient avec un pétillement de feu ; les paupières restaient immobiles, comme collées sous l'os frontal ; les prunelles semblaient se dilater.

Le baron laissa enfin tomber de ses lèvres ces mots terribles:

— Mon pauvre frère est mort !

— Mort ! mort ! répéta-t-elle comme un écho, d'une voix étranglée.

— Ainsi qu'il nous l'a écrit, continua Léon, il s'est embarqué sur le navire le *Téméraire*.

Le bâtiment avait fait déjà plus des deux tiers de sa traversée, lorsqu'il fut surpris par une épouvantable tempête et jeté sur des récifs où il s'est perdu corps et biens. Deux hommes seulement, deux matelots de l'équipage, ont été sauvés par miracle. Recueillis en pleine mer, deux jours après le sinistre, par des marins anglais, ils sont maintenant revenus au Havre. J'ai vu l'un d'eux, et cet homme, qui se nomme Prosper Gendron, m'a fait le récit navrant, horrible de ce qui s'est passé à bord du *Téméraire*, au moment où il s'est coulé. Ce marin se trouvait près de mon frère, sur le pont du navire, et l'a entendu s'écrier: — « Léon, Léon, je te recommande Lucy, ma chère Lucy, et mon enfant, qui n'ont plus que toi seul au monde pour les protéger et les aimer ! » Hélas ! ce furent ses dernières paroles. Le marin le vit un instant se débattre au milieu des flots de l'océan furieux, puis disparaître, englouti au fond de l'abîme. Sauf les deux matelots sauvés par les Anglais, comme je viens de vous le dire, tout l'équipage du *Téméraire* a péri.

Il tira des journaux de sa poche.

— Tenez, ma sœur, dit-il, ces journaux contiennent le récit du naufrage du *Téméraire;* vous le ferez traduire en anglais et vous pourrez le lire.

La jeune femme prit les journaux machinalement, les froissa entre ses mains crispées et les laissa tomber sur le tapis.

A chaque instant, des spasmes nerveux secouaient tout son corps.

— Ma sœur, ma sœur chérie ! murmura le baron.

Elle eut une nouvelle commotion plus violente encore que les autres, et ses yeux écarquillés, toujours luisants, toujours pleins de lueurs farouches se fixèrent sur ceux du baron avec une expression étrange.

Il y eut un assez long silence.

Léon avait pris un siège et s'était assis en face de Lucy. La malheureuse était comme pétrifiée ; on aurait dit qu'il n'y avait plus rien de vivant en elle que son regard d'une effrayante fixité.

— Ma sœur, reprit le baron, simulant une émotion profonde, vous avez confiance en moi, je le sais, et vous croyez à mon affection sincère, à mon dévouement. Ah ! vous ne savez pas encore combien je vous aime, jusqu'où peut aller mon dévouement pour vous ! Un grand, un irréparable malheur nous a frappés tous les deux ; à quoi servirait de nous révolter ? Nous devons nous résigner et pleurer ensemble celui qui n'est plus. A son dernier moment, c'est à vous, à l'enfant qui va naitre bientôt et à moi qu'il a pensé. Pauvre Paul ! il n'avait que sa femme, son enfant et son frère à aimer en ce monde !

C'est une sorte de consolation pour moi que ses dernières paroles aient été recueillies ; n'est-ce pas, dites, Lucy, n'est-ce pas une volonté divine qui a voulu qu'elles fussent entendues par l'un des deux hommes qui allaient échapper à la mort, afin de m'être rapportées ?

C'est à moi que mon frère s'adressait comme si j'eusse pu l'entendre ; mais n'était-il pas par la pensée, à cet instant suprême, près de moi, près de nous ? Il vous a recommandée à moi, Lucy ; il m'a chargé de veiller sur vous, de vous protéger ; il m'a ordonné de vous aimer !... Oh ! oui, je vous aimerai ! Vous verrez, Lucy, chère Lucy, les trésors de tendresse amassés pour vous dans mon cœur !

Veiller sur vous, vous aider, vous soutenir, vous éviter les soucis, les ennuis, toute peine ; écarter de votre chemin les épines, les ronces, les cailloux aigus ; embellir pour vous la route de la vie, y semer continuellement des fleurs sous vos pas, voilà ce que je dois faire, ce qui m'est ordonné : voilà la volonté de mon frère. Eh bien, je ferai cela, oui, cela, et plus encore !...

C'est le soin de votre bonheur qui m'est confié ; oh ! vous rendre heureuse, quelle douce mission à remplir ! Et comme je la trouverai facile !

Sans doute, vous ne l'oublierez pas, lui ; mais je parviendrai, j'espère, à adoucir vos regrets ; vous verrez. Et puis, il y aura près de vous votre enfant, il m'aidera à vous consoler. Vous retrouverez toute la tendresse, tout l'amour de celui qui n'est plus, dans le cœur de son frère, qui ne vivra que pour vous.

Vous m'écoutez, n'est-ce pas, Lucy, vous m'écoutez ?

La jeune femme le regardait toujours fixement sans faire un mouvement.

Il continua:

— Nous porterons le deuil de mon pauvre frère pendant un an, deux ans si vous le voulez. Alors le temps ayant un peu calmé notre douleur, pour que j'aie entièrement le droit de vous protéger, de vous rendre heureuse, je vous donnerai mon nom ; une seconde marquise de Chamarande deviendra baronne de Simaise. Oh ! s'appartenir, être l'un à l'autre ! Vous serez ma femme bien-aimée, la douce et chère compagne de ma vie. L'enfant de mon frère ne sera pas orphelin, il aura retrouvé un père !

Rassurée sur votre sort, sur votre avenir, satisfaite, heureuse, l'âme de celui que nous pleurons aujourd'hui nous enverra du haut du ciel ses plus doux sourires.

Pourquoi douter ? Pourquoi ne pas croire au bonheur, aux félicités terrestres ? S'il y a des jours sombres dans la vie, il y a aussi des jours de lumière. La foudre a grondé, l'orage passe, le calme succède. Non, non, ne doutons pas, car douter c'est blasphémer Dieu ; croyons, au contraire, aux joies qui viennent après les larmes, et tournons nos yeux vers l'espérance !... Nous sommes jeunes tous les deux, un avenir rayonnant, superbe s'ouvre devant nous avec ses vastes horizons ensoleillés !

Certes, en un pareil moment, M. le baron de Simaise parlait à sa belle-sœur d'une singulière façon. S'il avait une certaine habileté, de la finesse, l'esprit astucieux, en revanche il ne possédait aucune des délicatesses du cœur ; il ne sentait pas ce qu'il y avait d'inconvenant, de répugnant même dans son langage. Encouragé par le silence de Lucy, qui avait l'air de l'écouter avec attention, il avait débité son boniment, tranquillement, jusqu'au bout, comme la chose la plus naturelle du monde.

Lucy l'avait écouté comme on écoute un bruit éloigné, indistinct, qu'on cherche à s'expliquer; le son de la voix seul frappait aux parois de ses oreilles bourdonnantes. Dans le trouble de son cerveau, d'où la pensée s'enfuyait, elle n'avait certainement pu saisir le sens des paroles de Léon.

Lui ne voyait pas la contraction des traits de la jeune femme, la crispation de ses lèvres, le mouvement singulier de ses yeux, l'égarement de son regard : il ne voyait rien, il ne se doutait de rien. Elle restait silencieuse, le regardant toujours; elle l'avait laissé parler, ne lui avait pas d'un mot fermé la bouche, elle l'approuvait donc? Elle consentait? Mais, qui sait, elle l'aimait peut-être! Pourquoi non? Il était beau, élégant, distingué comme son frère et, plus jeune que le marquis, il lui ressemblait beaucoup par les traits du visage. Il se souvenait que Lucy avait eu pour lui, depuis le départ de son mari, de tendres regards, de doux sourires.

C'était assez, plus qu'il ne fallait pour enflammer le baron qui, ayant eu des succès auprès de certaines femmes faciles, se croyait irrésistible.

Il était lancé. Pourquoi s'arrêter? L'attitude de Lucy ne semblait-elle pas lui dire qu'il avait le droit de tout oser? Oubliant toute retenue, devenant plus audacieux encore, il glissa de son siège et se trouva à genoux devant la jeune femme.

—Chère Lucy, chère Lucy! prononça-t-il avec un tremblement dans la voix qui devait, pensait-il, produire un effet merveilleux.

La jeune femme laissa échapper un soupir.

C'était une réponse cela. Que de choses dans ce soupir!

Il passa ses bras autour de la taille de Lucy en se serrant contre elle.

La tête de la marquise, congestionnée, lourde, s'inclina vers lui.

Il se méprit encore. Décidément, il était aveuglé, le malheureux.

La tête de la jeune femme s'inclina davantage. Il leva la sienne, se haussa, allongeant le cou. Les frisons soyeux de la chevelure brune caressèrent son front : il sentait courir sur son visage un souffle tiède. Ses yeux étincelèrent, son regard devint flamboyant et un sourire satanique glissa sur ses lèvres. Il laissait tomber son masque.

Les yeux de la marquise, dardant leur flamme sur ceux du baron, semblèrent s'agrandir encore.

— Lucy, je vous aime, je t'aime, je t'aime! s'écria-t-il avec une sorte d'exaltation passionnée.

Et, la serrant avec force, il lui mit un baiser sur les lèvres.

Elle se jeta en arrière, en poussant un cri aigu, comme si elle venait de sentir une brûlure ou une morsure ; puis se dégageant par un mouvement brusque, elle se dressa d'un bond, frémissante, livide, des éclairs dans le regard, effrayante, terrible.

Debout devant elle, étonné, inquiet, le baron la regardait, se demandant ce que cela signifiait. Il ne comprenait pas encore ; mais, sous ce regard de feu, qui ne le quittait pas, qui pesait lourdement sur lui et était comme rivé sur ses yeux, il se sentait troublé, gêné. Il commençait à trembler, à avoir peur. Pressentant une scène violente, il se redressa plein d'audace, prêt à tenir tête à l'orage.

D'ailleurs, sérieusement, qu'avait-il à redouter? Cette malheureuse, qui n'avait en France personne pour la protéger, la défendre, qui ne connaissait même pas la langue française, n'était-elle pas complètement en sa puissance? Faible, isolée, n'étant connue de personne, que pouvait-elle? Rien. Ah! maintenant qu'il n'avait plus son frère à tromper, il n'était plus forcé de se contraindre ; en présence de sa belle-sœur, écrasée par le malheur, il pouvait lever haut la tête, lui faire comprendre qu'elle devait subir la domination d'un maître.

Et de fait, en ce moment, il se montrait bien tel qu'il était ; il avait décidément mis bas le masque et jeté loin de lui ses oripeaux de comédien.

Après être restée un instant immobile, la marquise fit un pas en avant, puis un second, puis un troisième, s'approchant lentement du baron. Arrivée près de lui, le touchant presque, elle reprit son immobilité ; mais de sombres éclairs sillonnaient son regard ; ils passaient rapides, multipliés, avec des reflets étranges. Soudain, elle leva ses mains à la hauteur des épaules du baron et violemment, avec une énergie sauvage, elle le repoussa de toute sa force, en lui jetant à la face, d'une voix stridente, ce mot deux fois répété :

— Misérable! misérable!

Au milieu de l'épouvantable effondrement de ses facultés mentales, comme si, avant de s'éteindre, la dernière lueur de sa raison avait donné à son esprit cette faculté puissante, surnaturelle, la seconde vue, qui est une des merveilles du magnétisme, elle avait lu dans les yeux du baron ses plus secrètes pensées.

Léon s'attendait à une avalanche de reproches, à des paroles d'indignation, à des menaces, à un flagellement quelconque. Il n'en fut rien. L'explosion avait eu lieu. Lucy l'avait appelé misérable! C'était tout.

Elle s'éloigna calme, laissant toujours gracieuse, aller son corps et sa tête dans un doux balancement.

Son regard s'était subitement radouci ; plus rien de farouche, la flamme éteinte, l'intraduisible expression de langueur et de tristesse revenue.

Elle regardait autour d'elle tout étonnée, comme curieuse ; il semblait qu'elle ne reconnaissait plus, dans ce petit salon, où tant de doux baisers s'étaient échangés naguère, les objets qui lui étaient familiers.

Elle ne faisait plus attention à Léon qui, stupéfié, retiré dans un angle de la pièce, l'examinait avec une inquiétude mal définie ; peut-être même ne le voyait-elle pas. Hélas ! elle ne se souvenait déjà plus de ce qui venait de se passer.

Elle appuya fortement ses deux mains sur son front.

— Oh ! fit-elle.

D'un pas inégal, fiévreux, elle fit plusieurs fois le tour du salon, jetant à chaque instant, en variant les intonations, l'exclamation : Oh ! On aurait dit qu'elle essayait les notes basses de la gamme.

Elle s'arrêta devant la fenêtre et l'ouvrit brusquement. Un vent de bise, aigre, glacial, s'engouffra dans la pièce avec un sifflement lugubre ; elle avança la tête au dehors, appuyant ses mains délicates sur la barre d'appui. Le vent faisait voltiger les boucles de ses cheveux fins, détruisant l'harmonie de sa coiffure.

Tout à coup, les yeux fixés sur les hautes branches du plus grand orme, elle s'écria :

— Ah ! ah ! le voilà, l'oiseau noir, le voilà, le voilà !

Le baron ne put s'empêcher de tressaillir. Il marcha vers la fenêtre d'un pas léger et vint se placer derrière la jeune femme. Il voulait voir. Il suivit la direction des yeux de Lucy, mais il ne vit rien.

— Oh ! le vilain oiseau noir ! reprit-elle.

Et, imitant le croassement du corbeau et de la corneille, elle se mit à crier d'un ton guttural :

— Coâque, coâque, coâque !

Elle frissonna, saisie par le froid.

— Brr... Oh ! il fait bien froid, bien froid, je ne pourrai pas, aujourd'hui, mettre ma robe blanche pour aller cueillir des fleurs. Je les aime, les fleurs, surtout les roses, les belles roses odorantes, qui causent la nuit avec les étoiles et le matin avec les papillons bleus. Je voudrais pourtant bien en faire un gros bouquet ; je l'ai promis à mon père pour sa fête. Ah ! comment s'appelle-t-il donc, mon père ?

Elle chercha un instant dans sa mémoire.

— Je ne sais plus, je ne sais plus ! fit-elle tristement.

Il reste toujours là, continua-t-elle en s'animant ; pourquoi me regarde-t-il ainsi ? Oh ! comme il a les yeux méchants, l'oiseau noir ! Va-t'en, va-t'en ! Coâque, coâque !

Le baron, terrifié, se rejeta en arrière. Il comprenait enfin.

— Folle ! murmura-t-il d'une voix étranglée, elle est folle !

La malheureuse était toute grelottante, ses dents claquaient.

Un coup de vent, une sorte de rafale avec grésil, la força à quitter la fenêtre. Elle recula jusqu'à l'ottomane sur laquelle elle s'affaissa et se pelotonna frileusement.

Le baron s'empressa de refermer la fenêtre ; puis s'approchant de la jeune femme :

— Lucy, Lucy ! l'appela-t-il doucement.

Elle le regarda, peureuse.

— Silence, silence, fit-elle, ne parlez pas ; l'oiseau noir me cherche... Il est méchant, l'oiseau noir, il me fait peur, je me cache !...

Et prise soudain d'un rire nerveux, effrayant, battant des mains :

— Je suis cachée, bien cachée, il ne me trouvera pas, dit-elle.

Se faisant petite, elle se blottit, couvrant sa tête avec les coussins.

Léon, les cheveux hérissés, blême, éperdu, frappé d'épouvante, s'élança hors du salon.

La femme de chambre se trouva sur son passage et ne put retenir un cri d'effroi.

— Courez vite près de votre maîtresse, lui dit-il ; elle a besoin de vos soins ; je ne sais ce qui se passe, mais je crois bien qu'elle a tout à coup perdu la raison.

Et pendant que l'Anglaise affolée se précipitait vers le boudoir, M. de Simaise courait s'enfermer dans sa chambre pour rendre, d'abord, le calme à son esprit troublé et réfléchir ensuite à ce qu'il devait faire, maintenant, en présence de cette complication nouvelle et inattendue. Mais il eut beau chercher, entasser les idées, il voyait la situation de plus en plus difficile et embarrassante, sans trouver aucun moyen pratique d'en sortir. Il finit par reconnaître son impuissance.

Alors, il se souvint qu'un jour le marquis de Presle lui avait parlé d'un homme appelé Blaireau, personnage étrange, unique dans son genre, donnant des conseils, agissant même pour le compte des autres, pourvu qu'on le payât bien, faisant tout, pouvant tout, adroit, audacieux, sans scrupule, une puissance mystérieuse, enfin, terrible, qui ne connaissait aucune difficulté, ne s'arrêtait devant aucun obstacle, pour qui le mot impossible était inconnu.

— Je verrai cet individu, se dit le baron. Je ne sais pas où il demeure, mais le marquis qui s'est, m'a-t-il dit, servi de lui, ne refusera pas de me donner son adresse et même de le prévenir de ma visite. Si ce Blaireau est bien tel que le marquis me l'a dépeint, c'est l'homme dont j'ai besoin, l'homme qu'il me faut. Il m'aidera à sortir d'embarras. Ce que je n'oserais faire, moi, il le fera.

Le misérable avait, en ce moment, une pensée sinistre, que révélait le sombre éclair de son regard.

— Sans scrupule, audacieux, capable de tout, continua-t-il, Blaireau se charge de n'importe quelle besogne... pourvu qu'on le paye bien. Soit, on le payera bien. Oui, il faut que je le voie, le plus tôt possible. Capable de tout ! ajouta-t-il lentement, d'une voix sourde.

Et un hideux sourire crispa ses lèvres.

Après un court silence :

— Ah ! mais, je m'ennuie ici, j'étouffe. Décidément, j'en ai assez, j'en ai de trop de cette existence de solitaire.

Il jeta les yeux sur la pendule.

— Bon, fit-il, dans dix minutes l'omnibus de Saint-Germain va passer.

Il sortit de sa chambre, son chapeau sur la tête, sa canne à la main. Il trouva les domestiques réunis dans l'antichambre : tous avaient l'air consterné. La femme de chambre venait de leur apprendre que la marquise avait perdu la raison.

— Ah ! monsieur le baron, quel malheur ! s'écrièrent-ils tous ensemble.

— Oui, mes amis, c'est affreux ! répondit hypocritement Léon. Aussi, à peine arrivé, je me vois forcé de retourner à Paris.

— Faut-il atteler ? demanda le cocher.

— Non, car je ne rentrerai probablement pas ce soir. Je vais prendre la voiture, qui passera dans un instant.

— Monsieur le baron ramènera un médecin ? hasarda la femme de chambre.

— Je ne sais pas encore ce qu'il convient de faire dans une situation aussi douloureuse. Je consulterai nos plus savants médecins aliénistes ; ce qu'ils me diront de faire, je le ferai. Je n'ai pas besoin, n'est-ce pas, de vous recommander à tous votre maîtresse ? Vous, Jenny, ne la quittez pas d'une minute.

Sur ces mots, le baron s'éloigna.

— Ouf ! fit-il, quand il eut fermé derrière lui la porte de l'enclos.

Et il respira à pleins poumons.

XXXI

CHEZ BLAIREAU

Enveloppé dans sa longue robe de chambre crasseuse, déteinte, couverte de taches d'encre, usée, rapiécée, montrant toujours des trous et des déchirures, Blaireau était seul dans son cabinet, assis devant son bureau chargé de paperasses. Il tenait ses jambes courtes allongées devant un feu vif, clair, flambant, et parcourait des yeux, rapidement, de nombreuses lettres éparpillées devant lui, et portant des dates déjà anciennes.

Quand il eut fini, ses épais sourcils se hérissèrent et il ne put réprimer un mouvement de dépit, presque de colère. Evidemment il n'avait point trouvé ce qu'il cherchait dans sa volumineuse correspondance.

— Rien, rien, grommela-t-il entre ses dents. Ah! ça, est-ce que le monde est changé? Toutes les passions humaines seraient-elles endormies? N'y a-t-il plus sur la terre d'êtres corrompus? Allons-nous voir arriver le règne de la sagesse universelle? Si le génie du bien triomphe, le diable n'a plus qu'à se faire ermite.

Un petit rire sec, aigu, éclata entre ses lèvres lippues.

— Non, non, reprit-il, cela ne peut pas marcher ainsi : calme plat, les affaires ne vont plus... Et j'ai autour de moi des gaillards qu'on ne paie pas en monnaie de singe, chiens hurlants toujours prêts à devenir enragés, s'ils n'ont pas un os à ronger. Ils sont bien muselés, c'est vrai ; mais quelle exigence ! Il faut les gaver... Cela coûte. Et rien, rien à faire ! Il faudra changer de métier, trouver le moyen de faire autre chose. En attendant, c'est leur pâtée qu'il faut à mes loups. Quelques billets de mille vont encore y passer. Tonnerre ! ça ne peut pas aller comme cela... Dans trois mois je serais à sec, ruiné !... Où sont-ils les millions que j'ai rêvés ? Et pourtant, ajouta-t-il en se frappant le front, j'ai quelque chose là !

Il prit les lettres à pleines mains, les froissa avec une sorte de rage et les jeta sur les tisons.

— Voilà ce que ça vaut, grogna-t-il : une flamme, un peu de fumée, des cendres !

Et il asséna sur le bureau un formidable coup de poing.

Blaireau était furieux. Il en voulait aux hommes, qui ne lui donnaient rien à faire, il en voulait à l'humanité entière. Mais qu'il fût calme ou colère, qu'il eût le sourire sur les lèvres ou l'éclair fauve dans le regard, Blaireau était toujours un homme terrible.

On frappa d'une certaine façon à la porte du cabinet.

Blaireau se redressa.

— Entrez, cria-t-il.

La porte s'ouvrit, livrant passage à une vieille femme vêtue comme une pauvresse. C'était la gouvernante de l'homme d'affaires. Elle tenait une lettre à la main.

— Encore un qui hurle, je parie, pensa Blaireau.

Il arracha la lettre des mains de la vieille qui se retira en murmurant:

— Ça va mal, c'est toujours de pire en pire.

— Tiens, tiens, fit Blaireau, reconnaissant l'écriture sur l'enveloppe, c'est du marquis de Presle ; est-ce qu'il aurait besoin de mes services ? C'est peu probable, car il est, paraît-il, très-amoureux de sa jeune femme. Voyons ce qu'il me veut.

Il déchira l'enveloppe, ouvrit la lettre et lut.

L'expression de sa physionomie changea comme par enchantement. Son front se dérida, ses petits yeux félins étincelèrent et un joyeux sourire s'épanouit sur ses lèvres pendant que ses narines, largement ouvertes, frémissaient comme le mufle d'un carnassier à l'odeur du sang.

Le marquis le prévenait que le jour même, entre dix et onze heures, un de ses amis, le baron de Simaise, lui ferait une visite, ayant à réclamer ses bons offices au sujet d'une affaire qui devait être d'une certaine importance.

Blaireau regarda l'heure à sa montre. Il était neuf heures et demie.

— Dans une heure je saurai de quoi il s'agit, se dit-il ; attendons ce nouveau client.

Il glissa la lettre du marquis dans un tiroir et s'occupa, pour tuer le temps, à ranger, à mettre en ordre les dossiers et autres paperasses jetés pêle-mêle sur le bureau.

A dix heures un quart la vieille domestique annonça M. le baron de Simaise.

— Bien, fit Blaireau, grave comme un véritable homme d'affaires ; faites entrer M. le baron et qu'on ne nous dérange pas.

— S'il vient quelqu'un ?
— Je n'y suis pour personne.
— Monsieur le baron peut entrer, cria la vieille d'une voix grêle, sur le seuil de la porte.

La tête enfoncée dans les épaules, Blaireau s'était incliné sur un dossier ouvert devant lui, en se donnant l'air d'un homme absorbé, écrasé de travail.

Le baron entré, la vieille avait refermé la porte.

Blaireau attendit que le jeune homme fût arrivé près de lui pour lever la tête. Les regards se croisèrent. Déjà Blaireau avait jugé son homme. Léon sentait comme un frisson courir dans ses membres. Quelque chose lui disait qu'il se trouvait en présence d'un dominateur.

— Voilà un fauteuil, monsieur, asseyez-vous, dit Blaireau. Vous êtes monsieur le baron de... de... pardon, on vient de vous annoncer, mais votre nom m'échappe ; le travail m'absorbe tellement...

— Je suis le baron de Simaise.

— De Simaise... votre nom ne m'est pas inconnu, monsieur le baron. A quoi dois-je l'honneur de votre visite ? Est-ce un château que vous désirez acheter ou une propriété que vous voulez vendre ? Peut-être avez-vous besoin d'un régisseur pour l'administration de vos domaines? justement, j'ai en ce moment, sous la main, un homme sûr.

Le baron secoua la tête.

— C'est pour une affaire toute différente que je viens vous trouver, monsieur Blaireau, répondit-il d'une voix mal assurée ; la chose est d'une nature délicate, exceptionnelle. Enfin, j'ai besoin de vos conseils, de votre intervention, de votre aide.

— Je ne refuse jamais mes conseils, répliqua Blaireau en souriant ; quant à mon intervention, c'est-à-dire mon concours, c'est différent ; nous verrons.

— N'avez-vous pas reçu une lettre du marquis de Presle vous annonçant ma visite?

— Mais oui, j'ai reçu un billet de M. de Presle; quand donc? Hier soir ou ce matin. Je l'ai lu avec distraction, je suis tellement occupé... Je me souviens, M. de Presle m'annonce, en effet, votre visite. Ainsi, vous connaissez le marquis de Presle?

— Je suis un de ses amis; c'est lui qui m'a parlé de vous.

— J'ai pu rendre quelques services au marquis; il ne vous a pas dit de mal de moi, hein?

— Au contraire, monsieur Blaireau; j'ai su par lui que vous êtes un homme en qui on peut avoir une entière confiance.

— C'est vrai.

— Vous l'avez tiré, m'a-t-il dit, d'un sérieux embarras.

— Hé, hé, tirer les autres d'embarras, c'est un peu ma spécialité.

— Sans doute, puisque vous vous occupez d'affaires.

— C'est mon métier.

— De... toutes sortes d'affaires.

— Oui, monsieur le baron, de toutes sortes d'affaires; seulement, je ne les prends pas toutes; je choisis dans le nombre celles qui me conviennent. Maintenant, si vous le voulez bien, nous allons parler de la vôtre.

— Il est bien entendu, monsieur Blaireau, que si, pour une cause ou pour une autre, vous ne m'accordiez pas votre concours, ce que je vais vous dire ne sera jamais répété.

— Ne savez-vous pas qu'on peut avoir en moi une entière confiance? Vous êtes ici comme dans un confessionnal, monsieur.

— Oh! ne trouvez pas mauvais...

— Que vous preniez certaines précautions ? Nullement. Prudence est mère de sûreté. Mais vous pouvez parler sans crainte, nous sommes seuls et nul autre que moi ne peut vous entendre.

— En vérité, balbutia Léon, je ne sais comment vous dire...

— Oh ! oh ! pensa Blaireau, la chose est grave, donc l'affaire est bonne.

Et regardant fixement le baron, les yeux dans les yeux :

— Moi, dit-il, je suis rond en affaires, tout d'une pièce, et j'aime la franchise chez les autres. Vous voilà prévenu. Pourquoi êtes-vous ici ? Parce que vous avez besoin de moi. Pourtant, si vous craignez quelque chose, si vous manquez de confiance, vous ne m'avez rien dit encore, vous pouvez vous retirer.

— Mais je ne crains rien et j'ai pleine confiance ! s'écria le baron, dont le regard s'éclaira d'une lueur fauve.

— Parlez donc, alors. Mais pas de demi-tour à droite ni à gauche, pas de faux-fuyants, pas de réticences ; au fait, brutalement. Maintenant, monsieur le baron, allez, je vous écoute.

— Il faut que vous sachiez d'abord que ma mère, mariée en secondes noces au baron de Simaise, mon père, avait un fils de son premier mari. Ce fils, mon frère, fut emmené, jeune encore, en Malaisie, à Batavia, où il fit fortune. Il est revenu en France cette année, au mois de juin, pour s'y fixer. Un événement imprévu, la mort d'un parent avec lequel il s'était associé, l'obligea à retourner en Malaisie. Ayant terminé ses affaires, il prit passage à bord d'un navire marchand du Havre pour revenir en France. Ce bâtiment fit naufrage et mon frère a péri.

— Ah ! fit Blaireau.

— Avant de partir, il m'a laissé ses pleins pouvoirs pour gérer sa fortune, qui est tout entière en argent et en valeurs mobilières au porteur, achetées par moi.

— Quel est le chiffre de cette fortune ?

— Un peu plus de deux millions, répondit Léon, se gardant bien de dire la vérité.

— C'est assez joli, monsieur le baron ; ces deux millions, ajoutés à votre fortune personnelle, vous font une situation superbe.

— Je n'ai pas de fortune personnelle, monsieur Blaireau. Mon père, avant de mourir, était à peu près ruiné; le reste de sa fortune, je l'ai dissipé ; vous savez, quand on est jeune...

— On s'amuse. A Paris les femmes sont si jolies ! Ah ! elles coûtent cher, les femmes, n'est-ce pas, monsieur le baron ? Mais n'importe, vous n'êtes pas bien à plaindre. Deux millions, un peu plus même, c'est cent bonnes mille livres de rente. Avec cela, on peut tenir un rang dans le monde et mener joyeusement la vie, à grandes guides même.

— Mais cette fortune, que je tiens entre mes mains, cette fortune n'est pas à moi ! s'écria le baron.

— Hein, comment cela ? N'êtes-vous pas l'héritier de votre frère ?

— Mon frère était marié.

— Oh ! alors, je comprends. La fortune est entre vos mains, en dépôt ; vous voudriez la garder ; mais la femme de votre frère, votre belle-sœur est là, avec ses droits, contre lesquels vous ne pouvez rien.

— Eh bien, oui, vous avez deviné, répliqua le baron les yeux étincelants ; j'ai peur de la misère, entendez-vous ? Et quand je puis être riche, quand je tiens une fortune...

— Vous ne voulez pas la lâcher, c'est dit. Voyons, pourquoi, avec l'argent et les valeurs dans une valise solide, bien fermée, ne filez-vous pas en Amérique ou ailleurs ?

— Pour plusieurs raisons. D'abord...

— C'est bien, je sais : vous voulez prendre et ne pas être pris à votre tour ; et puis, en admettant qu'on ne coure pas après vous, ce serait toujours l'exil, une sorte de déportation. Enfin, véritable Parisien, vous aimez Paris, ses boulevards, ses joyeuses nuits d'amour, et le reste, tout ce qu'on ne trouve que dans une seule ville, Paris. Mais croyez-vous sérieusement, monsieur le baron, qu'il vous soit possible de dépouiller la femme de votre frère ?

— Oui, je le crois.

— Le moyen ?

— Je suis venu chez vous pour que nous le trouvions ensemble.

— Oh ! oh !

— Rien ne vous est impossible.

— Vous croyez cela ?

— Oui, et mon ami de Presle le croit aussi.

— Vous me faites, l'un et l'autre, beaucoup d'honneur.

— Monsieur Blaireau, voulez-vous m'aider ?

— Je ne dis pas non, mais je ne dis pas oui ; hé, hé, je suis comme le Normand : avant de m'engager, il faut voir. Vous prétendez que la chose est possible ; je puis, moi, penser le contraire. Comme dans tout, il y a le pour et le contre. Examinons d'abord.

— Soit, examinons.

— Vous me permettez de vous adresser quelques questions ?

— Certainement.

Blaireau appuya son coude sur la table et, son menton dans sa main :

— Quel est le nom de votre frère ? demanda-t-il, en regardant sournoisement le baron.

— Marquis de Chamarande.

— Un vieux et beau nom.

— Complétement oublié en France.

— Votre frère devait y avoir des amis, quoique s'étant expatrié fort jeune ?

— Aucun ami.

— Et vous êtes son unique parent ?

— Oui.

— Vous êtes sûr qu'il est mort en mer ?

— Absolument sûr.

— Quelle preuve en avez-vous ?

— Le témoignage de deux marins sauvés du naufrage.

— On peut, pour le moment, se contenter de cela. Où est maintenant votre belle-sœur ?

— A Port-Marly.

— Elle est Française ?

— Non, c'est une créole anglaise ; elle est née au Bengale et ne connaît pas dix mots de notre langue.

— Cela veut dire que, seule, elle serait embarrassée pour revendiquer ses droits. Mais elle a une famille ?

— Elle n'a plus aucun parent.

— Ah !... Elle est jeune ?

— Pas encore vingt ans.

— Jolie ?

— Une beauté imcomparable, idéale.

— Hé, hé, fit Blaireau souriant et avec une légère pointe d'ironie, il me vient une idée : votre belle-sœur étant veuve, monsieur le baron, pourquoi ne l'épousez-vous pas ? Cela simplifierait beaucoup les choses.

— J'ai eu cette pensée.

— Ah ! vraiment, malgré la difficulté de vous procurer l'acte de décès du défunt ?

— Oui, malgré cela.

— Enfin, l'idée est bonne, puisqu'elle m'est venue, à moi aussi. Et vous y avez renoncé ?

— Oui.

— Pourquoi ?

— On n'épouse pas une folle.

— Une folle !

— Il y a trois jours, en apprenant la mort de son mari elle a subitement perdu la raison.

— Hum, hum ! fit Blaireau, dont le regard eut un jeu de lumière étrange.

Mais toujours prudent, froidement réservé, ne laissant jamais rien voir de ce qu'il pensait et méditait avant d'avoir complètement sondé la pensée des autres, il reprit après un court silence :

— En ce cas, monsieur le baron, vous n'avez qu'à faire enfermer votre belle-sœur dans une maison d'aliénées.

— Non, répliqua de Simaise, il faudrait dire d'où elle vient, qui elle est.

— Forcément.

— C'est ce que je ne veux pas. Et puis on peut la guérir.

— Dame, cela arrive quelquefois. Et vous ne voulez pas cela non plus. Je comprends : folle, votre belle-sœur est moins à craindre que si elle se trouvait en pleine possession de toutes ses facultés. Un fou ne compte plus dans la société, il est mis en tutelle ; on peut encore lui reconnaître certains droits, mais on ne lui permet pas de les revendiquer. Ma foi, monsieur le baron, je ne vous vois point dans une situation trop difficile. Mandataire de votre frère, maître de sa fortune, puisqu'elle est en vos mains, n'ayant pas à redouter un séquestre, vous pouvez faire largement ce qu'il vous plaira et jouir bien à votre aise des deux millions.

— Malheureusement, monsieur Blaireau, il y a autre chose.

— Quoi donc ?

— Dans deux mois, au plus tard, ma belle-sœur mettra un enfant au monde.

— Diable, diable, je ne m'attendais pas à cela ; l'affaire se complique d'une singulière façon.

XXXII

UN HOMME TERRIBLE

Il y eut un assez long silence.

Toujours dans la même position, ses petits yeux vifs, clignotants, fixés sur ceux du baron, scrutant sa pensée, Blaireau avait l'air de réfléchir profondément.

— Enfin, monsieur le baron, dit-il brusquement, arrivons au fait. Votre belle-sœur vous gêne, vous voudriez vous en débarrasser, la faire disparaître n'importe comment, et c'est pour cela, n'est-ce pas, que vous êtes venu me trouver?

— C'est pour cela, répondit de Simaise sans hésiter.

— Chose grave, monsieur le baron, chose excessivement grave ; on ne fait pas disparaître ainsi une femme, un enfant comme un glaçon qu'on fait fondre au soleil ou un fétu de paille qu'on jette au feu. Dans certains pays où il n'y a ni gendarmes, ni agents de police, ni magistrats, ni cours de justice, ce serait un jeu d'enfant, une bagatelle ; mais ici, en France, où nous avons tout cela, ce n'est pas du tout la même chose.

L'enfant, quant à présent, n'est pas bien gênant, continua Blaireau avec son froid sourire, mais il le deviendra. Cependant, ne nous occupons que de la mère en ce moment. On la fait disparaître ; cela se peut, en agissant prudemment, en prenant certaines précautions. Mais si l'on vous la réclame, que répondrez-vous ?

— Personne ne me demandera ce qu'elle est devenue, attendu que, n'ayant été présentée nulle part, elle ne connaît personne. On ignore absolument à Paris qu'il existe une marquise de Chamarande.

— Votre ami, le marquis de Presle, ne sait donc pas ?...

— Il sait seulement que j'ai perdu mon frère.

— Ainsi vous n'avez dit à personne que le marquis, votre frère, était marié ?

— A personne.

— C'est de l'adresse, cela. Hé, hé, vous êtes un malin, monsieur le baron. A Paris, vous voilà tranquille. Et à Port-Marly ?

— C'est à peu près la même chose. On a pu voir ma belle-sœur, la rencontrer se promenant à pied ou en voiture ; mais on ne la connaît pas autrement ; très-indifférents d'ailleurs, les gens du pays ne s'occupent guère d'elle. Ne connaissant pas la langue française, comme je vous l'ai dit, la marquise n'a pu parler à personne et a toujours vécu très-isolée.

— Il y a les domestiques.

— Oui, il y a les domestiques ; mais on peut acheter leur silence.

— Mauvais moyen, monsieur le baron ; payer le silence de quelqu'un, c'est se mettre à sa discrétion et lui donner la démangeaison de parler ; si vos domestiques devenaient ainsi vos complices, vous seriez, tôt ou tard, trahi par eux. Nous trouverons autre chose. Pendant son court séjour en France, votre frère a dû voir quelques personne ?

— Non : il est constamment resté à Port-Marly. Paris était alors inhabitable, en pleine insurrection, on se battait dans les rues.

— Ce mandat, dont vous m'avez parlé, et que votre frère vous a laissé en partant, est un acte notarié ?

— Parfaitement.

— Y est-il parlé de la marquise ?

— En aucune façon.

— Bien. Que pouvez-vous avoir à redouter du côté de Batavia ?

— Mais je... je ne vois pas, balbutia le baron, c'est si loin !...

— En effet, c'est loin.

— Mon frère n'avait là qu'un seul parent et il n'existe plus. Ma belle-sœur y est aussi inconnue qu'à Paris et à Port-Marly. Cependant elle y a une amie.

— Un danger, monsieur le baron.

— Je ne crois pas.

— Qu'est-ce que c'est que cette amie ?

— Oh ! une pauvre indoue, fille d'un paria, recueillie autrefois par le père de ma belle-sœur et mariée aujourd'hui à un simple employé d'une factorerie.

— Ce ne sont pas là, en effet, des gens bien redoutables. C'est égal, monsieur le baron, il n'y a si petite voix qui ne puisse se faire entendre ; il sera bon de regarder de temps à autre du côté de Batavia. Maintenant, résumons : Il y a à Port-Marly une pauvre folle à qui personne ne s'intéresse, la veuve d'un homme qui a presque constamment vécu en Océanie et dont le nom est oublié en France, une marquise, enfin, dont on ne soupçonne même pas l'existence.

Je comprends, monsieur le baron, que vous vouliez

exploiter à votre profit une pareille situation. Complétement ruiné, à bout de tout, comme on dit, prêt à crever de misère ou obligé de vivre d'expédients, vous deviez avoir la pensée hardie de vous approprier la fortune de votre frère qui, en somme, serait bien à vous s'il n'avait pas fait la sottise de se marier. Vous avez faim, vous tenez le gâteau, et ce serait triste, vraiment, d'en sentir seulement l'odeur alléchante.

Oui, en prenant certaines précautions, on peut faire disparaître votre belle-sœur. Elle est folle, elle ne peut rester à Port-Marly, et comme personne ne viendra vous demander compte de vos actes, vous pouvez la conduire où il vous plaira, la placer ou la cacher, si vous préférez ce dernier mot, dans un endroit, perdu, sauvage, inconnu; car vous ne pouvez pas, monsieur le baron, quant à présent, du moins, vous débarrasser complétement de votre belle-sœur. Non, vous ne le pouvez pas, vous ne le devez pas. D'ailleurs, ce serait difficile et il y aurait de trop grands risques à courir. Quand on joue une partie comme celle que vous avez en mains, il faut se garder à toutes cartes ; il faut prévoir même les choses qui paraissent inadmissibles ou invraisemblables.

Votre belle-sœur n'a plus aucun parent, vous le croyez, vous en êtes sûr ; mais il en peut surgir un tout à coup, venant on ne sait d'où pour vous crier, menaçant: Où est votre belle-sœur ? Qu'avez-vous fait de la marquise de Chamarande ? Eh bien ! il faut qu'à celui-là ou à un autre vous puissiez répondre immédiatement, et, au besoin, si on l'exige, montrer la marquise.

Une autre supposition. Les journaux ont raconté la perte du navire sur lequel votre frère s'était embarqué; deux marins sauvés du naufrage vous ont donné l'assurance que votre frère avait péri ; mais vous n'avez pas vu de vos yeux, ni touché de vos mains son cadavre.

Rien ne vous prouve d'une façon absolue qu'il ait été englouti au fond de l'Océan. Vous avez le témoignage des deux marins ; cela n'est pas suffisant. Ils ont bien été sauvés, eux, pourquoi votre frère n'aurait-il pas eu le même bonheur? Le voyez-vous dans six mois, dans un an, disons même au bout de plusieurs années, au moment où vous vous y attendrez le moins, reparaître devant vous comme un spectre sorti de sa tombe !

Le baron était devenu livide ; de grosses gouttes de sueur perlaient sur son front.

— Ce n'est qu'une supposition, monsieur le baron ; comme vous, je crois que votre frère est mort, bien mort; mais je tiens à vous faire bien saisir qu'il y a nécessité pour vous de tout prévoir ; vous devez être constamment prêt à parer tous les coups qui pourraient vous être portés.

Donc, à mon avis, monsieur le baron, vous ne devez vous considérer, pendant quelques années, disons cinq ans, que comme le dépositaire de la fortune de votre frère ; vous pouvez l'administrer en vertu du mandat que vous possédez et en jouir avec modération, c'est-à-dire sans attaquer le capital.

Si, dans l'espace de cinq années, aucune réclamation ne s'est produite, si votre frère n'a pas donné signe de vie, si votre belle-sœur est toujours dans le même état, n'ayant plus rien alors à redouter ni d'un côté ni d'un autre, vous pourrez faire ce que vous voudrez, agir au gré de votre fantaisie. Par un moyen quelconque, que vous trouverez facilement, vous vous débarrasserez de la folle, et tout sera dit.

— Et l'enfant? vous ne parlez pas de l'enfant !

— C'est vrai ; mais il est moins gênant pour vous, aujourd'hui, qu'il n'a pas encore vu le jour, qu'il ne le sera plus tard. D'abord, dans la situation où se trouve la mère, il peut ne pas être viable. Si, malgré tout, il vient au monde bien portant, rien de plus facile de le déclarer, à l'état civil, né de père et mère inconnus.

— C'est possible?

— Très-possible, monsieur le baron. Ah! dame, nos lois sont loin d'être parfaites, et il en existe une qui permet cela. On s'en sert, et souvent même. Aussi y en a-t-il sur la terre de ces misérables déshérités ! D'ailleurs, on peut encore ne pas déclarer du tout la naissance de l'enfant, si l'on y est forcé par une mesure de prudence; c'est toujours possible à la suite d'un accouchement clandestin. Dans ce cas, on garde l'enfant pendant un temps, puis un beau jour, quand on veut finalement s'en débarrasser, on l'abandonne dans un endroit quelconque, au coin d'une borne, au bord d'une route, sous le porche d'une église où il est recueilli par la charité publique. D'où vient-il? Qui est-il? Cherche. C'est un enfant perdu ! et ceux qui ont eu intérêt à s'en débarrasser n'en entendront plus jamais parler. Vous en rencontrez comme cela des milliers.

Mais revenons à la chose capitale, monsieur le baron; je vous ai parlé comme j'ai cru devoir le faire, vous disant, dans votre intérêt, ce qu'il était utile de vous dire.

— Aussi vous ai-je parfaitement compris, monsieur Blaireau. Mais, jusqu'ici, vous ne m'avez donné que des conseils.

— N'est-ce pas déjà quelque chose ?

— Oh ! certainement.

— Vous trouvez que ce n'est pas assez ?

— Je trouve et vois clairement que j'ai eu mille fois raison de venir à vous. Votre aide m'est nécessaire, puis-je compter sur vous ?

— Êtes-vous disposé à payer largement ?

— Oui.

— En ce cas, vous avez mon concours. Cela coûtera cher, je vous en préviens : avec les gaillards dont je me sers, les billets de mille ne font que paraître et disparaître. Et puis, c'est une femme, une folle et un enfant, probablement, à garder pendant des années : il y aura à payer le logement, une femme que je placerai près de la marquise, un ou plusieurs autres gardiens, si c'est nécessaire, leur nourriture, leur entretien, et plus tard une gratification à donner, proportionnée aux services rendus par chacun. Cela montera haut. Je vous ferai ma petite note. Quelle somme avez-vous sur vous, en portefeuille ?

— Une vingtaine de mille francs.

— Heu, c'est peu. N'importe, donnez toujours. Mes hommes, voyez-vous, ne travaillent que l'argent en poche. Toujours des avances. Vos vingt mille francs couvriront les premiers frais.

Le baron tira son portefeuille et étala devant Blaireau, dont les yeux de chat étincelaient, vingt billets de banque de mille francs.

L'homme d'affaires les prit, les palpa, les compta et les glissa dans un des tiroirs du bureau.

M. de Simaise attendait un reçu. Blaireau le comprit.

— Monsieur le baron, dit-il en souriant, tout se fait ici de confiance. Je travaille, on me paye. Le service que je rends est le reçu de l'argent qu'on me donne. Les paroles s'envolent, les écrits restent. J'écris le plus rarement possible et je ne livre jamais ma signature. Rien qui puisse compromettre moi ou mes clients ne sort de mon cabinet.

— C'est bien, je comprends, monsieur Blaireau ; vous n'aviez pas à me donner cette explication.

— Nous entrons en relations, il est bon que vous sachiez dès aujourd'hui comment je procède.

— Ainsi, vous allez agir?

— Sans tarder. Le temps de prévenir les hommes dont j'ai besoin, de leur donner mes instructions. Quand je me charge d'une affaire, si difficile qu'elle soit, je n'aime pas à la voir traîner. Il faut, avec moi, que la besogne marche vite et bien. Tout en causant avec vous, je bâtissais mon plan ; il est déjà là.

Et il tapota son large front carré du bout de ses doigts.

M. de Simaise le regarda avec une sorte d'admiration.

— Ainsi, demanda-t-il, vous savez déjà où vous allez conduire ma belle-sœur?

— Oui. Mais en cela il n'y a pas grand mérite. J'ai l'endroit sous la main, et merveilleusement choisi, comme exprès. Il est vrai qu'il avait été destiné à un usage à peu près semblable. C'est un vieux château en ruine, abandonné depuis longtemps, perdu dans un coin de la France, au milieu de montagnes sauvages, que j'ai fait louer il y a quelques mois. Trois ans de bail, on le renouvellera, si c'est nécessaire. Qui a loué? Un inconnu. Moi, monsieur le baron, je me montre le moins possible. Quand je donne de ma personne, c'est qu'il le faut absolument. Mais, alors, je ne suis plus l'agent d'affaires Blaireau ; je change de peau, je me transforme, je deviens l'homme que je veux être. Je me rajeunis ou me vieillis à volonté. Dans trois ou quatre jours vous me verrez à Port-Marly ; je serai médecin-aliéniste.

J'ai une police à mes ordres, des esclaves dont je suis le maître. Et c'est ainsi qu'ils m'appellent « Maître », quand je parais parmi eux ; deux ou trois seulement reconnaissent Blaireau ; ce sont mes chefs de file ; ceux-là me sont dévoués comme le chien l'est à celui qui l'a élevé et le nourrit ; même sous le couteau de la guillotine, ils ne me trahiraient point.

— Oh ! vous êtes un homme terrible, monsieur Blaireau ; vous me faites frissonner. Je sens votre force et je comprends pourquoi tout vous est possible. Il faut s'incliner devant votre puissance.

— Ma puissance, c'est mon génie ! répliqua Blaireau d'un ton superbe, l'œil flamboyant d'orgueil.

XXXIII

L'UN VAUT L'AUTRE

— Quel homme, quel homme ! pensait le baron.

Et les yeux écarquillés, la bouche ouverte, ahuri, il le contemplait, en extase, ébloui comme devant une lumière trop éclatante.

Il lui semblait que ce petit homme trapu, chauve, laid, au regard de vautour, emmitouflé dans une robe de chambre crasseuse, avait la taille d'un géant.

Ce que lui inspirait Blaireau était une sorte de respect mêlé à une impression de terreur.

Blaireau examinait son nouveau client d'un air goguenard ; il se donna, pendant un instant, le plaisir de jouir de l'effet qu'il venait de produire.

— Quelle drôle de figure vous faites, monsieur le baron ! dit-il, dissimulant mal son ironie ; pourquoi me regardez-vous ainsi ?

— Je vous admire, monsieur Blaireau ; énergique, fort dans votre volonté, vous êtes superbe !

— Chez l'homme, répliqua Blaireau gravement, la

volonté est tout ; sans elle plus de force, il n'y a que faiblesse.

— C'est vrai.

— Mais revenons à notre affaire, monsieur le baron.

— Déjà, m'avez-vous dit, vous avez tout combiné, tout arrêté.

— Oui, sauf ce que l'imprévu pourrait m'obliger à changer dans mon plan.

— Ce plan, pouvez-vous me le faire connaître ?

— C'est inutile : vous en verrez l'exécution, puisque cela se passera sous vos yeux... Une fois votre belle-sœur en lieu sûr, vous n'aurez plus à vous occuper d'elle ; elle appartiendra à ceux à qui je l'aurai confiée. Oh ! je fais bien les choses, moi. Avec moi, monsieur le baron, on en a toujours pour son argent : mieux on paye, mieux on est servi. Je vous dirai comment j'aurai arrangé l'existence de la folle ; elle ne manquera de rien, sera bien soignée et surtout bien gardée. Je vous verrai de temps à autre et vous tiendrai au courant de la situation ; d'ailleurs rien ne sera fait plus tard sans votre assentiment ou votre approbation.

— Pour le moment, que vais-je avoir à faire ?

— Peu de chose. Dans un instant nous allons nous quitter ; vous retournerez aussitôt à Port-Marly où je vous consigne, vous entendez ? Vous ne devez plus vous éloigner de votre belle-sœur. Vous-même vous veillerez sur elle. Personne ne doit la voir. Combien y a-t-il de domestiques ?

— Quatre.

— Leur avez-vous donné leur compte ?

— Pas encore ; mais ils s'attendent à être congédiés.

— C'est ce que vous ferez dès aujourd'hui, en leur donnant à chacun une gratification convenable, à titre d'indemnité.

— Devront-ils partir immédiatement ?

Blaireau resta silencieux, il réfléchissait.

— Monsieur le baron, dit-il au bout d'un instant, je pense à une chose ; les domestiques de votre belle-sœur n'ont pas assisté à son mariage ?

— Cela leur eût été difficile, répondit de Simaise, étonné de la question.

— L'un ou l'autre pourrait-il affirmer, ayant vu, par exemple, l'acte de mariage, que votre belle-sœur... Comment s'appelait-elle quand votre frère l'a connue ?

— Lucy Glandas.

— Pourrait-il affirmer que Lucy Glandas, légitimement mariée, est marquise de Chamarande ?

— Non, certes. Mon frère a négligé d'apporter en France son acte de mariage ; moi-même je n'ai du mariage que des preuves morales.

— Parfait. Eh bien ! monsieur le baron, pourquoi ne diriez-vous pas aux domestiques, — et cela de manière à les en convaincre, — que celle qu'ils ont servie et qu'ils appelaient madame la marquise, n'est pas marquise du tout, mais était simplement la maîtresse de votre frère ? Follement éprise du marquis, elle a tout abandonné là-bas pour le suivre à Paris.

— Sans doute, je peux dire cela, mais dans quel but ?

— Vous allez voir. Vous ajouteriez que Lucy Glandas a des parents en Angleterre, un oncle à qui vous avez écrit, l'informant de la triste situation dans laquelle se trouve sa nièce. Naturellement, n'étant pas marquise de Chamarande, et par conséquent votre belle-sœur, Lucy Glandas appartient à ses proches ; n'ayant aucun droit sur elle, vous ne pouvez prendre aucune décision la concernant.

Vous avez écrit à l'oncle d'Angleterre aussitôt après

avoir appris la mort de votre frère et vous lui avez écrit une seconde lettre pour lui annoncer que sa nièce venait d'être subitement frappée d'aliénation mentale. Vous attendez sa réponse, qui ne saurait tarder à arriver.

— Mais qui ne viendra pas.

— Erreur, monsieur le baron, vous aurez cette réponse, pas demain, mais après-demain dans la matinée. Et il se passera sous les yeux des domestiques une petite scène intéressante, qui ne leur laissera aucun doute sur ce que vous leur aurez dit.

Voilà donc comment vous devez parler à vos serviteurs en réglant leur compte. Vous les prierez, toutefois, de vouloir bien rester près de vous pendant quelques jours encore. Vous m'avez compris, n'est-ce pas?

— Parfaitement.

— Alors la chose est entendue.

— Mais le but, monsieur Blaireau, le but?

— Voici: les domestiques sont tous les mêmes, cancaniers, bavards, médisants: à peine leur aurez-vous fait votre petit discours, qu'ils iront répéter vos paroles aux gens du pays qu'ils connaissent, principalement aux fournisseurs; ceux-ci s'empresseront d'instruire leurs amis; les commères seront aux anges: c'est si agréable d'avoir à s'égayer aux dépens d'autrui, c'est si doux de pouvoir faire aller sa langue, d'avoir un petit scandale à exploiter! Bref, en moins de vingt-quatre heures tout le monde saura, à Port-Marly, que celle qu'on croyait marquise n'était qu'une fille entretenue, comme il y en a tant. Dès lors, nul ne s'intéressera plus à votre belle-sœur, et après son enlèvement de Port-Marly et sa disparition, nul ne gardera le souvenir de son court séjour dans la localité.

D'un autre côté, les domestiques diront, partout où

ils se replaceront, s'ils parlent de leur ancienne maîtresse, qu'elle n'était pas mariée.

On peut chercher à savoir ce qu'est devenue une épouse légitime, surtout quand elle a le titre de marquise, mais d'une fille entretenue, même par un marquis, le monde dans lequel vous vivez s'en soucie comme d'une guigne.

Enfin, monsieur le baron, grâce à ce petit truc, — en réalité, ce n'est que cela, — que de questions plus ou moins indiscrètes, plus ou moins malveillantes, mais toutes embarrassantes, vous vous évitez dans l'avenir ; car, ne vous y trompez pas, il arrivera tôt ou tard aux oreilles de quelques-unes des personnes qui vous connaissent, qu'une femme, portant le nom de votre frère, a habité à Port-Marly pendant quelques mois. Mais vous ne serez pas pris à l'improviste. A ceux qui vous interrogeront vous répondrez sans hésiter, sans trouble ni embarras, négligemment : — « En effet, mon frère avait amené en France une jeune fille fort jolie, qui a quitté les Indes, sa famille, pour le suivre. Ne voulant pas qu'on sût qu'il avait une maîtresse, le marquis l'avait installée à Port-Marly, dans une charmante propriété, un vrai nid d'amoureux... Les gens du pays l'appelaient madame la marquise. Elle vécut là pendant quelque temps, puis, tout à coup, elle devint folle. Mon frère n'était plus. La malheureuse jeune femme fut réclamée par sa famille ; on vint la chercher, pour l'emmener en Angleterre, et depuis je n'en ai plus entendu parler, j'ignore ce qu'elle est devenue. » — Eh bien, monsieur le baron, comprenez-vous, maintenant ?

— Oui, oui, je comprends. Ah ! décidément, vous êtes un homme merveilleux ! Vous voyez tout, vous pensez à tout.

— Il faut cela. Je ne m'embarque jamais dans une

aventure sans prendre les plus minutieuses précautions.

Les deux coquins, si bien faits pour s'entendre, causèrent encore pendant quelques minutes, Blaireau complétant ses instructions afin que le rôle qu'allait jouer le baron à Port-Marly ne laissât rien à désirer.

Tout ayant été dit, M. de Simaise se leva. Blaireau le reconduisit jusqu'à sa porte, dérogeant ainsi à ses habitudes, et ils se séparèrent sur ce mot de l'homme terrible :

— A bientôt.

Blaireau rentra dans son cabinet, le rictus grimaçant, ayant dans le regard comme un jaillissement d'étincelles.

— Enfin, murmura-t-il, la fortune me sourit de nouveau. Allons, j'avais tort de me plaindre, de désespérer. Le diable, mon patron, est toujours là pour me protéger. Mille tonnerres! on ne jette pas ainsi le manche après la cognée! Non, non, le monde n'est pas changé, les hommes sont et resteront toujours les mêmes! Oh! les passions humaines! Quelle mine riche, inépuisable à exploiter!... Il me plaît, ce petit baron; il a la marque de l'audace sur le front, dans le regard quelque chose de prédestiné!

Hé! hé! fit-il en ricanant, il ira loin, très-loin, s'il ne se casse pas les reins au beau milieu du chemin. Il a hâte de mordre au gâteau... Deux millions, et probablement deux autres dont il n'a point parlé! Morceau friand, dont nous aurons une croûte, moi et mes loups; mais à moi la part du lion, aux loups ce qu'ils pourront m'arracher avec leurs dents!

M. le baron est généreux, cela se comprend: il a des écus qui ne lui coûtent guère, comme dit la vieille chanson; il payera bien, sans marchander, rubis sur l'ongle. Excellente affaire, affaire superbe!... Vous serez servi comme un empereur, mon gentil baron, et pendant des années je vous tiendrai entre mes serres !

Et il se mit à rire, d'un rire strident, convulsif, le buste en arrière, les poings serrés, regardant insolemment le ciel, comme si, ne reconnaissant aucune puissance supérieure à la sienne, sûr de sa destinée, il eût jeté un défi à Dieu.

— Maintenant, à l'œuvre, à l'œuvre ! exclama-t-il.

Lestement il se débarrassa de sa robe de chambre, qu'il jeta sur un fauteuil, et entra dans son cabinet de toilette.

Quand il reparut, au bout d'un quart d'heure, il était métamorphosé. Après la chrysalide, le papillon. L'œil le plus exercé aurait eu de la peine à le reconnaître. Une perruque sur son crâne chauve, une barbe postiche changeaient complétement sa physionomie, en la rajeunissant. Vêtu à la dernière mode : pantalon noir, tombant sur des bottines vernies, gilet ouvert sur une chemise à plis fins, redingote boutonnée, tenant son chapeau d'une main, sa canne de l'autre, il avait tout à fait l'extérieur d'un héros de salon qui se dispose à aller faire des visites mondaines.

Il se plaça devant une glace, se trouva bien, sourit, puis sortit d'un pas léger, se dressant, se carrant, se dandinant, la tête haute, l'œil fier, hautain, toisant les passants avec dédain, ayant l'air vainqueur d'un Céladon qui court à un rendez-vous d'amour longtemps attendu.

Mais Blaireau n'allait point pirouetter dans le salon d'une femme à la mode ou roucouler des mots langoureux dans le boudoir réservé de madame ; il n'en était plus à ce jeu qui consiste à se pâmer aux genoux d'une Dalila quelconque, et il avait un profond mépris pour les mièvreries des galantins.

De l'or, de l'or ! Un monceau... Un piédestal d'or

massif, le seul digne de lui, pour se dresser superbe, majestueux ! Sa fortune commencée, il voulait l'achever. Il lui fallait des millions !

Blaireau entrait en campagne; il se rendait près de ses loups, ainsi qu'il appelait ses agents, afin de leur donner ses instructions, de dicter à chacun son rôle; et ceux-ci allaient aiguiser leurs dents, pour être prêts à bondir sur les proies nouvelles qu'on leur donnerait à dévorer.

XXXIV

MONSIEUR LE DOCTEUR

En sortant de la maison où demeurait Blaireau, rue du Roi-de-Sicile, le baron de Simaise était très-pâle, et il sentait sous le poids de son corps ses jambes peu solides. Malgré son audace, sa perversité précoce, en un mot sa gredinerie, il était fort troublé. Il ne songeait pas sans effroi à ce qu'il allait faire, ayant pour complice cet homme qu'il venait de voir, ce génie du mal incarné, capable de tout. Et, frissonnant, il se demandait si l'acte monstrueux qu'il allait commettre n'aurait pas pour lui, plus tard, des conséquences terribles.

Mais cette immense fortune dont il voulait s'emparer, pouvait-il y renoncer? Non, mille fois non! Il était sur la pente raide; impossible de remonter, il fallait descendre, dût-il rouler au fond d'un abîme!

En arpentant rapidement le trottoir, son agitation se calma peu à peu et il parvint à se rassurer, en se disant:

— Elle est folle, personne ne la connaît, on ignore

qu'il existe une marquise de Chamarande; d'ailleurs, je peux compter sur Blaireau. Quel homme! Il fera bien les choses; il est prudent et, il me l'a dit, il ne s'embarque jamais dans une aventure sans avoir pris les plus minutieuses précautions. Allons, allons, avec mes craintes puériles, je suis ridicule. Si Blaireau savait que je tremblais tout à l'heure en le quittant, il se moquerait de moi, et il aurait raison. Tout sera prévu, rien à craindre...

Lucy Glandas doit disparaître, il le faut; les millions sont à moi. A moi les millions, à moi, à moi!

Il arrivait sur la place de l'Hôtel-de-Ville où l'attendait sa voiture.

— Nous retournons directement à Port-Marly, dit-il au cocher, qui se morfondait depuis plus d'une heure, battant la semelle sur le pavé pour réchauffer ses pieds.

Le baron n'avait oublié aucune des recommandations de Blaireau. Aussitôt arrivé à Port-Marly, ayant le front soucieux et l'air affligé, ainsi que la circonstance l'exigeait, il fit venir les domestiques dans sa chambre.

— Comment va votre maîtresse? demanda-t-il à la femme de chambre anglaise.

— Hélas! monsieur, répondit-elle, c'est toujours la même chose. Plus de mémoire, tout le passé est perdu dans les ténèbres. Elle ne sait pas où elle est, ne se rappelle même plus son nom. Je lui parle, elle m'écoute, mais ne m'entend pas ou ne me comprend point: c'est à croire que l'anglais est pour elle, maintenant, une langue étrangère; et pourtant, elle se fait à elle-même de longs discours que j'écoute et également sans comprendre, car tout ce qu'elle dit est incohérent et si bizarre... On dirait qu'elle appartient à un autre monde que le nôtre.

— Triste, triste! soupira le baron.

Conformément aux instructions de Blaireau, il dit alors aux domestiques que dans la situation difficile et pénible où il se trouvait, il était forcé de les remercier. Il ajouta:

— A partir de ce moment, vous êtes libres; toutefois, je vous prie de vouloir bien rester ici, avec moi, pendant quelques jours encore jusqu'à ce qu'une décision ait été prise au sujet de notre pauvre malade. Tous vous avez été de bons, de fidèles serviteurs, et je dois, au nom de mon malheureux frère, m'inspirant de ses sentiments, faire aujourd'hui pour vous ce qu'il ferait s'il était là : vous témoigner ma reconnaissance de votre bon service. Le mois courant vous sera naturellement payé, — c'est de droit; — de plus, ne voulant faire aucune différence entre vous, vous recevrez chacun, à titre d'indemnité, une gratification de mille francs.

Les domestiques ne furent nullement étonnés de leur renvoi; ils s'attendaient à être congédiés, ayant parfaitement compris que leur service dans la maison allait devenir inutile. Mais les dernières paroles de l'astucieux baron produisirent l'effet qu'il attendait.

Les domestiques s'inclinèrent humblement devant lui, ne dissimulant point leur satisfaction, leur vénération pour l'homme généreux qui savait si bien récompenser.

— Ah! monsieur le baron. Monsieur le baron est bien bon! Tous les maîtres devraient ressembler à monsieur le baron! C'est en pleurant que nous quitterons monsieur le baron!

Exclamations sur tous les tons, protestations de dévouement, toutes les platitudes ordinaires des valets.

Le baron comprit qu'il ne pouvait choisir un meilleur moment pour lancer sa bombe. Après s'être recueilli un instant, il parla ainsi qu'il avait été convenu entre lui et Blaireau.

Possédant à un haut degré l'art de tromper, ses paroles, dites avec un grand accent de vérité, furent pénétrantes. Il fallait convaincre. Succès complet.

Admirablement disposés en faveur du baron, ses auditeurs ne doutèrent point que la révélation inattendue qui leur était faite ne fût vraie.

Cette fois, l'étonnement et la stupéfaction se peignirent sur tous les visages. L'Anglaise était devenue rouge comme du feu.

— Aôoh! shocking!... Improper!... exclama-t-elle, faisant des gestes et prenant des poses d'un haut comique.

La jeune fille d'Albion se trouvait offensée, blessée dans sa dignité de miss pudique.

— Par exemple, reprit-elle indignée, si j'eusse appris cela plus tôt, je ne serais certainement pas restée au service de cette... demoiselle.

— Alors, miss Jenny, répliqua le baron, vous m'en voulez de vous avoir caché la vérité aussi longtemps?

— Non, monsieur le baron, je ne vous en veux pas; je sais bien que les Français sont moins rigides que nous ne le sommes en Angleterre; mais c'est égal, si j'avais su...

Le baron ouvrit un tiroir dans lequel il y avait de l'or et des billets de banque.

L'Anglaise se calma aussitôt et un sourire glissa sur ses lèvres. Elle n'avait plus sa mine effarouchée.

Le baron paya les gages du mois, mit dans la main de chaque domestique un billet de mille francs et ils se retirèrent en se confondant en remerciements.

— Décidément, se dit le baron, tout marche à merveille. La petite histoire imaginée par Blaireau a passé comme une lettre à la poste; l'Anglaise, elle-même, dont j'avais peur, je l'avoue, a avalé cela comme un verre de sirop.

Ah! ah! la gratification a fait son effet. Oh! l'argent! Allons, la chose prend une excellente tournure, tout ira bien jusqu'au bout. Maintenant je n'ai plus qu'à attendre, non pas tranquillement, mais patiemment, les surprises que Blaireau me ménage.

Le surlendemain, à dix heures du matin, un coupé, qui paraissait être une voiture de maître, s'arrêta devant la grille de la villa. Le cocher, ayant un chapeau galonné avec cocarde et aigrette, portait, sur sa tunique de drap vert-pomme, un manteau garni de fourrures. Le cheval était un fier normand de belle encolure, aux jarrets solides.

Un homme, qui paraissait avoir soixante-cinq ou soixante-dix ans, descendit du coupé et sonna à la petite porte de la villa. Ce vieillard était de petite taille, obèse; il semblait marcher difficilement, quoique s'appuyant sur un jonc à pomme d'or. Ses cheveux blancs tombaient, bouclés, sur le col de velours de son pardessus de gros drap marron, qui descendait, serré sur le ventre rond, jusqu'au bas des mollets; ses longs et épais favoris, également d'une blancheur de neige, encadraient son visage calme, austère de sexagénaire. Son chapeau était de forme déjà ancienne: un cône tronqué, à larges bords. Il était parfaitement ganté et portait une cravate blanche, montrant, sous le menton, son nœud irréprochable.

— Monsieur le baron de Simaise est-il visible? demanda-t-il au domestique qui vint lui ouvrir.

— Monsieur le baron est ici, et je pense qu'il pourra recevoir monsieur.

— Vous lui remettrez ma carte, que voilà.

Le domestique prit le carré de bristol, sur lequel il jeta les yeux et lut:

DOCTEUR CHARRONNEAU
médecin aliéniste.

Il précéda le visiteur dans la maison, remit la carte à Jenny, lui disant de la porter à M. le baron, et, revenant à la porte, il attendit le docteur pour l'introduire dans le salon.

Le baron parut presque aussitôt, étonné, inquiet.

La porte du salon étant restée ouverte, on pouvait voir l'Anglaise et le valet de pied dans l'antichambre, tendant l'oreille. Le baron allait fermer la porte.

— Ne vous donnez point cette peine, monsieur le baron, dit le médecin, on peut entendre ce que je vais avoir l'honneur de vous dire. D'abord, veuillez ne pas vous étonner de ma présence ici, n'y ayant pas été appelé. Ma carte, qu'on vous a remise, vous a fait connaître mon nom et ma qualité. Médecin aliéniste, vieux praticien, connu dans toute l'Europe, surtout en Angleterre, j'ai à Auteuil une maison de santé.

Vous avez écrit à M. Eddison, de la maison Collins, Eddison, Capper et compagnie, de Liverpool, au sujet d'une jeune femme, la nièce de M. Eddison, qui a subitement perdu la raison ?

Ces paroles ouvrirent enfin les yeux au baron : il reconnut Blaireau, qui n'avait plus ni la même figure, ni la même voix.

— C'est vrai, monsieur, répondit-il.

— Vous avez écrit deux lettres à M. Eddison ?...

— Oui, deux lettres.

— M. Eddison se disposait à répondre à votre première lettre, lorsque la seconde lui est parvenue. Votre première lettre, monsieur le baron, informait M. Eddison, de la mort inattendue de M. le marquis, votre frère, lui faisant connaître aussi dans quelle situation cruelle se trouvait Mlle Lucy Glandas, sa nièce, l'unique enfant d'une sœur qu'il a beaucoup aimée. M. Eddison, que je n'ai pas l'honneur de connaître, est, paraît-il, un très-excellent homme.

D'après cette lettre, continua Blaireau, tirant, en effet, une lettre de sa poche, M. Eddison, oubliant le passé, le chagrin que lui avait causé sa nièce, était prêt à lui pardonner sa faute et à l'appeler près de lui. Malheureusement, l'affreuse maladie dont sa nièce est atteinte, l'oblige à prendre une autre décision. Il ne peut plus lui ouvrir sa maison ; mais il a pardonné et il désire l'avoir près de lui, néanmoins, afin de pouvoir surveiller les soins qui lui seront donnés et que réclame le triste état dans lequel elle se trouve. Il veut donc, espérant qu'on parviendra à la guérir, la placer dans une maison de santé près de Liverpool. Cette maison est dirigée par le célèbre docteur Husson, mon confrère et mon ami.

Au reçu de votre seconde lettre, monsieur le baron, M. Eddison s'est rendu chez le docteur Husson, et ces messieurs ont décidé que Lucy Glandas serait amenée le plus vite possible en Angleterre. Du reste, monsieur le baron, voyez ce que m'écrit à ce sujet le docteur Husson ; cette lettre est de lui, veuillez lire.

Le baron ouvrit le papier et le parcourut rapidement des yeux.

— Je n'ai aucune objection à faire, monsieur, dit-il.

— En ce cas, monsieur le baron, je pourrai remplir exactement, sans empêchement de votre part, la mission que me confie mon confrère, le docteur Husson ?

— Mon Dieu, monsieur, je n'ai, moi, aucun droit ; je ne peux que me soumettre à la volonté de l'oncle de Lucy Glandas, son unique parent, je crois.

— En ce cas, monsieur le baron, je fera ainsi que me le demande le docteur Husson.

M. de Simaise s'inclina.

— Ce soir, reprit le faux docteur, j'enverrai ici une femme de ma maison, choisie parmi celles qui savent le mieux soigner mes malades. Demain ou après-demain, je reviendrai et j'emmènerai chez moi, à Auteuil, la pauvre jeune femme ; car c'est chez moi que le docteur Husson viendra la prendre pour la conduire lui-même à sa maison de santé, près de Liverpool. Comme vous l'avez lu, monsieur le baron, le docteur ne me fixe pas le jour où il arrivera en France ; il peut se faire que j'aie à garder notre malade pendant quinze jours, trois semaines ou un mois. Inutile de vous dire qu'elle sera, dans mon établissement, l'objet des plus grands soins. La femme que je vous enverrai dans la soirée sera spécialement attachée à sa personne pendant tout le temps qu'elle restera à Auteuil.

— Je suis persuadé, monsieur le docteur, répondit M. de Simaise, que Lucy Glandas sera traitée chez vous avec douceur, avec tous les égards dus à son malheur.

— Maintenant, monsieur le baron, puis-je voir la malade ?

— Sans doute. Veuillez me suivre, monsieur le docteur.

Jenny et le valet de pied n'avaient pas perdu un mot de la conversation. A peine le baron et le faux docteur étaient-il sortis du salon, que Jenny était déjà près de la cuisinière et le valet de pied près du cocher pour répéter ce qu'ils venaient d'entendre.

Lucy, assise sur l'ottomane, jouait avec ses doigts, comme un enfant. L'entrée des deux hommes dans le boudoir l'arracha à son occupation. Elle se leva, regarda autour d'elle, craintivement, et s'approchant de Blaireau, avec un air de mystère :

— Avez-vous vu l'oiseau noir? lui demanda-t-elle.

— Elle vous demande si vous avez vu l'oiseau noir, dit le baron, traduisant les mots anglais. L'oiseau noir! Elle parle constamment de l'oiseau noir... J'ai eu beau chercher, je ne suis pas parvenu à comprendre.

— Ne lui dites pas que je suis ici, reprit Lucy; il me cherche, mais il ne me trouvera pas. Ah! ah! ah! il ne me trouvera pas! répéta-t-elle en chantant.

Et elle se remit à jouer avec ses doigts.

— C'est dommage, vraiment, fit Blaireau, oui, dommage... Une si ravissante créature!

— Jamais plus de bruit que cela, dit le baron, s'amusant d'un rien, comme en ce moment avec ses doigts. Folie douce, comme vous voyez.

Blaireau hocha la tête.

— La folie calme est souvent plus terrible que la folie furieuse, répondit Blaireau. Nous pouvons aller de l'avant, monsieur le baron, sans crainte, elle ne retrouvera jamais la raison.

La marquise leur avait tourné le dos; elle marchait lentement, courbée, comme si elle cherchait sur le tapis quelque chose qu'elle eût perdu. Elle ramassa une mouche engourdie par le froid, mourante, n'ayant plus que le mouvement des pattes et un frémissement des ailes. Elle plaça l'insecte dans le creux de sa main et chercha à le réchauffer, à lui rendre l'usage de ses ailes, la vie sous le souffle tiède de son haleine.

— Que fait-elle donc? demanda Blaireau à voix basse.

— Elle a trouvé sur le tapis une mouche expirante et elle cherche à la ranimer, espérant, sans doute, que dans un instant elle reprendra son vol. C'est un de ses amusements. En voilà pour une heure au moins, peut-être pour plus longtemps, jusqu'à ce qu'une autre futilité quelconque vienne captiver son attention.

— D'après ce que vous me dites et ce que je vois, monsieur le baron, elle ne sera pas difficile à garder.

Les deux misérables se retirèrent, laissant la pauvre folle continuer son œuvre de résurrection.

XXXV

COLOMBE ET VAUTOURS

Le baron conduisit Blaireau dans sa chambre ; il ferma soigneusement la porte sur laquelle, par surcroît de précautions, il tira une lourde tapisserie.

Blaireau se laissa tomber sur un canapé, se renversa en arrière, allongea ses jambes et se mit à rire.

— Eh bien, monsieur le baron, ai-je joué convenablement mon rôle de vieux médecin aliéniste ?

— Dans la perfection. Savez-vous que j'ai eu un moment d'inquiétude ! Je ne vous reconnaissais point.

— Vrai ?

— Parole d'honneur ! Ecoutez donc, j'ignorais que vous eussiez le talent de vous grimer comme M. Prevost ou M. Samson de la Comédie-Française ; et puis ces cheveux et ces favoris blancs, cet abdomen arrondi, ce costume, cet air grave, jusqu'à votre voix changée... Je crois, monsieur le docteur, que d'autres que moi s'y seraient laissé prendre.

— Avez-vous fait ce qui était convenu ?

— Exactement.

— Comment ont-ils avalé la couleuvre ?

— On ne peut mieux.

— Bien.

— J'ai même été étonné de voir avec quelle facilité ils se sont laissé convaincre.

Blaireau retrouva son sourire diabolique.

— Mon cher monsieur, répondit-il, voilà les hommes, voilà le monde : on croit au mal plus facilement qu'au bien ; et quand il s'agit d'autrui, on apprend avec plus de plaisir ce qui est l'un que ce qui est l'autre. Tous les mêmes, les hommes : envieux, jaloux, égoïstes, méchants, aimant à se dénigrer ; allez, je les connais, je les ai étudiés, je les vois à l'œuvre ; le meilleur ne vaut pas grand'chose. Le mal ! monsieur le baron, il domine partout.

Vos domestiques sont devenus vos auxiliaires ; de ce côté nous pouvons être tranquilles ; si, après ce que vous leur avez dit, il leur restait un doute, ils ne l'ont plus. Pendant que nous causions dans le salon, deux nous écoutaient ; les deux autres savent déjà tout ce que nous avons dit. Tel était le but de ma visite. J'en profiterai cependant, monsieur le baron, pour placer sous vos yeux la note dont je vous ai parlé.

Et Blaireau, tirant une pancarte de la poche de sa redingote, la tendit au baron.

Celui-ci ne put s'empêcher de faire une grimace quand ses yeux tombèrent sur les chiffres de l'addition.

Deux cent mille francs ! Sur la feuille un détail fantaisiste de dépenses forcées. La dernière ligne, gratifications : soixante mille francs. Oh ! ce chapitre des gratifications, Blaireau ne l'oubliait jamais.

Le coquin, toujours souriant, regardait son client,

lisant sur son visage, l'une après l'autre, toutes ses impressions.

— Eh bien, monsieur le baron ? fit-il.

— Je regarde, monsieur Blaireau.

— Vous trouvez peut-être la somme un peu forte ?

— En effet, je ne croyais pas...

— Hé, hé, monsieur le baron, tout se paye ; et en proportion toujours du service rendu. Il ne s'agit pas ici d'une marchandise à prix fixe, qu'on achète, ni d'une valeur cotée à la Bourse. Plus une affaire est difficile, plus elle demande de soins, plus elle présente de risques, mieux doivent être rétribués ceux qu'on emploie pour la faire réussir. Mais nous ne discutons point les chiffres, n'est-ce pas ? Discuter en matière d'argent, fi donc ! Avec moi cela ne se fait jamais. Je dis : Voilà ! Et c'est à prendre ou à laisser. Donc, monsieur le baron, il en est temps encore, prenez ou laissez.

— Je prends, monsieur Blaireau.

— Et vous devez vous trouver satisfait : j'ai été modéré, très-modéré.

Le baron eut un sourire que Blaireau surprit, mais dont il n'eut garde de se montrer offensé.

— Vous avez dû remarquer, monsieur le baron, que je ne parle point sur ce papier de la somme que vous aurez à payer chaque année pendant tout le temps que votre belle-sœur sera sous notre protection. Pour ce, vous porterez vingt-cinq mille francs à votre budget ; ce n'est pas trop, mais on s'arrangera pour que cela soit suffisant. Il y aura près de la folle, ne la quittant pas d'un instant, une femme, celle qui sera ici ce soir. C'est à des années de réclusion que cette femme est condamnée. Elle a accepté. C'est du dévouement, cela, monsieur le baron. Naturellement, un pareil dévouement doit être récompensé. J'aurai là un homme sûr, un gardien fidèle, un autre Cerbère, grognant, montrant les dents, toujours prêt à mordre. Celui-ci a dû partir hier soir ou ce matin pour prendre possession de sa niche. Comme vous le voyez, je n'ai pas perdu une minute. Dans quelques jours on aura tout préparé là-bas pour recevoir la pensionnaire.

Après-demain, le docteur Charrenneau viendra la prendre ici ; il ne la conduira pas à Auteuil, mais chez un de ses fidèles, qui demeure dans un petit village, à vingt-cinq lieues d'ici, sur la route de Paris à Strasbourg. On la gardera là un jour ou deux, le temps de lui faire prendre un repos nécessaire, puis on fera une deuxième étape, et ainsi de suite jusqu'à ce qu'elle arrive à destination. J'opère ainsi, monsieur le baron, par mesure de prudence. Vous devez comprendre que, dans la circonstance, nous ne pouvons nous servir des voitures publiques. Il faut que votre belle-sœur arrive à sa demeure secrètement, et que sa présence dans le pays ne soit pas même soupçonnée. Je me défie des gens curieux.

L'enfant viendra au monde. S'il meurt, nous le mettrons dans un trou profond, et tout sera dit. S'il vit, nous verrons ; vous déciderez de son sort, monsieur le baron.

Voyons, ai-je autre chose à vous dire ? Oui. Arrangez-vous pour que les domestiques restent ici jusqu'à l'heure du départ de leur maîtresse. Après cela, vous n'aurez plus à vous occuper de rien ; vous pourrez fermer les portes de la villa, si cela vous convient, et rentrer à Paris où, j'en suis certain, vous êtes impatient de vous retrouver au milieu de vos amis et des agréables plaisirs de votre âge, dont vous êtes sevré depuis de longs mois.

Le baron rougit et se mordit les lèvres.

Blaireau l'avait deviné ; profond observateur, il lisait jusqu'au fond de sa pensée ; rien ne lui échappait. Sous tous les rapports, cet homme était son maître.

— Il y a votre note, monsieur Blaireau, reprit-il.

— Gardez-la. Inutile de vous recommander de ne pas la laisser traîner. Je vous conseille même, puisque vous savez ce qu'elle contient, de la détruire.

— Vous avez raison.

Et le baron jeta le papier dans les flammes du foyer.

— Cela vaut mieux, fit Blaireau.

— Quand dois-je vous remettre la somme?

— Oh ! je ne suis pas si pressé que ça ; nous nous reverrons. J'ai déjà reçu vingt mille francs : avec cela on fait un bon bout de chemin.

— Pour les vingt-cinq mille francs, à payer chaque année, j'aurai à vous faire une reconnaissance.

— Nullement, monsieur le baron, pas d'écrit, jamais d'écrit, vous savez... Confiance réciproque, entière, illimitée. Je puis mourir, monsieur le baron ; il ne faut pas qu'on trouve chez moi rien de compromettant pour personne. Prudence ! prudence ! D'ailleurs, monsieur le baron, ajouta-t-il avec son inimitable sourire, en auriez-vous l'intention, vous ne pourriez vous soustraire à votre engagement.

De Simaise sentit le coup de boutoir. Brutalement, Blaireau venait de lui dire : Je vous tiens, vous êtes en ma puissance !

Le faux docteur se leva, et reprenant aussitôt son air austère :

— Monsieur le baron, dit-il, vous allez, s'il vous plaît, me reconduire jusqu'à ma voiture, avec la politesse et les égards que vous devez à mon caractère, à mon âge, à l'homme de science, à un membre illustre de la faculté.

Le ventre en avant, s'appuyant sur sa canne, il passa gravement devant les domestiques, qui s'inclinèrent respectueusement devant le vénérable docteur.

Vers trois heures de l'après-midi, la femme annoncée par Blaireau arriva. Elle paraissait avoir trente-cinq ans ; elle était mise simplement, avait l'air réservé, modeste, honnête d'une personne réellement attachée à une maison de santé, où, pour soigner les pauvres malades, il faut tant de douceur, de patience et de bonté.

Hommes ou femmes, Blaireau savait choisir ses agents ; il ne confiait à aucun une mission avant de l'avoir mis sérieusement et longuement à l'épreuve. Il n'attachait à sa fortune que des personnages tout à fait dignes de lui.

Aussitôt après avoir vu M. de Simaise, Mme Birette — c'est sous ce nom que la femme s'était fait annoncer, — Mme Birette prit près de la marquise la place de la femme de chambre.

— Vous êtes maintenant absolument libre, dit le baron à cette dernière ; mais comme il est convenu avec vos camarades qu'ils ne partiront pas avant que le docteur ne soit venu chercher votre maîtresse, vous me ferez plaisir si vous voulez bien rester encore.

— Je n'ai rien à refuser à monsieur le baron, répondit l'anglaise, souriant aussi gracieusement qu'elle le pouvait.

Dans la soirée, sur l'ordre du baron et sous ses yeux, on enferma dans des malles le linge, les effets et les autres choses à l'usage de la marquise.

Le lendemain il donna *campos* aux domestiques pour toute la journée. Ceux-ci, profitant de la permission qui leur était donnée de courir la pretantaine, s'en allèrent tous ensemble en partie de plaisir à Saint-Germain. Il ne leur vint pas à l'idée que M. le baron avait tout simplement voulu se débarrasser de leur présence.

N'avait-il pas, lui aussi, à préparer son déménagement ? Et certes, ce n'était pas une petite affaire. On ne transporte pas des millions comme un colis ordinaire. Il passa la journée à peu près entière à clouer solidement des caisses, dans lesquelles il avait entassé l'or, les billets de banque, les valeurs mobilières, et, sans honte ni scrupule, les bijoux donnés par son frère à sa femme.

Il est vrai, hélas ! que la pauvre Lucy n'avait plus besoin de ces parures de perles, de diamants, de rubis, d'émeraudes. Ces objets de luxe, que tant de femmes désirent, envient, étaient devenus pour elle sans attraits comme sans valeur.

Enfin le moment impatiemment attendu par le baron arriva.

Comme l'avant-veille, une voiture s'arrêta devant la grille de la villa. Ce n'était plus le coupé du docteur, mais une berline de voyage large, solide et légère en même temps. Le cocher était le même ; seulement, au lieu d'un cheval, il en conduisait deux, deux magnifiques percherons, évidemment excellents trotteurs.

Les domestiques coururent au-devant du bon docteur Charronneau et l'escortèrent jusqu'au seuil de la maison, où l'attendait M. de Simaise.

—Monsieur le docteur, dit le baron, vous n'avez pas à attendre, tout est prêt. Votre pensionnaire a mangé il y a une heure, avec appétit, et elle est chaudement habillée.

— Bon, bon, très-bien, monsieur le baron.

Celui-ci donna un ordre.

Aussitôt les domestiques enlevèrent les malles, qui furent portées sur la berline, sous une bâche.

Un instant après, la marquise parut donnant le bras

à la femme qui allait remplir près d'elle les fonctions de servante, de geôlière et bientôt celles d'accoucheuse. On la vit s'avancer calme, la douceur dans le regard, ayant l'air imposant et majestueux d'une jeune reine nouvellement couronnée.

Docile à la voix pateline de la dame Birette, elle se laissait conduire comme un enfant à qui l'on a promis un joujou depuis longtemps demandé.

En passant devant le baron, le faux docteur et ceux qui avaient été ses serviteurs, elle s'arrêta, les regarda sans les reconnaître, salua d'un mouvement de tête machinal et sourit. Mais il y avait dans ce sourire quelque chose de si triste, de si douloureux, sa physionomie eut, à ce moment, une expression d'angoisse si profonde, que le baron, les domestiques et Blaireau lui-même se sentirent vivement impressionnés.

On aurait dit que la malheureuse, devinant le sort qui l'attendait, demandait grâce à ses bourreaux. Hélas ! sa destinée devait s'accomplir. La colombe était entre les serres des vautours.

Elle passa. Les autres la suivirent silencieusement. Quand elle sentit l'air vif sur son visage, au grand jour, dans le reflet pâle du soleil couchant, elle se rejeta en arrière avec une sorte d'effroi. On put croire un instant à une résistance. Il n'en fut rien. Jenny ayant pris son autre bras, elle marcha jusqu'à la voiture. Machinalement encore, et sans qu'on eût besoin de l'aider beaucoup, elle prit place dans la berline. La Birette s'assit à côté d'elle et Blaireau sur le siége de devant, leur faisant face. La portière fermée, Blaireau baissa les stores des deux côtés.

Le cocher piqua légèrement les flancs des chevaux et l'attelage partit à fond de train.

Au delà de Rueil, le jour commença à baisser. La

route était solitaire. Lestement, le cocher de la berline se débarrassa de son chapeau galonné et de son manteau fourré, qu'il jeta dans le coffre de son siége ; il remplaça le chapeau par une casquette de peau de loutre et le manteau par une humble limousine de roulier.

Deux heures après l'enlèvement de la marquise de Chamarande, la villa était déserte. Les portes et toutes les fenêtres, croisées et persiennes, étaient fermées.

Le valet de pied, la cuisinière et l'anglaise étaient partis les premiers. Le baron et le cocher les suivirent de près. Ce dernier avait attelé les deux chevaux à la calèche. M. de Simaise emportait les millions. Et aucune voix, pas même celle de sa conscience, ne cria : Au voleur !

A Port-Marly, le lendemain, les commères disaient :

— Vous savez, la villa est fermée, plus personne.

— Un grand médecin de Paris est venu chercher la folle ; mais ce n'est pas à la Salpêtrière ni dans une maison de santé de Paris qu'on va l'enfermer ; elle a, paraît-il, un oncle en Angleterre qui la réclame.

— Le baron s'est très-bien conduit ; il a été pour cette fille d'une bonté... L'aimait-il son frère, celui-là ! Les domestiques l'ont vu pleurer, sangloter. Quel brave, quel excellent jeune homme !

— Comme on est trompé tout de même ; je la croyais mariée, j'en aurais mis ma main au feu... Et pas du tout. Ne nous fions jamais aux apparences.

— Ah ! c'en était une effrontée, celle-là ; ces femmes-là ne doutent de rien, se moquent de tout ; elles ont une audace... Se faire appeler madame la marquise, quel toupet !...

— Voilà où nous en sommes aujourd'hui : la cocotte tient le haut du pavé, elle a équipage, hôtel à Paris, château à la campagne ; elle s'appelle baronne, comtesse, marquise, duchesse parfois, et monte même jusqu'au titre de princesse. Bah ! quand on prend du galon on n'en saurait trop prendre. Le maire de son village lui rend hommage... Il est vrai que la cocotte, baronne, comtesse ou marquise, a fait don à la commune d'un tuyau de cheminée pour la mairie, d'une carte géographique pour l'école des garçons et pour l'école des filles d'un volume intitulé : *Comment on comprend la morale et la dignité dans notre pays*, et d'un autre volume portant ce titre : *Traité de vertu.* Eh bien, voilà quelles sont nos mœurs.

— Elles sont propres, nos mœurs !
— Des fils de famille, des hommes mariés même se ruinent pour ces créatures-là.
— Sont-ils bêtes, les hommes !
— Ah ! oui, ils le sont !
— Puisque c'est comme cela, il faut s'y faire. Hier c'était une marquise pour rire qui nous éblouissait par son luxe insolent ; demain ce sera une baronne ou une comtesse du même tonneau. Ce sont ces filles impures qui nous éclaboussent en passant, nous autres honnêtes femmes.

Voilà quels étaient les propos tenus, les réflexions faites au sujet de la pauvre Lucy. Comme on le voit, les paroles du baron, répétées par les domestiques, avaient porté leurs fruits.

La marquise fut, pendant quelques jours, l'objet de toutes les conversations. Des paroles indignées, du dédain, du mépris... Pas un mot de pitié. Le courant n'y était pas. Elle était folle. Qu'importe ? On fut impitoyable.

Mais tout passe, tout s'oublie : on ne pensait déjà plus, au bout de deux semaines, à la pauvre Lucy, marquise de Chamarande.

XXXVI

COMMENT CLÉMENTINE DE VAUCOURT DEVINT BARONNE DE SIMAISE

Le baron de Simaise avait acheté un hôtel avenue des Champs-Elysées et meublé somptueusement ses appartements. Toutefois, il ne se pressait point de monter sa maison. Il n'avait encore que trois domestiques et se contentait, pour le moment, des deux chevaux et des voitures achetés par le marquis.

Il recevait peu, quelques amis seulement, des amis choisis. Il se montrait réservé, sa parole était celle d'un sage. Il portait ostensiblement le deuil de son frère, affectait une grande tristesse, une douleur vraie ; il édifiait le monde. Rien à dire sur sa conduite, il semblait avoir renoncé pour toujours à toutes les folies qui le faisaient acclamer autrefois par les viveurs de Paris.

Il suivait les conseils de Blaireau. Celui-ci lui avait dit :

— Pour commencer, monsieur le baron, pas de bruit, pas d'éclat ; veillez sur vous, prenez garde !

Si grande hâte qu'il eût de jouir complétement de sa fortune, iniquement acquise, il se modérait, mettait un frein à ses ardeurs. C'est le monde, maintenant, qu'il fallait tromper. Il y réussit. Il s'arrangea de façon à ne pas attirer trop l'attention sur lui, et il n'eut qu'à se féliciter des conseils de Blaireau, car on s'étonna à peine du changement survenu dans sa fortune. En effet, ceci passa à peu près inaperçu, comme tant de choses dans la grande ville.

Le baron n'en continuait pas moins à être prudent ; il ne faisait un pas en avant qu'après s'être bien assuré qu'il posait le pied sur un terrain solide ; constamment il se tenait sur la défensive.

Malgré tout, sa conscience n'était pas tranquille ; il lui semblait entendre autour de lui comme une rumeur menaçante, et il sentait qu'il faudrait peu de chose pour qu'il fût englouti dans un effroyable effondrement.

Voilà pourquoi sa conduite, en apparence du moins, était exemplaire, pourquoi il se montrait modeste, réservé, parlant peu, s'observant, évitant avec soin qu'on fît du bruit autour de son nom.

Trompés eux aussi, ses anciens amis, les viveurs, le dédaignèrent, l'abandonnèrent ; ils ne le trouvaient plus digne d'occuper une place parmi eux. C'est ce que voulait le baron. En revanche, du côté des honnêtes gens, il s'acquit de nombreuses sympathies ; c'est ce qu'il voulait aussi.

Ami du marquis de Presle, présenté par lui dans les salons du meilleur monde et les mieux fréquentés, il fut très-bien accueilli partout.

Beau garçon, élégant, distingué, esprit subtil, parlant peu, mais bien et juste ; l'air un peu timide, un peu embarrassé, empressé auprès des dames, des vieilles surtout, il devint vite leur favori et elles eurent pour lui d'aimables minauderies, d'adorables prévenances.

Le baron continuait à jouer délicieusement la comédie.

On se disait et on se répétait à l'oreille :

— C'est le baron de Simaise ; il est fort bien, ce jeune homme ; vous avez peut-être connu son père, qui a fait beaucoup parler de lui dans un temps ; c'était un joueur, un débauché ; il a dévoré sa fortune. Son fils serait obligé, aujourd'hui, de travailler pour vivre, s'il n'avait eu un frère aîné, lequel était allé faire sa fortune en pays étranger ; il est mort il y a quelques mois, laissant tout ce qu'il possédait au jeune baron, quelque chose comme deux ou trois millions, dit-on. C'est joli.

Jeune, bien posé, beau garçon, bon enfant, excellente conduite, riche, un beau nom, le baron n'est pas un parti à dédaigner, surtout en ce temps-ci, où nos jeunes filles trouvent si difficilement à se marier. Eh bien, nous marierons le baron ; du reste, il ne demande pas mieux. C'est toujours amusant de marier les autres.

Un jour, la duchesse douairière de Corgirnon dit au baron :

— Monsieur de Simaise, voulez-vous vous marier ? Ne riez pas, monsieur, c'est sérieux, très-sérieux.

— En ce cas, soyons graves, madame la duchesse ; mon Dieu, je me marierais volontiers ; mais il faudrait pour cela qu'une jeune fille me plût, d'abord, et qu'elle voulût de moi ensuite.

— Croyez-vous cela impossible, baron ?

— Non, sans doute ; mais jusqu'à présent...

— Vous connaissez Mlle de Vaucourt ?

— J'ai eu l'honneur de danser deux ou trois fois avec elle, chez vous, madame la duchesse.

— Est-ce qu'elle ne vous plaît pas ?

— Je serais bien difficile : Mlle de Vaucourt est charmante sous tous les rapports.

— Eh bien, voulez-vous l'épouser ?

— Pardon, madame la duchesse, mais...

— Quoi ?

— Est-ce que vous croyez que Mlle de Vaucourt...

— Vous acceptera ? Oui, je le crois. Écoutez : Clémentine de Vaucourt est orpheline, sans famille, comme vous, et sa fortune est à peu près égale à la vôtre. C'est une bonne et excellente enfant, douce, aimante, nature exquise : je ne lui connais pas un défaut, et je vois en elle les qualités les plus rares et les meilleures. Inutile de vous parler de ses avantages physiques, vous l'avez vue, vous la connaissez. Elle a été élevée dans un pensionnat de premier ordre et elle est fort instruite.

Son tuteur, un vieillard, qui n'est même pas son parent, désire vivement la marier, car il craint de s'en aller d'un moment à l'autre. Actuellement, l'avenir de sa pupille l'inquiète. D'autre part, Clémentine ne se plaît pas beaucoup dans ce milieu froid, sévère, triste, où elle est forcée de vivre ; elle s'ennuie. Qu'un mari se présente, et elle le prendra aussitôt ; pourvu, cependant, qu'il lui plaise et qu'il soit digne d'elle.

Baron, vous êtes le mari qui convient à Clémentine de Vaucourt.

— Vous pensez cela, madame la duchesse, répliqua de Simaise en souriant, Mlle de Vaucourt ne partage peut-être point votre bonne opinion sur ma personne ?

— C'est ce que nous verrons. Voulez-vous, oui ou non, que je m'occupe de votre mariage ?

— En vérité, madame la duchesse, je ne saurais être trop sensible à l'intérêt que vous me portez.

— Vous le méritez, baron. Ainsi, c'est dit ?

— Oui, madame la duchesse.

— Dès demain je verrai Clémentine et son vieux tuteur.

Les choses marchèrent vite. Il n'est telle qu'une vieille femme pour mener rondement une affaire matrimoniale, arrêter les « mais » et briser les empêchements qui pourraient se présenter.

Sachant que son tuteur tenait à la marier, désireuse de sortir de l'atmosphère lourde, soporifique, dans laquelle elle vivait, séduite d'ailleurs par l'extérieur agréable du baron, dont on ne cessait de lui dire le plus grand bien, Mlle de Vaucourt l'accepta en fermant un peu trop les yeux.

Six semaines plus tard ils étaient mariés.

La lune de miel fut délicieuse. Le baron, se contraignant encore, était le modèle des époux, et Clémentine, pensant que cela durerait toujours, envisageait l'avenir sous les plus riantes couleurs. Le mariage de convenance était devenu pour elle, désormais, un mariage d'amour. Elle aimait son mari, ne se doutant guère, la pauvre jeune femme, que le baron, être dépravé, manquant de sens moral, et profondément égoïste, n'avait jamais aimé que sa personne et le plaisir.

Tout alla assez bien jusqu'à la naissance du premier-né, que la baronne mit au monde neuf mois et quelques jours après son mariage.

Alors, tout à coup, chez le baron, le changement fut complet, radical. Loin de lui imposer de nouveaux devoirs, la naissance de son fils sembla, au contraire, l'affranchir de tous les autres. Il ne connut plus d'entraves. Trop longtemps il s'était dompté ; il ne pouvait plus se contenir. C'était un torrent de passions, prêt à déborder, sautant par-dessus toutes les digues. Le volcan grondait sourdement, annonçant une éruption violente, terrible.

— Vous n'avez plus rien à craindre, maintenant, lui

avait dit Blaireau ; vous vous êtes créé des relations puissantes, nul ne songera désormais à vous chicaner sur n'importe quoi. Tout vous est permis. La fortune de votre femme empêchera qu'on regarde de trop près dans la vôtre. Clémentine de Vaucourt vous couvre de son égide. Vous êtes riche, vivez en homme riche. Recevez, donnez des fêtes ; vous avez le droit d'avoir le train de maison qui vous plaira et de jouir de la vie en jouissant de la fortune.

Le baron n'avait plus la bride au cou ; il se lança à corps perdu dans le tourbillon, sans mesure, sans retenue, faisant danser les louis d'or, les billets de mille. Ce fut un vertige, un ouragan d'extravagances.

Dix domestiques obéissaient à ses ordres. Il avait quinze chevaux dans son écurie et des voitures de tous les modèles. On parlait partout de ses merveilleux attelages. Au bois il faisait sensation. Il laissait loin derrière lui les équipages du vieux faubourg. Les gros financiers n'essayaient pas de lutter de luxe avec lui. Il éclipsait les hauts personnages le plus en vue.

Membre du Jockey-Club, il faisait courir ; on citait ses paris. Il était l'homme du jour, un lion de Paris, lion à tous crins.

Il ne se contenta pas d'une maîtresse, il en eut plusieurs. Où allait-il les chercher ? Partout où l'on trouve ces Circés parisiennes : à l'Opéra, au foyer de la danse, dans les antres du monde interlope, dans certaines salles publiques tapageuses, dans les coulisses des théâtres, jusque sur l'asphalte des boulevards.

D'abord, par un reste de pudeur, il ne se montra pas en public avec ces femmes qu'il couvrait de soie, de bijoux, gorgeait d'or, payant cher leurs caresses excitantes ; mais cela manquait à sa sotte vanité et il finit par se moquer du qu'en dira-t-on, par jeter au vent de la honte le dernier lambeau de sa dignité d'homme. du monde.

Dès lors, on le vit s'afficher publiquement, au bois, aux courses, au théâtre, partout, tantôt avec une courtisane, tantôt avec une autre, mais disant toutes ce qu'elles étaient et ce qu'elles valaient par leur tenue, leurs regards effrontés, leurs toilettes tapageuses, la forme provocante de leurs chapeaux, leurs poses lascives.

Il s'amusait de cela, le misérable, ne voyant pas avec quel dégoût se détournaient de lui certaines personnes qui, naguère encore, lui tendaient la main.

A grands fracas il descendait les Champs-Elysées, insultant ainsi sa femme, en passant sous ses fenêtres.

Abandonnée, méprisée, grossièrement offensée, lâchement insultée, la baronne gémissait et, en secret, fuyant les regards de ses serviteurs, qui la plaignaient, elle dévorait ses larmes.

Après Raoul, Henriette était née. Clémentine n'avait plus que ses enfants à aimer au monde ; descendue du faîte où ses rêves, aux premiers jours de son mariage, l'avaient placée, n'ayant plus et ne pouvant plus avoir du côté de son mari aucune illusion, toute sa vitalité se concentra dans l'amour maternel : les deux chers petits êtres étaient sa consolation ; ils calmaient ses révoltes intérieures ; pour eux, à cause d'eux, elle restait sous le toit conjugal, souffrait sans se plaindre, ne jetait pas violemment à la tête de l'indigne son mépris et son dégoût. Près de ses enfants elle puisait la résignation et la force de supporter les outrages.

XXXVII

CHARLES CHEVRY ET ZÉLIMA

On avait appris le naufrage du *Téméraire* à Batavia, un mois environ après l'épouvantable catastrophe.

« Le bâtiment s'est coulé, disait-on, et sauf deux matelots, qu'on a eu le bonheur de recueillir en mer, l'équipage tout entier a péri. »

En proie à une douleur facile à comprendre, car il avait pour le marquis de Chamarande, son protecteur, son ami, une affection sincère, un dévouement absolu, Charles Chevry écrivit aussitôt au baron de Simaise, lui demandant si l'affreuse nouvelle arrivée jusqu'à lui était exacte ; si, enfin, M. le marquis de Chamarande, passager à bord du *Téméraire*, avait trouvé la mort dans les flots de l'Océan. Zélima, de son côté, et en même temps, avait adressé à Lucy une lettre émue, pleine de tendresse.

Charles Chevry reçut, dans le délai voulu, datée de Paris, la réponse du baron. Celui-ci lui confirmait la perte du *Téméraire* et lui annonçait que, en effet, et malheureusement, son pauvre frère était au nombre des morts.

Charles Chevry le savait déjà par les journaux de France qu'on recevait à Batavia. Mais ce qui l'étonna singulièrement, c'est que M. de Simaise ne disait rien dans sa lettre concernant la marquise.

Cependant, après réflexion, il se dit :

— Il n'a pas cru devoir me donner des nouvelles de sa belle-sœur, Mme la marquise ayant à répondre à la lettre de Zélima.

Charles et Zélima attendirent anxieusement la lettre de la marquise, qui ne vint pas.

Après deux mois écoulés, très-inquiet, las d'attendre, Charles Chevry écrivit de nouveau au baron de Simaise.

Cette fois pas de réponse.

Il écrivit une seconde lettre, puis une troisième.

Toujours pas de réponse.

— Qu'est-ce que cela signifie ? se demandait Chevry ; je ne comprends pas.

— Il est arrivé malheur à ma chère, à ma bonne Lucy... Ah ! peut-être est-elle morte aussi ! disait Zélima en pleurant.

— Si cela était, répondait Charles, s'efforçant de rassurer sa femme, nous le saurions. M. le baron de Simaise aurait été plus empressé à nous écrire, à répondre à mes lettres.

En réalité, Charles Chevry ne sait que penser ni quoi imaginer.

— Voilà, se disait-il, nous sommes de petites gens nous. On nous dédaigne, on ne veut plus même se donner la peine de nous écrire. Et pourtant, ici, mandataire de M. le marquis, j'ai à m'occuper des intérêts de Mme la marquise.

Le baron ne savait pas cela ; il ignorait absolument que sa belle sœur avait encore des millions à Batavia, participant aux fructueuses opérations d'une importante maison de commerce. Son frère, avant de s'embarquer sur le *Téméraire*, avait négligé de l'instruire exactement de ses affaires, et Charles Chevry, dans ses lettres, n'avait pas cru devoir mêler les choses d'argent avec celles du cœur.

— Pourtant, se disait encore le brave Chevry, Mme la marquise aimait beaucoup Zélima ; pourquoi l'aurait-elle si vite et si complétement oubliée ? Eh bien, non, je ne comprends pas !... Il y a là quelque chose que je ne puis deviner ; oui, il y a quelque chose.

Il aurait pu écrire, en France, à un des correspondants de la maison pour le prier de prendre des informations et de les lui transmettre. Le moyen était facile à employer. Il ne voulut pas s'en servir. Cela lui répugnait. On agit ainsi quand on a un doute sur quelqu'un, quand on veut s'assurer, par exemple, qu'il est solvable ; c'est une sorte d'enquête peu flatteuse pour celui qui en est l'objet.

— Plus tard, nous verrons, se dit Chevry.

Au commencement de l'année 1850, les associés de l'ancienne maison Philippe de Villiers et Cie, dont les affaires étaient de plus en plus brillantes et prospères, créèrent une succursale au Bengale, à Calcutta, voulant étendre encore leurs opérations, et offrirent à Charles Chevry la gérance du nouveau comptoir.

Le jeune homme accepta avec plaisir. Outre les avantages qu'il allait trouver dans sa nouvelle position, sa part dans les bénéfices devenant plus forte, il y avait la joie, le bonheur de Zélima, retournant dans sa belle patrie où naissent, sous un ciel pur et les chaudes caresses du soleil, les plus belles fleurs du monde.

Pendant trois ans et demi, Charles Chevry dirigea la maison de Calcutta avec une prudence, une activité, une aptitude, une entente des affaires, qui lui donnèrent vite un renom et une prospérité qui rivalisait avec celle de la maison mère. Les associés n'eurent qu'à s'applaudir de leur création et surtout d'avoir choisi Charles Chevry pour les représenter, Charles Chevry à qui ils devaient certainement d'avoir réussi dans leur entreprise.

Aussi furent-ils surpris et même peinés, lorsque le gérant leur annonça son intention de se retirer, en les priant de lui donner un successeur.

Après avoir été trop longtemps oublié dans les bureaux, Charles Chevry était enfin sorti de l'impasse, grâce à la main que le marquis de Chamarande lui avait tendue. Depuis, il avait travaillé plus encore qu'auparavant ; mais le succès était venu le récompenser ; il avait récolté les fruits de son travail et de son intelligence.

Il possédait cinq cent mille francs.

— Avec cela, dit-il à Zélima, on peut vivre très à son aise dans n'importe quelle contrée du monde, même à Paris, la ville où l'on dépense le plus. D'ailleurs, plus tard, si cela me convient, comme je suis jeune encore et que j'ai besoin d'activité, je ferai quelque chose. J'ai suffisamment prouvé que je m'entends aux affaires commerciales pour trouver facilement en France une association. Car, ma douce Zélima, nous allons quitter ton pays ; c'est en France, dans ma patrie à moi, que je vais te conduire. Ah ! j'ai hâte de la revoir, ma belle France, de la revoir et de te la faire connaître, ma Zélima. Tu es contente, n'est-ce pas ?

— Oui, Charles, oui ; portout où tu vas, je vais ;

partout où tu voudras aller, j'irai. Je veux te suivre partout, ne te quitter jamais, jamais.

La France, la France, continua-t-elle, laissant échapper un soupir, j'y suis souvent par la pensée.

— Moi aussi, Zélima ; tous deux nous pensons à ta bienfaitrice, à l'enfant qu'elle a mis au monde. Allons, bientôt tu reverras ta chère Lucy.

Le successeur était arrivé, avait pris possession du comptoir. Charles et Zélima étaient prêts à quitter Calcutta : ils attendaient, pour s'embarquer, le premier navire en partance.

Mandataire du marquis de Chamarande, Chevry avait réglé les comptes de son mandant avec les associés et successeurs de Philippe de Villiers. Ceux-ci, le terme échu, avaient versé quatre millions et demi entre les mains de Chevry, contre quittance. Cette somme énorme avait été remise immédiatement par le mandataire dans la caisse de la banque de Batavia, succursale importante de la grande et célèbre maison de banque Van Ossen et fils d'Amsterdam.

Charles Chevry et sa femme prirent passage à bord d'un bâtiment de la compagnie des Indes qui devait faire escale dans un port de Hollande. Le jeune homme avait choisi ce navire de préférence à un autre parce qu'il désirait se rendre tout d'abord à Amsterdam, afin d'avoir un entretien avec M. Van Ossen au sujet du capital versé par lui à la banque de Batavia.

On arriva en Hollande sans avoir eu trop à souffrir de la mer. Bien qu'elle fût enceinte de plusieurs mois, Zélima supporta très-bien la fatigue de la longue traversée.

Le vieux banquier Van Ossen, qui avait connu le marquis de Chamarande, ayant été l'ami intime de Philippe de Villiers, reçut cordialement le visiteur, lui disant que le capital encaissé à Batavia serait à sa disposition aussitôt qu'il le voudrait.

— Ainsi, demanda Chevry, cette somme ne vous a pas encore été réclamée par Mme la marquise de Chamarande ?

— La marquise ? fit le banquier très-surpris.

Il ignorait que le marquis se fût marié.

Charles Chevry lui apprit comment Paul de Chamarande avait épousé, à Batavia, Lucy Glandas, créole anglaise et pupille de Philippe de Villiers ; il apprit également au banquier le départ du marquis et de la marquise pour la France ; le retour du marquis à Batavia, après la mort de M. de Villiers ; les arrangements pris avec les associés, ceux-ci l'acceptant, lui, Chevry, pour mandataire du marquis.

— Où est maintenant la marquise ? demanda le banquier.

— Je l'ignore absolument ; elle habite à Paris, je suppose.

Le banquier secoua la tête.

— Cela m'étonnerait, répondit-il ; je vais souvent à Paris, j'y reste des mois, je connais à peu près toutes les personnes qui ont un nom, un titre, une fortune, et je n'ai jamais entendu dire qu'il y eût à Paris une marquise de Chamarande. Mais comment se fait-il que, ayant en mains, à Batavia, les intérêts de la veuve, vous n'ayez pas été en correspondance avec elle ?

— Ma femme, dont madame la marquise a été pendant des années la protectrice, ma femme et moi avons écrit plusieurs lettres. Ma femme n'a reçu qu'une seule réponse, antérieure à la mort de M. le marquis. Mme la marquise lui annonçait qu'elle serait bientôt mère, lui parlait de son bonheur et lui faisait la description de l'habitation qu'elle occupait près de Paris, à Port-Marly. J'ai reçu également une seule réponse, me disant, ce que je savais déjà, que M. le marquis avait péri en mer. Depuis, plus rien. Voyant cela, ma femme et moi nous avons cessé d'écrire.

— C'est bien singulier.

— Oui, monsieur, c'est étrange; et depuis longtemps je suis assailli par toutes sortes de craintes. Et pourtant, si Mme la marquise était morte, son beau-frère, qui a répondu à ma première lettre, aurait pris la peine, je pense, de m'instruire de ce nouveau malheur.

— Ah! Paul de Chamarande avait un frère?

— De mère seulement. La mère de M. le marquis s'était remariée.

— Comment appelez-vous ce frère?

— Le baron de Simaise.

— Le baron de Simaise! exclama le banquier.

— Vous le connaissez?

— Oh! pas intimement. Je crois l'avoir vu une ou deux fois. Il est connu, très-connu, le baron de Simaise; il se fait à Paris un grand bruit autour de son nom : tout le monde parle de lui, de son train de maison, de ses chevaux, de ses équipages, de ses maîtresses...

— Ce baron de Simaise ne peut pas être le frère de M. le marquis de Chamarande, monsieur.

— Pourtant, répliqua le banquier en souriant, je ne crois pas qu'il puisse y avoir à Paris deux barons portant le même nom.

— Le père du baron de Simaise, frère de M. le marquis, avait mangé toute sa fortune ou à peu près, son fils était pauvre.

— Vous êtes sûr de cela?

— Absolument sûr, monsieur.

— Ah! fit le banquier, fronçant ses épais sourcils gris.

— Je vous en prie, monsieur, ne me cachez pas votre pensée, dit Charles Chevry, visiblement ému.

— Mon Dieu, je ne sais que vous dire... Le baron de Simaise a épousé une femme charmante et riche, qu'il ne rend pas heureuse. Heureuse, elle ne saurait l'être, vu la conduite dissipée, — pour ne pas dire plus, — de son mari. Mais avant son mariage, c'est-à-dire quelques mois après la mort du marquis de Chamarande, il était déjà puissamment riche. Il avait acheté cinq ou six cent mille francs et fait meubler splendidement son hôtel de l'avenue des Champs-Élysées.

— Oh! fit Charles Chevry, se frappant le front sous lequel venait de jaillir une idée subite.

Il était devenu très-pâle et tremblait nerveusement.

— Eh bien, monsieur Charles Chevry? interrogea le banquier.

— Vos paroles viennent de m'éclairer, monsieur. Je comprends enfin pourquoi mes lettres et celles de ma femme sont restées sans réponse. Mme la marquise de Chamarande a été victime de quelque noire infamie.

— Monsieur Chevry, je pense comme vous : si le baron de Simaise était réellement sans fortune lors de la mort de son frère, il s'est emparé, par fraude ou par violence, des deniers de la veuve et de l'orphelin. Mais nous n'avons pas le droit de porter un jugement téméraire. Avant tout, il faut savoir.

— Je saurai, monsieur, je saurai, je vous le jure!

L'entretien se prolongea encore un instant, et il fut convenu, entre Charles Chevry et le banquier, que le capital resterait dans les caisses de la banque, participant à toutes les opérations financières, jusqu'à ce qu'il soit réclamé directement par la marquise de Chamarande.

— Autrement, monsieur Chevry, ajouta M. Van Ossen, je ne remettrais la somme, augmentée des bénéfices de participation capitalisés, qu'en vos mains propres ; car en définitive, monsieur Chevry, dans cette affaire, je ne connais que vous.

Dès aujourd'hui, je vais ouvrir au grand livre de la banque le compte Chamarande-Chevry. J'écrirai de ma main, sur le livre cerclé d'or, ce qui vient d'être arrêté entre nous, monsieur, et nous le signerons mon fils e moi. Ce livre, dont je vous parle, monsieur Chevry, et que voilà, seul, dans son casier, est le mémorial de notre maison ; ce sont les archives d'honneur des Van Ossen, qui sont écrites sur ces pages. Ici, les engagements pris se transmettent comme l'honneur, de père en fils, depuis bientôt deux siècles.

Je puis mourir bientôt, car je touche à ma quatre-vingt-huitième année ; mon fils, mon successeur désigné, a soixante-quatre ans, c'est presque un vieillard ; mais le jour où il prendra ma place, son fils aîné aura la sienne. Il en est toujours ainsi : le fils succède au père et continue la tradition, et les engagements pris par ceux qui ont disparu sont remplis scrupuleusement par ceux qui restent. C'est assez vous dire, n'est-ce pas, que, serait-ce dans dix ans, dans vingt ans, nos conventions seront exécutées dans leurs termes précis.

Vous rendez-vous directement en France, monsieur Charles Chevry ?

— Non, monsieur, pas directement : je vais d'abord passer à Londres, mais je compte bien être à Paris dans huit ou dix jours.

— Vous ne tarderez pas à me donner des nouvelles ?

— Aussitôt que j'aurai appris quelque chose de certain au sujet de madame la marquise de Chamarande, je m'empresserai de vous écrire.

— Je n'ai pas besoin de vous recommander d'être prudent, monsieur Chevry ; vous vous chargez d'une tâche difficile, extrêmement délicate ; prenez bien vos précautions ; cherchez à savoir, mais n'allez pas trop vite, ne brusquez rien ; évitez surtout de vous heurter à une force qui pourrait vous briser. Il me paraît clair comme le jour, qu'afin de pouvoir s'emparer de la fortune du marquis, le baron de Simaise a fait disparaître la marquise. Par quel moyen ? Comment a-t-il pu réussir ? Je ne puis le deviner. Mais vous découvrirez la vérité, je l'espère.

— Qui sait si cet homme n'a pas tué sa belle-sœur ?

— Tout est possible, monsieur. Toutefois, je ne puis admettre l'hypothèse d'un pareil crime. On ne tue pas si facilement que cela en France. Non, le baron de Simaise a pris un autre moyen pour se débarrasser de sa belle-sœur. Il la tient cachée, enfermée quelque part, peut-être dans une maison d'aliénées. On a vu cela plus d'une fois, monsieur Chevry.

— Mais l'enfant, monsieur ?

— Si l'enfant existe, vous aurez à le chercher comme la mère ; je vous le répète, vous allez entreprendre une tâche difficile et je ne saurais trop vous recommander la prudence. Ne vous occupez pas trop de l'enfant, d'abord ; commencez par chercher la mère. Quand vous saurez ce qu'elle est devenue, où elle se trouve, vous pourrez demander hardiment au baron : Où est l'enfant ?

A Port-Marly, où la jeune femme a demeuré, on vous donnera peut-être des renseignements ; dans tous les cas, on vous apprendra quelque chose de ce qui s'y est passé.

— Ne me conseillez-vous pas de m'adresser immédiatement au préfet de police ?

— Non. Ce serait dénoncer le baron de Simaise, l'accuser d'un crime monstrueux.

— Eh! qu'importe?

— Assurément, il ne mérite aucune pitié, mais il y a près de lui une noble jeune femme, deux enfants, trois innocents !... Commencez par chercher, monsieur Chevry, discrètement, adroitement, avec patience. Si, après avoir tout fait, vous ne trouvez pas, si le terrain vous manque, alors, alors seulement, y étant forcé, vous réclamerez la marquise aux magistrats du parquet de Paris.

— Vous avez raison, monsieur, il y a la mère et ses enfants, trois innocents !... Je suivrai vos conseils.

Les deux hommes n'avaient plus rien à se dire.

M. Van Ossen reconduisit Charles Chevry jusqu'à la grille de son hôtel.

— Allons, bon courage et bonne chance, dit le vieillard; j'attendrai impatiemment votre première lettre.

Ils se serrèrent la main et se séparèrent.

Trois jours après, Charles Chevry et Zélima étaient à Londres. Ils y restèrent deux jours seulement, le temps de visiter la ville, et de placer leur petite fortune chez un banquier de la compagnie des Indes, que Charles Chevry avait connu à Calcutta et avec lequel il était en relations d'amitié.

Ils prirent le paquebot à *London-Bridge*, firent rapidement la traversée de la Manche et arrivèrent enfin à Paris, où ils descendirent à l'hôtel du Havre.

XXXVIII

VISITE A LA VILLA DE PORT-MARLY

Charles Chevry s'était juré à lui-même de ne pas prendre un jour, un instant de repos, avant d'avoir découvert ce qu'était devenue la femme de son bienfaiteur. Ainsi fit-il.

Le lendemain de son arrivée à Paris, il se leva au premier bruit qu'il entendit dans l'hôtel, c'est-à-dire vers sept heures du matin. Tout en s'habillant, il sonna le garçon et le pria de lui trouver immédiatement une voiture de remise attelée d'un bon cheval.

Vingt minutes après, le garçon vint prévenir le voyageur que la voiture l'attendait à la porte de l'hôtel.

Zélima, fatiguée, courbaturée, était restée couchée.

Charles l'embrassa, en lui disant:

— Je serai, je pense, de retour avant midi; repose-toi bien en m'attendant. Si tu te sens assez forte dans l'après-midi quand nous aurons bien déjeuné, nous ferons une première promenade en voiture dans la ville.

Il sortit.

— Où allons-nous, bourgeois? lui demanda le cocher.

— A Port-Marly. Vous connaissez le chemin?

— Bien sûr, que je le connais. L'avenue des Champs-Elysées, l'avenue de Neuilly et toujours tout droit par Courbevoie. Nanterre, Rueil et Bougival.

Le cheval, jeune encore, était bon coureur. Il fit le trajet en moins de deux heures.

Charles Chevry descendit de voiture au bord de la Seine, devant la boutique d'un pêcheur marchand de vin. Une femme s'avança sur le seuil de la porte.

— Madame, lui dit-il, je vous serais obligé de vouloir bien m'indiquer la villa des Ormes.

La débitante sortit de la maison.

— La villa est plus loin, monsieur, toujours en suivant le bord de l'eau. Vous voyez devant vous ces grands arbres?

— Parfaitement.

— Eh bien, ce sont les ormes de la villa.

— Est-elle habitée en ce moment?

— Non, monsieur. Les personnes qui demeurent aux Ormes l'été retournent à Paris à la fin de septembre. Cependant, si ce n'est pas M. et Mme Legrand que vous voulez voir, vous trouverez à la villa le jardinier et sa femme qui, peut-être, pourront vous répondre.

Chevry remercia l'obligeante cabaretière et se rendit pédestrement à la villa.

Il avait encore dans la mémoire la description de l'habitation et du jardin faite par Lucy dans l'unique lettre qu'elle avait écrite à Zélima. Il reconnut facilement la maison; il vit les grandes pelouses, les bosquets, la serre, la source jaillissante, la petite rivière anglaise. Il sonna à la porte de service. Ce fut le jardinier qui vint lui ouvrir.

— Mon brave homme, dit Chevry, je m'adresse à vous dans l'espoir que vous pourrez me donner certains renseignements.

— Si je le peux, monsieur, je suis tout à votre service.

— Y a-t-il longtemps que vous êtes le jardinier de cette belle propriété?

— Je suis ici depuis deux ans.

— Ah! depuis deux ans seulement. Les renseignements que je désire concernent des personnes qui ont habité ici, en 1848, pendant une partie de l'année.

— Je vois, je vois... il s'agit d'une certaine marquise.

— Précisément.

— J'ai entendu parler de ça, monsieur, mais si vaguement... Je ne pourrais certainement pas répondre à vos questions... Voyez-vous, pour être bien renseigné, il faudrait vous adresser à l'ancien jardinier, celui qui était ici du temps de la fameuse marquise.

Ce mot « fameuse », prononcé avec un accent dédaigneux, perça l'oreille de Chevry comme un coup de poinçon. Pourtant, se rappelant les recommandations de M. Van Ossen, il se contint.

— Où le trouver, ce jardinier? demanda-t-il.

— Il est toujours à Port-Marly. Bien qu'il ne soit plus en maison, il n'a pas quitté le métier; il fait des jardins pour les uns, pour les autres. Dame, vous savez, monsieur, quand on n'a pas de rentes, il faut qu'on travaille.

— C'est juste. Maintenant, mon brave homme, je vous prie de m'indiquer la demeure de l'ancien jardinier.

— Le père Vincent reste assez loin d'ici, en montant vers Marly-le-Roi; il habite une petite maison au milieu des champs; c'est difficile à trouver, quand on ne connaît pas. Mais, au fait, si vous le voulez, je l'enverrai chercher.

— Ce serait fort gracieux de votre part.

Le jardinier appela un gamin d'une dizaine d'années, qui jouait dans l'allée, sur le sable, avec un gros chien de Terre-Neuve. L'enfant laissa l'animal et accourut près de son père.

— Tu sais où reste le père Vincent, le vieux jardinier ?
— Oui, papa.
— Tu le trouveras probablement chez lui, car en ce moment il n'est guère occupé. Tu lui diras qu'un monsieur le demande et tu reviendras ici avec lui. Surtout ne t'amuse pas à gaminer sur ton chemin.
— Non, papa.

Le gamin partit en courant. Il revint au bout de vingt minutes, amenant le vieux jardinier.

Quand Charles Chevry lui eut dit ce qu'il attendait de lui, le père Vincent prit la parole.

Il parla de ses anciens maîtres en homme qui les avait bien connus. Le marquis était très-froid, il n'adressait presque jamais la parole à un domestique ; c'est dans le jardin, avec lui, le père Vincent, qu'il causait un peu.

D'ailleurs il ne s'occupait de rien dans la maison, pas plus que la dame, qui ne parlait pas le français. C'est M. le baron de Simaise qui commandait, ordonnait. Il était tout. On ne connaissait que lui, on n'obéissait qu'à lui, il était le maître. Mais quel bon, quel excellent maître !

Le père Vincent fit longuement l'éloge du baron, sans remarquer le front assombri et les mouvements d'impatience de son auditeur. Enfin il raconta comment, tout à coup, on avait appris à la villa, après la mort du marquis, que la dame était devenue folle, — il évitait de dire la marquise. — Il parla ensuite du grand médecin, envoyé par l'oncle de la dame, qui est Anglais et demeure à Liverpool ; de la stupéfaction, de la surprise des autres domestiques en apprenant que la dame n'était pas mariée. Il dit comment la folle, qui n'était pas plus marquise que lui, le père Vincent était marquis, avait été emmenée par le célèbre médecin pour être conduite en Angleterre. Il était là, présent, bien qu'il eût été congédié plusieurs jours auparavant ; il avait vu partir la folle.

On comprend combien durent être douloureuses les impressions de Charles Chevry en écoutant cet homme, racontant simplement, naïvement, avec conviction, ces choses monstrueuses qu'il croyait vraies, et quels efforts il dut faire sur lui-même pour ne pas laisser éclater son indignation, la colère qui grondait sourdement en lui. Pâle, frémissant, les dents serrées, il eut la force et le courage d'écouter jusqu'au bout, sans interrompre. D'ailleurs, ce récit l'instruisait. Il avait voulu savoir, il savait. Le doute n'était plus possible. Le baron de Simaise était un voleur, et, pour voler, il n'avait pas reculé devant un autre crime, un crime horrible ! La trame ourdie contre la malheureuse marquise, pour la faire disparaître, était dévoilée.

Au bout d'un instant, faisant appel à sa volonté, se raidissant, il parvint à calmer son agitation.

— N'était-elle pas enceinte ? demanda-t-il.

— Oui, monsieur, et tout près d'accoucher.

— Et elle était folle ?

— Oui, monsieur, folle !

— Etes-vous bien sûr de cela ?

— Dame, monsieur, il faut bien le croire, puisque le médecin des fous a déclaré qu'elle devait être enfermée.

— Et vous croyez qu'on l'a emmenée en Angleterre ?

— Oui, monsieur, près de son oncle ; je savais le nom de cet oncle ; mais, depuis le temps, je l'ai oublié.

— Et le nom du médecin ?

— Je l'ai oublié aussi ; mais je crois me rappeler qu'il

a une maison de santé à Auteuil ; c'est là, d'abord, que la dame a été enfermée avant de partir pour l'Angleterre.

— Savez-vous encore autre chose ?
— Je vous ai dit, monsieur, tout ce que je sais.

Charles Chevry comprit qu'il n'en apprendrait pas davantage à Port-Marly, et qu'il perdrait un temps précieux à interroger d'autres personnes.

Il remercia les deux jardiniers, leur mettant un louis dans la main, appela le petit garçon, à qui il donna une pièce de cinq francs, rejoignit sa voiture et reprit aussitôt la route de Paris.

Oh ! le misérable, l'infâme ! se disait-il ; est-il possible qu'il y ait sur la terre de pareils scélérats et que Dieu les laisse vivre !... Mais, je le tiens, il ne m'échappera pas ! De gré ou de force, il faudra bien qu'il me dise où est la marquise de Chamarande, où est son enfant ! M. Van Ossen m'a recommandé d'être prudent, patient, de ne rien brusquer ; soit, j'agirai ainsi qu'il me l'a conseillé... En France, la justice est sévère ; c'est au bagne que je puis envoyer le baron de Simaise ; pour cela je n'ai que quelques paroles à dire. Mais il y a une femme, des enfants. Dois-je frapper ces têtes innocentes en même temps que celle du criminel ? Oh ! non, non, ce serait cruel, ce serait un acte odieux, une affreuse cruauté. Ah ! baron de Simaise, vous êtes bien heureux aujourd'hui d'avoir une femme, des enfants pour vous protéger contre moi !

Pendant huit jours, Chevry fit des recherches à Auteuil d'abord, ensuite dans Paris et dans toute la banlieue. Partout, prudemment, adroitement, il prenait des informations. Il était persuadé que la marquise, si elle existait encore, avait été enfermée, séquestrée à Paris même ou dans les environs. Mais il finit par comprendre qu'il perdait absolument son temps. Autant chercher une épingle dans l'herbe haute et drue d'une prairie. Seul, il ne pouvait rien. Continuer ses recherches dans les mêmes conditions était illusoire. Il pouvait chercher ainsi inutilement pendant des années.

Il savait la conduite que menait le baron de Simaise. Toutes les personnes qu'il interrogeait au sujet de la baronne lui en disaient le plus grand bien. Les paroles abondaient, ne tarissaient point quand on faisait son éloge. C'était une noble et digne jeune femme, ayant le cœur haut placé, douce, bonne, dévouée, adorant ses enfants. Son mari avait tous les vices, elle toutes les vertus. Elle souffrait, elle était malheureuse, on la plaignait.

Avant de frapper le coup terrible qu'il réservait au baron, Charles Chevry résolut de voir la baronne. Sans doute elle ne savait rien, mais il l'instruirait; et, si elle était bien telle qu'on la lui avait dépeinte, elle deviendrait aussitôt son alliée. Cédant à la menace, voulant échapper au châtiment, le baron dirait où il tenait la marquise cachée. S'il le fallait, on lui laisserait les millions volés. Certes, dans de telles conditions, il n'hésiterait pas à faire amende honorable. Il éviterait le scandale, la prison, la cour d'assises, le bagne; son nom ne serait pas déshonoré, son infamie ne retomberait point sur les innocents en larges éclaboussures.

Tout cela était bien pensé.

Zélima, consultée, approuva la démarche que voulait faire son mari. Celui-ci se rendit chez la baronne.

Nous savons quel fut le résultat de l'entrevue: scène violente, terrible, entre Clémentine et le baron, où celui-ci nia tout effrontément, avec une audace révoltante. Mais la baronne ne pouvait être trompée: elle avait vu et tenu dans ses mains l'acte de mariage du marquis de

Chamarande et de Lucy Glandas. Les dénégations du baron lui firent même voir encore à quelle espèce de misérable elle avait eu le malheur d'unir sa destinée.

Elle se souvint de certaines visites mystérieuses faites de temps à autre à son mari par un inconnu. Nous savons également comment, interrogeant sa mémoire, elle se rappela des paroles, alors incompréhensibles pour elle, entendues un jour, par hasard : Blaincourt, vieux château, la folle, l'enfant...

C'était une vive clarté jetée dans la nuit.

Ainsi, c'était à quelques lieues seulement de Vaucourt, où elle allait chaque année passer la belle saison, c'était à Blaincourt, dans un vieux manoir en ruines, que la marquise et son enfant, malheureuses victimes de la cupidité de son mari, étaient enfermés, séquestrés.

Elle avait promis à Charles Chevry d'être son alliée, de l'aider par tous les moyens possibles à retrouver la marquise de Chamarande. Pouvait-elle faire moins ? Non. Elle devait, en présence d'une telle iniquité, réparer, dans les limites du possible, le mal qui avait été fait. A tout prix, il fallait conjurer l'épouvantable malheur qui menaçait ses enfants et elle-même. Pour elle, pour ses chers enfants, Chevry avait promis de se taire, de ne rien révéler encore à la justice ; elle pouvait donc éviter l'opprobre, la honte, le déshonneur !

Alors elle écrivit cette lettre fatale qui allait livrer au sinistre Blaireau deux nouvelles victimes.

Confiée à un domestique, la lettre, au lieu d'être portée immédiatement à Charles Chevry, fut remise au baron de Simaise par le valet infidèle.

Déjà, sentant qu'il avait tout à redouter de sa femme, le baron avait eu le temps de l'entourer d'espions.

Sans la moindre hésitation, le misérable décacheta la lettre et lut.

Quoi! ce que Blaireau et lui croyaient si bien caché, la baronne le savait!

Un instant il se crut perdu. Il sentait ses cheveux se hérisser sur sa tête, une sueur abondante et froide inondait son front et ses tempes. Il se vit dans une glace: il lui sembla qu'en quelques minutes il avait vieilli de dix ans. Il était livide, avait les traits affreusement contractés. Il poussa une sorte de rugissement, en pressant fiévreusement son front dans ses mains. Il voyait le gouffre sous ses pieds, il allait tomber. Quel écroulement! Quelle chute horrible!

Que faire? Que faire? Il ne pouvait rien, lui, rien, rien... Et ce Charles Chevry et sa femme devenaient de plus en plus menaçants! Blaireau seul pouvait le sauver, si le sauvetage était possible. Cela lui coûterait cher, mais qu'importe! Oh! la prison, la cour d'assises, les juges!... Ses dents claquaient, il tremblait, grelottait comme s'il eût eu la fièvre.

Il n'avait plus d'espoir qu'en Blaireau ; il courut rue du Roi-de-Sicile. Blaireau était chez lui. L'homme du mal devina, d'un coup d'œil, la gravité de la situation.

— Lisez, lisez vite, lui dit le baron, en lui tendant la lettre.

En lisant, la figure de Blaireau changea trois ou quatre fois d'expression.

— Hum, hum! fit-il, les sourcils froncés, le front plissé.

Et il se gratta le menton, ce qui était chez lui l'indice d'une violente émotion.

— Eh bien? interrogea le baron avec l'anxiété d'un homme placé entre la vie et la mort.

— C'est grave, c'est excessivement grave, répondit Blaireau d'une voix creuse.

— Aussi n'ai-je pas perdu un instant pour venir vous trouver.

— Vous avez bien fait. Ah ! monsieur le baron, je vous ai toujours dit : Ne cessez pas de regarder du côté de Batavia. Comme j'avais raison ! Oui, quelque chose me disait que, si nous étions un jour inquiétés, le danger viendrait de là. Et il est venu, et il est près de nous, menaçant, terrible.

— N'y a-t-il donc rien à faire ? demanda le baron accablé.

— Il y a toujours à faire, monsieur le baron. Donc, cet homme a vu Mme de Simaise ?

— Oui.

— Que s'est-il passé entre eux ?

— Il a montré à ma femme l'acte de mariage, et la baronne, comme vous le voyez par cette lettre, a pris l'engagement de l'aider dans ses recherches.

— Et quand Mme de Simaise vous a parlé de votre belle-sœur, qu'avez-vous répondu ?

— Que l'acte de mariage était faux, que Lucy Glandas n'était que la maîtresse de mon frère ; qu'elle avait, après la mort du marquis, quitté Port-Marly, et que j'ignorais absolument ce qu'elle était devenue.

— Bien. Mais comment votre femme a-t-elle pu savoir ce qu'elle révèle dans cette lettre ?

— Je ne saurais le dire. Pourtant je crois pouvoir supposer qu'elle a un jour surpris notre conversation.

— Oui, oui, c'est cela, monsieur le baron : je me souviens d'avoir entendu un jour, au commencement de cette année, un bruit de pas et le froissement d'une robe de soie derrière l'une des portes de votre chambre.

Cette lettre, monsieur le baron, m'effraye et me rassure en même temps ; elle m'effraye parce que nous avons tout à redouter, elle me rassure parce que le péril n'est pas imminent. Nous avons le temps d'aviser. Pour le moment et jusqu'à nouvel ordre, votre femme et vos enfants sont notre sauvegarde. Certes, il est heureux pour nous que Charles Chevry ait eu l'idée de voir Mme de Simaise avant de s'adresser à la justice. C'est pour vous sauver que Mme de Simaise devient l'alliée de votre ennemi ; comprenez-vous cela?

— Oui, je comprends.

— Monsieur le baron, vous avez bien fait de vous marier et mieux fait encore d'avoir des enfants.

Blaireau resta un instant silencieux, la tête dans ses mains. Quand il se redressa, un éclair sillonna son regard.

— Monsieur le baron, prononça-t-il lentement et d'une voix sourde, quand un obstacle se dresse devant moi, je le brise ; quand un danger me menace, je l'arrête : il faut que ce Charles Chevry meure !

La physionomie de Blaireau avait pris une expression si terrible, que le baron se sentit frissonner jusque dans la moelle des os.

— Mais la baronne sait... balbutia-t-il.

Blaireau eut un petit rire sec, aigre. Puis, hochant la tête :

— Oui, répliqua-t-il, Mme de Simaise sait ; mais elle se taira... Elle se taira, monsieur le baron, non point par amour pour vous, — ceci soit dit sans vous offenser, — mais à cause de ses enfants. Une mère ne peut rien, rien, contre le père de ses enfants.

— Enfin, qu'allez-vous faire ?

— Je vous l'ai dit : nous débarrasser de notre ennemi.

— Comment ?

— Cet homme nous menace, il peut nous envoyer au bagne ; je l'ai condamné, il mourra.

— Prenez garde, Blaireau.

— Oh ! vous n'avez pas besoin de me recommander la prudence. D'abord, cette lettre.

Blaireau la glissa dans une enveloppe blanche, sur laquelle il écrivit l'adresse de Charles Chevry, imitant avec une merveilleuse habileté de faussaire l'écriture de la baronne. Cela fait, il détacha adroitement le cachet de cire de la première enveloppe, et à l'aide d'une composition de cire liquide, prenant sur le papier comme de la colle, il l'adapta sur le revers de l'autre enveloppe.

Le baron le regardait faire, ébahi.

— Voyez, lui dit Blaireau, en lui mettant la lettre dans la main.

— Oui, c'est bien l'écriture de la baronne, et il est impossible de reconnaître que cette enveloppe a été substituée à une autre.

— Aussitôt rentré chez vous, vous rendrez cette lettre au domestique qui vous l'a remise et il la portera immédiatement à son adresse.

— Comment, vous voulez...

— Je veux que Charles Chevry se mettre en route pour Blaincourt ; seulement, je prendrai certaines dispositions pour l'empêcher d'arriver au but de son voyage.

XXXIX

QU'EST-ELLE DEVENUE ?

Une heure plus tard, un homme, envoyé par Blaireau, était en observation devant l'hôtel du Havre. C'était Princet.

A peu près certain que Charles Chevry n'attendrait pas au lendemain pour prendre la route des Vosges, Blaireau était prêt à partir.

Princet devait reconnaître facilement l'étranger lorsqu'il sortirait de l'hôtel pour se rendre à la gare de l'Est. Il le suivrait. Blaireau serait à la gare, attendant, vingt minutes avant le départ du train-poste. C'était évidemment ce train, et non un autre, que prendrait Charles Chevry, s'il se mettait en route le jour même.

Blaireau ne s'était pas trompé dans ses prévisions.

Un quart d'heure avant le départ du train, Princet le rejoignit à la gare.

— Où est-il ? demanda Blaireau.

— Le voilà : c'est ce grand brun qui est en ce moment devant le guichet. Il prend deux billets.

— Deux billets ? Pourquoi ?

— Il emmène sa femme.

— Diable, diable ! fit Blaireau, la femme va nous gêner.

— Elle ne parle pas le français.

— Comment le sais-tu ?

— J'ai pu causer avec un garçon de l'hôtel.

— C'est égal, c'est bigrement embêtant. Cela détruit mes premières combinaisons ; il faudra chercher et trouver autre chose.

Charles Chevry, ayant pris ses billets, revint près de Zélima et ils entrèrent dans la salle d'attente.

Blaireau se précipita au guichet et se fit donner deux billets.

Nous avons dit que Charles Chevry et sa femme, celle-ci s'étant trouvée fatiguée, un peu malade, avaient été forcés de s'arrêter en route. Cela permit à Blaireau et à Princet de les devancer à Varnejols, après avoir endossé, à Remiremont, le costume des paysans des Vosges.

Ayant dû abandonner son premier projet, que la présence de Zélima rendait difficile, sinon impossible à exécuter, Blaireau avait vite conçu et tracé un nouveau plan dans lequel, avec ses trois places d'intérieur, la voiture du courrier de Verzéville devait jouer son rôle. En effet, il fallait d'abord faire connaissance avec Charles Chevry et l'amener à lier conversation ; or, pour cela, il n'est rien de tel qu'une voiture publique. La conversation entamée, il fallait ensuite amadouer le voyageur naïf et manœuvrer de façon à gagner sa confiance.

Nous avons vu avec quelle facilité, quelle aisance et quelle bonhomie l'audacieux Blaireau joua son rôle de paysan des Vosges.

Certes, un autre, plus expérimenté que Charles Chevry, s'y serait laissé prendre.

Comment se douter que ce brave homme si complaisant, si obligeant, tendait un piège ?

Ce fut avec intention que Blaireau défigura la vérité, en racontant sa fable d'une jeune fille de grande maison enfermée par sa famille dans le vieux château de Blaincourt. Il fallait impressionner le trop confiant jeune homme, l'exciter, l'encourager et poursuivre son œuvre, l'attirer enfin dans le guet-apens où il devait perdre la vie.

. . . .

En ourdissant sa trame, en dressant ses batteries, Blaireau n'avait pas mis hors de cause la femme de Charles Chevry. Il y aurait aussi nécessité à se débarrasser d'elle, ou tout au moins de la mettre dans l'impossibilité de nuire, c'est-à-dire de faire certaines révélations pouvant mettre sur la piste des assassins de son mari, en remontant à la cause : le baron de Simaise. Mais il n'y avait pas urgence. Un long temps se passerait avant que Zélima eût pu apprendre suffisamment le français pour dire ou faire seulement comprendre dans quel but elle et son mari s'étaient rendus à Blaincourt.

Blaireau pouvait donc attendre et choisir, sans se presser, le moyen qui conviendrait le mieux, le plus sûr moyen de frapper la jeune femme à son tour.

La mort inattendue, imprévue de Zélima vint le délivrer des préoccupations, des inquiétudes qu'il pouvait avoir de ce côté.

Le misérable se frotta les mains de satisfaction.

Décidément, tout lui réussissait au delà même de ses désirs. Le mal était toujours et partout triomphant !

Toutefois, la mort de Zélima n'éloignait pas tout danger. Charles Chevry avait laissé à l'hôtel des papiers importants, entre autres l'acte de mariage du marquis et de la marquise de Chamarande et la lettre de la baronne de Simaise. Au bout d'un certain temps, le maître de l'hôtel pouvait remettre le tout entre les mains d'un commissaire de police. Alors le danger reparaissait : une fois qu'ils auraient mis le nez dans l'affaire, les magistrats voudraient tout savoir ; ils ne s'arrêteraient point, ils iraient jusqu'au fond des choses. Il fallait donc s'emparer, à tout prix, de ces papiers compromettants, terribles.

C'est ce que fit Blaireau avec cette habileté et cette audace qui le rendaient si redoutable.

Pendant que les gendarmes des cantons de l'arrondissement de Remiremont battaient la campagne, cherchaient inutilement partout les meurtriers du malheureux Charles Chevry, Blaireau, tranquillement assis dans son cabinet, devant un bon feu flambant, examinait avec un soin minutieux les papiers de la victime.

Il ne les lisait pas tous, parce que plusieurs étaient écrits en hollandais, d'autres en anglais, et que Blaireau ne connaissait qu'une seule langue : la sienne.

Toutefois, prenant les pièces l'une après l'autre, il les tournait longtemps entre ses doigts avant de se décider à les jeter dans la flamme du foyer.

Au feu l'acte de mariage du marquis et de la marquise. Au feu l'acte de mariage de Charles Chevry et de Zélima. Au feu les lettres de Paul de Chamarande adressées à Charles Chevry. Au feu la lettre de Lucy à Zélima. Au feu le passe-port de Charles Chevry, voyageant avec sa femme, délivré par la chancellerie de 'ambassade de France à Londres. Au feu tous les papiers en langues étrangères.

Non, pas tous, deux restaient sur le bureau, mis de côté par l'impitoyable brûleur.

Il les reprit, et, l'un dans sa main droite, l'autre dans sa main gauche, tous deux sous ses yeux, il les regarda longuement, pensif, avec des crispations nerveuses, les enveloppant de lueurs fauves.

Il faisait, évidemment, de violents et inutiles efforts pour deviner les mots, lire les syllabes.

En vérité, on aurait dit qu'il espérait, à force de les regarder, que les deux papiers lui livreraient leur secret.

Ils avaient, l'un et l'autre, la forme ordinaire d'un reçu ; d'ailleurs, le mot « banque », le seul que Blaireau pût lire et traduire, ne lui laissait aucun doute à ce sujet.

C'étaient deux reçus, en effet, l'un, des millions versés à la banque de Batavia, rédigé en hollandais ; l'autre, de la somme confiée au banquier de la compagnie des Indes, écrit en anglais.

Blaireau sentait, devinait, avec son flair habituel, qu'il tenait entre ses doigts deux documents précieux, extrêmement intéressants.

Ah ! s'il avait pu lire ?

— Tonnerre ! grogna-t-il, impossible de déchiffrer ce grimoire ; maudites pattes de mouches !... Je pourrais les faire traduire, alors je saurais... Oui, mais... je n'ai personne de sûr sous la main. Je peux, sorti d'un danger, me fourrer dans un autre. Pas si sot ! Prudence est mère de sûreté !.. Pourtant, j'en suis sûr, il y aurait quelque chose à faire avec cela. Au diable les gens qui écrivent dans leur bête de langue ! Est-ce qu'on ne devrait pas partout écrire et parler le français ?

Pendant un instant encore, tout songeur, ses yeux restèrent fixés sur les deux reçus ; puis, pris d'une sorte de rage subite, grinçant des dents, il déchira les papiers, les roula entre ses mains, et, finalement, lança la boulette dans les flammes.

— Comme cela, murmura-t-il, je n'aurai pas de dangereuses tentations, je n'y penserai plus.

Maintenant, tout était en cendres ; l'auto-da-fé était complet.

— Quant à cela, grommela Blaireau, jetant les yeux sur les bijoux, d'ailleurs de peu de valeur, de Zélima, et sur les deux caisses bondées de linge et de belles et riches étoffes de l'Inde, j'en ferai un de ces jours la distribution.

. . . .

Blaireau était exactement renseigné sur ce qui se passait à Blaincourt par la femme chargée de veiller sur la marquise. Tout ce qu'on disait dans le pays lui était rapporté ; il n'ignorait rien. Il savait que l'enquête faite par les magistrats n'avait amené aucune découverte : que Charles Chevry et sa femme étaient restés inconnus et que, las de se livrer à des recherches inutiles, on avait dû renoncer à mettre la main sur les auteurs du crime de Blaincourt.

La Birette trouvait que le maître la laissait bien longtemps en compagnie d'une folle dans ce vieux château, dont il lui était défendu de sortir sous aucun prétexte. Cela n'était pas gai du tout, elle s'ennuyait à mourir. Certainement, si elle avait su, elle n'aurait pas accepté une pareille mission. Vraiment, c'était trop exiger de ses forces : elle était à bout de courage, elle n'en pouvait plus ; elle voulait revenir à Paris. A grands cris elle réclamait sa délivrance. Si on ne la délivrait pas bien vite, elle sentait qu'elle deviendrait folle aussi.

D'ailleurs, après ce qui venait de se passer, n'était-il pas dangereux de garder la folle plus longtemps dans le vieux château ? Il y avait nécessité de la transporter ailleurs. Pourquoi, puisqu'on voulait la laisser vivre, ne pas la mettre dans une maison de fous ? On n'avait rien à craindre : elle ne se souvenait absolument de rien du passé et jamais, jamais elle ne guérirait ; elle resterait folle toute sa vie.

Blaireau se rendit à ces raisons. En effet, laisser la marquise plus longtemps au château de Blaincourt présentait des dangers.

Il vit le baron de Simaise et il fut décidé entre eux qu'on se débarrasserait complètement de la malheureuse jeune femme.

Chez elle rien de changé : sa situation était la même depuis cinq ans, ni meilleure, ni pire. Elle était devenue mère sans en avoir conscience ; pendant quelques jours elle s'était amusée avec son enfant comme avec un autre objet quelconque ; on le lui avait enlevé sans qu'elle manifestât la moindre émotion : c'était un jouet qu'on lui retirait, voilà tout. Insensibilité complète. Comme le cerveau, le cœur était paralysé. Oubli absolu des choses et des événements passés. Anéantissement de toutes les facultés morales. L'être devenu machine.

Donc, le baron n'avait rien à redouter. On pouvait maintenant, sans danger, livrer la marquise aux hasards de la vie. Qu'importe quel serait son sort !

Quant à l'enfant, pendant quelque temps encore, on pouvait le garder. Il n'était guère gênant. Plus tard, quand le moment serait venu, on s'en débarrasserait, comme de la mère. Ce serait facile : on n'aurait qu'à le conduire dans un pays éloigné, et à l'abandonner là, sur un chemin solitaire.

A Blaincourt et dans les environs, l'émotion causée par la mort des deux inconnus s'était calmée.

Blaireau pouvait s'aventurer de nouveau dans le pays. D'ailleurs, il arriverait au vieux château au milieu de la nuit.

Nous savons par le récit de Grappier, son gardien,

comment la marquise fut enlevée du château où elle était emprisonnée depuis cinq ans.

La Birette l'avait revêtue d'un costume complet de paysanne presque neuf. Souliers ferrés aux pieds, chemise de grosse toile sans marque, robe épaisse, laine et coton, bas de laine bleue, bonnet de linge rond, tuyauté, et sur les épaules, enveloppant la tête, le dos et la poitrine, un grand capuchon d'une espèce de drap marron.

La voiture alla bon train jusqu'au lever du soleil. On était depuis longtemps hors du département des Vosges et déjà on avait traversé une partie de celui de la Haute-Saône. La route suivie était celle indiquée par Blaireau.

On arriva à un petit village et on s'y arrêta dans une auberge. D'abord, il fallait laisser reposer les chevaux ; et puis, pour plus de sûreté, Blaireau ne voulait voyager que la nuit.

Le soir, une heure avant le coucher du soleil, on se remit en route. On marcha toute la nuit. On fit deux haltes seulement de vingt minutes chacune, temps nécessaire pour faire manger l'avoine aux chevaux. Comme la veille, on s'arrêta dans une auberge de village, où on passa la journée.

La troisième nuit, à deux heures du matin, on avait dépassé Tonnerre ; on s'était, à dessein, éloigné de la grande route de Bourgogne, et on se dirigeait vers Joigny par un chemin de communication départementale.

Un peu avant six heures, le jour commençant à poindre, Blaireau donna l'ordre au cocher d'arrêter. La voiture traversait un bois.

— Inutile d'aller plus loin, murmura Blaireau : la route est déserte, une forêt, l'endroit est bien choisi.

Il mit pied à terre le premier, la Birette le suivit, puis

elle prit le bras de la marquise et l'aida à descendre. La pauvre folle, douce et docile, obéissait passivement.

Sur un signe de Blaireau, la Birette conduisit la marquise au bord du fossé du chemin et l'obligea à s'asseoir sur le talus.

Vite, Blaireau et la femme reprirent place dans la voiture, et les chevaux, piqués par la mèche du fouet, s'emportèrent dans un galop rapide.

C'était fait : la marquise de Chamarande était abandonnée.

Depuis, Blaireau et le baron de Simaise n'avaient point cherché à savoir à quelle destinée ils l'avaient condamnée.

Et des années s'étaient écoulées.

Pauvre Lucy !

Qu'était-elle devenue ?

FIN DE LA DEUXIÈME PARTIE

TABLE DES MATIÈRES

I. — Le drapeau.	1
II. — Hussard et franc-tireur	10
III. — Où le hasard joue son rôle	24
IV. — La maison de Chatou	36
V. — Le retour au village	45
VI. — Jean Loup est pris.	53
VII. — Révélation inattendue.	61
VIII. — Deux larmes.	71
IX. — Ce que raconte le père La Bique.	81
X. — Une clarté dans l'ombre.	93
XI. — Où il est fait justice de la légende du sauvage.	102
XII. — Les deux amis de l'armée de la Loire.	108
XIII. — Le procureur de la République.	121
XIV. — La cellule n° 2.	132
XV. — La sœur et le frère.	139
XVI. — La mère et la fille.	148
XVII. — L'ami des malheureux.	157
XVIII. — Le secret de la baronne.	167
XIX. — Le dernier marquis de Chamarande	179
XX. — Le consentement.	189
XXI. — Chamarande.	201
XXII. — La marquise Cécile.	213

TABLE DES MATIÈRES

XXIII.	— Un parent d'outre-mer.	223
XXIV.	— A Batavia.	232
XXV.	— Retour en France.	243
XXVI.	— L'oiseau noir.	254
XXVII.	— Le naufrage.	263
XXVIII.	— Le matelot du Téméraire.	274
XXIX.	— Certitude.	286
XXX.	— Elle est folle.	295
XXXI.	— Chez Blaireau.	308
XXXII.	— Un homme terrible.	319
XXXIII.	— L'un vaut l'autre.	328
XXXIV.	— Monsieur le docteur.	336
XXXV.	— Colombe et vautours.	346
XXXVI.	— Comment Clémentine de Vaucourt devint baronne de Simaise.	356
XXXVII.	— Charles Chevry et Zélima.	363
XXXVIII.	— Visite à la villa de Port-Marly.	374
XXXIX.	— Qu'est-elle devenue ?	386

FIN DE LA TABLE

Imprimerie de DESTENAY, Saint-Amand (Cher).

RAPPORT 16

BIBLIOTHÈQUE NATIONALE

CHÂTEAU
de
SABLÉ

1984

www.ingramcontent.com/pod-product-compliance
Lightning Source LLC
Chambersburg PA
CBHW071222240426
43671CB00030B/1589